U0090598

中國學術思想 研究輯刊

三九編

林慶彰 主編

第10冊

莊子淑世精神的現代實踐（下）

黃薏如 著

花木蘭文化事業有限公司

國家圖書館出版品預行編目資料

莊子淑世精神的現代實踐(下)／黃蕙如 著 -- 初版 -- 新北市：
花木蘭文化事業有限公司，2024〔民113〕
目 4+206 面；19×26 公分
（中國學術思想研究輯刊 三九編；第 10 冊）
ISBN 978-626-344-582-6（精裝）
1.CST：莊子 2.CST：研究考訂 3.CST：學術思想
030.8   112022472

ISBN-978-626-344-582-6

9 786263 445826

中國學術思想研究輯刊
三九編 第 十 冊   ISBN：978-626-344-582-6

莊子淑世精神的現代實踐（下）

作　　者　黃蕙如
主　　編　林慶彰
總 編 輯　杜潔祥
副總編輯　楊嘉樂
編輯主任　許郁翎
編　　輯　潘玟靜、蔡正宣　美術編輯　陳逸婷
出　　版　花木蘭文化事業有限公司
發 行 人　高小娟
聯絡地址　235 新北市中和區中安街七二號十三樓
　　　　　電話：02-2923-1455／傳真：02-2923-1452
網　　址　http://www.huamulan.tw 信箱 service@huamulans.com
印　　刷　普羅文化出版廣告事業
封面設計　劉開工作室
初　　版　2024 年 3 月
定　　價　三九編 23 冊（精裝）新台幣 62,000 元
版權所有 · 請勿翻印

莊子淑世精神的現代實踐(下)

黃薏如 著

第柒章　莊子淑世精神的具體實踐四：順任社會之道

　　透過前面章節探討得知科學家已明白指出人類處的世界是由四維所構成（三個空間維，一個時間維），此章將聚焦在空間維度作探討。莊子說：「自遊於六合之內。」（〈徐無鬼〉）〔註1〕又說：「四方之內，六合之裏，萬物之所生惡起？」（〈則陽〉）〔註2〕說「六合」指的是東西南北四方，再加上下兩面也就是天地，六合之內就是指天地之內，換言之就是被造化所生的我離不開天地，我在六合之內，也就是我在天地形塑的環境與萬物共處著。環境是指相對或以某個主體為中心的周圍人事物，若以人為主，其他生命或非生命的物質就是人類生存的環境。環境有許多面向，包含人文環境、生態環境、自然環境及社會環境等。對於環境的問題意識，來自於筆者在第一線的社會現場，發現環境對一個人的影響太重要了，不論是居家場域或者周圍環境帶來的變化都會，有時不是心境影響環境，環境也會影響人的心境。

　　筆者在推動健康促進過程中，發現社會層次中除了人與人之間的「關係健康」外，應該還有一個叫做「環境健康」，這也是筆者認為人生五個基本「有待」（〈齊物論〉）〔註3〕中的一待。於是筆者就開始展開主體的行動力，整合能

〔註1〕〔清〕郭慶藩注：《莊子集釋》（新北市：商周出版，2018年），頁572。

〔註2〕〔清〕郭慶藩注：《莊子集釋》（新北市：商周出版，2018年），頁626。

〔註3〕待就是依賴，原文來自〈齊物論〉的一則寓言。罔兩問景曰：「曩子行，今子止，曩子坐，今子起，何其無特操與？」景曰：「吾有待而然者邪！吾所待又有待而然者邪！吾待蛇蚹、蜩翼邪！惡識所以然？惡識所以不然？」魍魎需要依賴影子而存在，影子需要依賴人而存在，雖是如此，但是否能讓自己在有待的情境中，也能保有無待的心，這是莊子所關注的。〔清〕郭慶藩注：《莊子集釋》（新北市：商周出版，2018年），頁88～89。

夠為人創造環境健康的班底，包含泥作業、油漆業及裝潢業等，從事房屋翻修工程，透過實踐經驗打造宜人的安心住宅，藉此也呼應屏東潘縣長「安居樂業」的理念。在承包工程中，發現人們對於住宅的品質或許有優劣之分，然而對於住宅能否安心舒適卻是共同的盼求。有時單就一間廁所馬桶阻塞的異味或漏水帶來的濕氣，都會影響人們整天的心情及身體健康，焦慮不安的急迫感皆會促使人們想要立即修繕。這就是物質環境影響人的身心顯著的例子，不只物質環境如此，整個大環境的生態鍊也會影響吾人的整全生活。

過去在論莊學和環境議題，學者們大多從環境倫理學或生態美學視角切入，從現今的環境教育談論臺灣面對的問題就是開採過剩，不論是這幾年反省塑膠製品過度使用或是免洗製品等，都意味著人民開始對環境的消耗及環保議題有所警覺。筆者認為從經濟社會的角度上去談「國家環保政策」〔註4〕如何實行固然可行，然而除非是上位者有權力做某方面的方針決斷，否則對一般老百姓影響不大，頂多配合政令實施。而莊子更重視的是從個人的主體價值上去做提升，也就是現在整體的大環境是什麼？在面對大環境的趨勢下，我如何獲得生命的安頓？（我在六合之中，如何安頓？）換言之，國家政府的政令，大環境的時代變遷，我一個人改變不了，但我可以找到屬於自己或協助他人找到得以走下去的安頓之道，這是莊子更關注的事。如同筆者寫論文當下，全球正蔓延2019冠狀病毒（COVID-19）疫情延燒，一人力量無法改變，但至少可以先將自己的防護做好，讓自己得以活下去，同時也不要造成這個世界困擾及負擔。

基於此脈絡，有關莊學跨領域結合環境保育的倫理反思議題，將不在本文討論的範疇。有興趣者可參考目前國內學者豐碩的環境倫理學成果，光是線上期刊就有589筆，碩博士論文有31筆，或是拙作〈許我一個美麗的地球：以《道德經》「儉」德為中心〉〔註5〕，不再贅述。基於本身為醫護背景的基礎

〔註4〕前環保署長蔡勳雄先生在此書推薦文提到近年推動綠色產品之環保標章制度，就是配合環保新觀念而設計，鼓勵營業單位從原料取得、產品製造、行銷使用、回收再利用，在廢棄處置過程，能有效節省資源並降低環境污染，不僅促使業者投資開發綠色產品，同時引導消費者選擇對環境友善的產品。上述帶動環保與經濟的綠色消費潮流形成一股社會新文化，創造人文永續發展與自然共生的思維。Ottman 著、石文新譯：《綠色行銷——企業創新的契機》（臺北：商業周刊出版股份有限公司，1999年），271頁。

〔註5〕在全球化的聲浪中，環境保護成了國際間共同關注的議題，此篇內容主要論述從形而上學的高度，以老子儉德思想為中心，探究儉樸之道運用在當代人類世界中如何被實踐之可能性，更進一步將亙古綿延的《道德真經》與現代的公衛

下，本研究在環境議題上將聚焦在公共衛生領域的「健康促進場域」視角切入，目前健康促進場域針對「環境」定義為人類和其他生物賴以生存、發展的各種因素總和，分為「社會環境」和「物質環境」兩種。〔註6〕一種是「社會環境」又稱結構環境，是人類長期創造累積文化所形成的環境體系，有政治經濟、文化風俗等面向；另一種是「物質環境」又稱自然環境或生態環境，除了天然形成的原生環境外，也包含生產、開發和人群聚居等對自然施加的後天影響。當中社會環境是環境中的無形因素，這個無形的力量卻深深影響著人們的態度及行為，物質環境則是環境中有形的物體，對民眾健康產生直接性的影響。因此，筆者運用無形的社會環境和有形的物質環境，嘗試回應吾人腳踏的這片土地，在這空間下形塑的場域氛圍及延伸的周圍物質環境，是如何潛移默化對吾人產生一定程度的影響。

　　社會生態學專家 Stokols 提出促進健康的生態環境架構，筆者歸納一共有四點：其一，人類健康受到物質環境及社會環境的多方影響；其二，環境本身就是多面向的，可以是社會的或物質的、主動的或被動的、抽象的或結構的各種不同的面向；其三，人類和環境的交互作用有著多層次的聚集，包括小至個人、家庭、社區、大至社會、國家或世界；其四，人和環境是互動和回饋的。〔註7〕上述觀點主要源自於渥太華憲章主要概念之延伸，強調健康行為和健康促進之研究需具有社會生態的觀點。Schmid 和 Howze 學者也認為：「促進民眾的健康，社會環境改變的策略應著重在改善與控制物理及社會的環境。」〔註8〕上述說明人類的健康受到所處環境的影響，而筆者也認為要創造一個支持性環境來達到永續經營，可以從社會環境及物質環境著

應用相互結合，讓學問達到通今致用之可能。在各章安排上主要分成兩點脈絡延伸：為「持儉寡欲的素樸」及「儉德對現代社會之啟示」。前者先論儉的義涵、再論嗇與儉的關係及經文中儉樸的象徵；後者提及當前環境衛生議題及儉德對永續經營之啟示。藉由老子的儉德提醒世人應知足惜福，避免過多的物欲揮霍，回歸與天地萬物共榮的和諧關係。黃蕙如：〈許我一個美麗的地球：以《道德經》「儉」德為中心〉，《輔英通識教育學刊》（2016年3月），頁5～23。

〔註6〕林柏每等主編：《健康與護理》（臺北：幼獅文化事業股份有限公司，2008年），頁83。

〔註7〕Stokols D.: Translation social ecological theory into guidelines for community health promotion. *Am J Health Promot*; 10 , 1996, pp.282.

〔註8〕Schmid, T. L., Pratt, & Howze, E.: Policy as intervention: Environmental and policy approaches to the prevention of cardiovascular disease. *American Journal of Public Health*, 85 (9), 1995, pp.1207.

手。在過去對於主體與環境研究大多著重於單一面向對主體的影響,然而近幾年來,整體大環境與主體互動的關係逐漸也受到關注。因此,本文著重在面對世界流變的大環境視角而論。倘若體道者是個思想貫通者,那麼在面對大環境的時代變遷,勢必需要做些反思性的回應。尤其網路普及後,全球化的趨勢更是全面顛覆吾人工作及生活型態,面對這樣的變異,淑世精神的莊子又能給予什麼樣的安頓之道?這是個有趣又務實的社會環境議題。

然而,在文獻回顧蒐集資料時,發現儘管社會環境已有非常多的議題被觸及,但以道家角度來研究社會環境的觀點卻是相對偏少,不禁令筆者想透過老莊的慧見,對現今時代趨勢轉變的環境議題提出反思。基於問題意識,本章主要以「己與社會環境關係」及「己與物質環境關係」作為健康促進環境部分的研究進路,故運用兩個環節進行答覆,分別是:其一「社會環境之道的理論基礎」探究面對全球生態鍊的環境動盪,莊子淑世精神如何由外在環境談至己身,並提出因應的安頓之道。其二「物質環境之道的具體實踐」,前段先用一對一的庖丁解牛案例分析,示範人們面對環境任何議題時,如何運用莊子淑世精神實踐模組的四大架構,分別為「走在關鍵的決策」、「生命道路的通達」、「高瞻遠矚的智慧」、「內外辯證的實踐」使之脫困。後段更以莊子淑世精神的實踐模組,明確與屋主達到一定的共識,打造安心住宅,呈現房屋翻修後的成果,藉此善盡社會責任,呈現莊子淑世精神實踐於環境健康的不同面向。

第一節　社會環境之道的理論基礎

在社會環境議題上,本文以「社會生態學」〔註9〕為視角,探究大環境的

〔註9〕 「社會生態學」(social ecology)源自於生態學的觀點,近年來生態系統理論已被廣泛應用在不同領域,它不僅有助於瞭解個人在小系統中與其他因素的互動,更有助於分析個人所處的整體情境及其交互作用關係。對於此說法,社會生態學專家 Stokols 也呼應表示社會生態學觀點具科技整合的特性,同時也運用科技整合概念,結合醫學與公共衛生領域,以及行為與社會科學,探討健康及發展健康促進的議題,相較其他理論和模式更能完整解釋人類行為的影響因素。國內學者曾雅梅先生和陳雪芬先生也表示社會生態學觀點對於個人行為議題,確實能提供研究者一個完整而清晰的理論架構。Shoemaker, C. A.: Using a social-ecological model in development of treatment programs that target behavior change. *Acta Horticulturae*, 954, 2012, pp.77 ～ 82. Stokols, D.: Environmental quality, human development, and health: An ecological view. *Journal*

時代變遷，吾人的安頓之道。當中筆者認為無形的社會生態環境，至少有突發（立即性）跟未來（長遠性）兩種，皆會影響吾人所處的社會環境變化。因此，以下分成「面對突發性的社會環境改變」及「面對未來性的社會環境改變」做論述。

一、面對突發性的社會環境改變

以下本文分成三點進行論述，分別為：（一）　安時處順：游刃於萬變之中的生命智慧（二）道通為一：消解生命堵塞的應世慧見（三）道樞：靈活因應時局的變通力。

（一）安時處順：游刃於萬變之中的生命智慧

莊子很清楚看到一個事實，人不是一個獨立自主個體，獨處不是常態，人總在社會關係之中，〈人間世〉就在呈現這一點，仲尼曰：「天下有大戒二：其一，命也；其一，義也。子之愛親，命也，不可解於心；臣之事君，義也，無適而非君也，無所逃於天地之間。是之謂大戒。」（〈人間世〉）〔註10〕人在人群之中，至少有兩種關係一定存在，一個就是父母，一個君臣。差別在哪？父代表有血緣，君代表沒有血緣。一輩子沒有見過的血緣脈絡也算是，這種事沒辦法，此人要投胎流你家族血液的血，不是你能決定的。第二種是沒有血緣關係，在經驗生活上會碰到的最直接的就是君臣。什麼是跟你最沒有血緣關係，可是你逃卻逃不掉的？那就是國君。所以，往往字面上看的是談君臣和父子，其實不是，直接說明兩樣的極端，就算沒有血緣，還是有人的生活跟你發生必然的連結，最起碼國家領導者，因為國政會影響到你的生活，其他像你的上司、下屬、同事及同學，這些關係都可以放在君臣總括來講。莊子那個時代是君臣，當然在現今全球化的時代就不只是一國一君，而是整個地球村，牽一髮動全身了。

以 2019 年底從中國武漢發生的新冠狀病毒（Covid-19）席捲全球而言，衛生福利部疾病管制局統計，截至臺北時間 2020 年 8 月 17 日，疫情已在全球 187 個國家及地區蔓延，確診超過 2,167 萬 4,407 例，造成逾 77 萬 907 人

---

of applied developmental psychology, 13(2), 1992,pp.121~124. 曾雅梅、陳雪芬：〈運用社會生態學模式分析社區志工對服務獨居老人之意願〉，《福祉科技與服務管理學刊》第 5 期第 3 卷（2017 年 11 月），頁 207~218。

〔註10〕〔清〕郭慶藩注：《莊子集釋》（新北市：商周出版，2018 年），頁 118。

死亡,,全球致死率 3.56%。〔註11〕各國陸續封城鎖國。過去打戰叫戰役,現在打仗叫戰疫,過去戰爭用的是大砲,現在戰爭用的是口罩,過去打戰要攻城,現在抗戰要封城,過去打戰用兵士,現在打戰用護士。當面對大環境突如其來的變動,感到無可適從,最好的方法就是「安時而處順」(〈養生主〉)〔註12〕。當人們發現疫情好像不會立即過去,時間的推移逐漸讓人們開始願意接受改變,這叫「知其不可奈何,安之若命」(〈人間世〉)〔註13〕這裡的命,呼應第肆章「生理營衛之道」講的命有三解。第一個層次:生從何處來,死往何處去,不是我能決定的,是由天來決定,莊子用一個字形容叫做命,「死生,命也」(〈大宗師〉)〔註14〕。第二個層次:活著的時候,所有的遭逢偶遇都是,比如說意外、突如其來的災害,就是「事之變,命之行也」(〈德充符〉)〔註15〕。第三個層次:當我知道一切的生死存亡現象中,有很多是我能夠做,跟我不能夠做的事,我要如何讓我的生命在這個必然會死亡的過程裡面,持續得到安頓就是工夫論。換言之,如何面對心中不可解的東西時,透過莊子的「心齋」、「坐忘」、「吾喪我」等工夫,讓自己能夠持續的安。而身為人可以超越的就是面對命的第三個層次,對於外在環境的波動無法改變,然而內在心境面對的狀態是可以由自己來決定的。

(二)道通為一:消解生命堵塞的應世慧見

疫情的延燒迫使各行各業必須做出改變,翻轉過往遊戲規則,不為什麼?就為了活下去。以道家而言就是通達。符合通達就是道,老子說:「道法自然」(〈第二十五章〉)〔註16〕這裡的道指的是對於世界流變的自然性,掌握趨勢隨著應變才能通達,故莊子說:「道通為一」(〈齊物論〉)。〔註17〕道家的淑世任務就是協調者、疏導者,使萬物得以持續流暢,因此面對世界是變動的,如何疏導有緣的萬物跟上時代腳步維持生命的通達,就是道家淑世精神的展現。而

〔註11〕 〈首頁:Covid-19(武漢肺炎)〉:《衛生福利部疾病管制局》網站,2020 年 8 月 17 日,網址:https://www.cdc.gov.tw/(2020 年 8 月 17 日檢索)。

〔註12〕 〔清〕郭慶藩注:《莊子集釋》(新北市:商周出版,2018 年),頁 99。

〔註13〕 〔清〕郭慶藩注:《莊子集釋》(新北市:商周出版,2018 年),頁 118。

〔註14〕 〔清〕郭慶藩注:《莊子集釋》(新北市:商周出版,2018 年),頁 173。

〔註15〕 〔清〕郭慶藩注:《莊子集釋》(新北市:商周出版,2018 年),頁 155。

〔註16〕 〔魏〕王弼注:《老子道德經注》,收入於樓宇烈校釋:《王弼集校釋》(臺北:華正書局,1992 年),頁 63。

〔註17〕 〔清〕郭慶藩注:《莊子集釋》(新北市:商周出版,2018 年),頁 61。

道家關注的是個體的獨特性及自然性，如何站穩自己的定位，來對應世界每一刻的發展，透過安頓自己，維持每一刻在世界流變中的通達就是道。王夫之說：「故方盈，方虛，方銳，方諄。」〔註18〕有時候填滿、有時候放空、有時候讓它變的很銳利、有時候又很靠近，意思是要靈活的面對這個世界。要順勢以遷，有時順著，有時要避開，而拿捏的標準就是流暢，流暢就是通達，通達就是道，所以道通為一。吾人可以看見疫情邁入第 4 個月的延燒，衝擊整個旅遊業、飯店業、媒體業、娛樂業、餐飲業等，失業潮及倒閉潮接踵而來，整個社會生態結構鍊進行重整，不論是上下游的改變，或是點和點的改變。2019 新冠狀病毒疫情蔓延，波及全球觀光產業，據統計中國大陸約 13 億 5 千萬人口是全球最大觀光客源國，2018 年出國旅遊達 1 億 5,000 萬人次，中國就佔據 10%，境外旅遊消費總額達 2,773 億美元；世界旅遊觀光協會（WTTC）指出，2009 年的 H1N1 新型流感大流行造成全球觀光產業損失估計達 550 億美元，此波 2019 年新型冠狀病毒疫情將對全球旅遊業的衝擊將更為嚴重。〔註19〕臺灣面對此波疫情出現，以觀光旅行產業為主的休閒供應鏈都面臨失業危機。旅遊業龍頭「雄獅旅行社」在全臺一共就有 86 家門市，年管銷費用 30 億元，近年更是重押郵輪商品。疫情一發生雄獅旅行社首當其衝，去年打下 300 億營收，在 2 個月的疫情延燒下全部熄火，當觀光局宣布今年 3 月 18 日起禁止 5 月底前旅行社出團，在面對 90%核心業務皆來自團旅必須熄火的壓力下，3 月營收跌至 3.83 億元，月減 76.41%、年減 85.77%。雄獅旅行社面臨史無前例上市新低，雪崩 7 成，等於每天一開門就是燒掉大把成本。〔註20〕

面臨最大疫情的衝擊下，董事長王文傑認為雄獅要力拚「營收」4 箭，其一是偕同政府「產業振興與推廣」；其二是強化安心出遊的國旅市場，配合休閒農場體驗遊程；其三是以「Lion Select 雄獅嚴選」支持台灣小農良心耕種；其四是以「欣食旅」餐飲事業主打從產地到餐桌的「好肉好菜、自由自在」。

〔註18〕〔清〕王夫之：《老子衍》收入於熊鐵基、陳紅星主編《老子集成》第 8 卷（北京市：宗教文化，2011 年），頁 566。

〔註19〕〈武漢肺炎疫情蔓延，波及全球觀光產業〉：《經濟日報》網站，2020 年 2 月 4 日，網址：https://money.udn.com/money/story/5599/4319887（2023 年 7 月 14 日檢索）。

〔註20〕〈驚濤駭浪 60 天告白雄獅旅行社董事長王文傑：臺灣需要「經濟的陳時中」〉：《天下雜誌》網站，2020 年 3 月 27 日，網址：https://ec.ltn.com.tw/article/breakingnews/3134403（2023 年 7 月 14 日上網）。

又說：「『Lion Select 雄獅嚴選』是十幾年前便想做的，此次因疫情而加速打破集團原有既定方向，將資金及資源往新的營運模式重新調配。」〔註21〕換言之，熄火時代，就是改革的時刻，這次生意熄火，也讓雄獅獲得一個重新整頓的機會，可以去執行本來 10 年前就想做的事，為未來佈局。也就是從旅遊業結合生活產業及物品產業，開發「旅途中」行動 app 軟體，讓旅客可以走到哪買到哪。另一方面，重新調整雄獅 On Line（線上）和 Off Line（線下）的比重，逐漸將團體旅遊的依賴性降低，做好對散客服務的自動化機制，讓雞蛋放在不同籃子分散風險。面對當下立即性的成本止血，更提出「即刻轉型，就地整編」的口號，基於再困難的日子，飯還是要吃的想法轉戰餐飲業，擴大中央廚房半成品準備量，與 Ubereats 合作衝外送，提高旗下「欣食旅」餐飲業績。〔註22〕老子說：「禍兮福之所倚，福兮禍之所伏。」（〈第五十八章〉）〔註23〕當公司大賺錢，想要改革，想要為未來的成長佈局，這是不易的，一流企業總能掌握最大崛起商機，中國「互聯網」〔註24〕第一大電商阿里巴巴撐過網路泡沫的時代，站穩了商業大佬地位。畢竟疫情復甦路還很漫長，雄獅先帶頭轉型生活產業打下在地化根基，相信此波疫情後，雄獅旅行社將會跳的更高，成為邁向全球化又在地化的雙核心企業。因此，危機就是轉機，面對變動誰能活下才是王道。

不只旅遊業，商業職場工作模式跟著改變，以前在家工作不可，現在可，從非得要到公司打卡工作的環境，到在家自主管理的工作。如何在家依舊維持

〔註21〕 〈《觀光股》雄獅攜手農委會 搶攻求生 4 支箭〉：《中時電子報》網站，2020年 4 月 27 日，網址：https://www.chinatimes.com/realtimenews/20200427003093-260410?chdtv（2023 年 7 月 14 日檢索）。

〔註22〕 〈雄獅王文傑：全部旅行社關到只剩最後 1 間那間就是雄獅〉：《自由時報》網站，2020 年 4 月 15 日，網址：https://ec.ltn.com.tw/article/breakingnews/3134403（2023 年 7 月 14 日檢索）。

〔註23〕 〔魏〕王弼注：《老子道德經注》，收入於樓宇烈校釋：《王弼集校釋》（臺北：華正書局，1992 年），頁 151。

〔註24〕 互聯網企業是以網絡為基礎的經營，一般包括 IT 行業、電子商務、軟件開發等。2015 年中國互聯網企業百強榜單出台，百強企業 2014 年的互聯網業務收入總額達到 5735 億元，占我國 2014 年信息消費總額的 20.5%。百強企業總體收入同比增速達到 47%，帶動信息消費增長 7.7%，貢獻了 42.3% 的信息消費增量，其業態多元豐富：覆蓋電子商務、綜合門戶、互聯網金融、網絡遊戲、網絡視頻等主要業務類型。劉俠：〈基於利益相關者的互聯網企業社會責任履行機制和治理體系構建——以阿里巴巴集團為例〉，《兩岸企業社會責任與社會企業家學術期刊》第 1 期（2016 年 1 月），頁 34～46。

生產力及與同事的偕同作戰能力，這都是要跟著因應提升的。當然在家自主工作需要有什麼技術？什麼樣的模式可以應變最快？一個人能夠提供的線上服務有哪些？這都需要思考並隨時調整的。有個案是臺商面對此次疫情風波，大陸海運公司弄丟上百萬的貨，當中就是和筆者運用線上遠距視訊諮詢，過程一樣運用達人氣達人心的步驟，加上道的四個架構，釐清個案目標，穩定個案內在狀態，使之發揮商業談判專業，最後追回近七成貨款後，設下停損點，省下勞民傷財的兩岸官司成本。因此，未來傳統產業的內勤人員也不一定要留守公司，只要完成任務，也可以不限地區工作。顧問業、會計業、心理諮詢、遠距諮詢皆能運用線上提供有價的個人服務。當然若問我線上和面對面有沒有差，對我目前功力而言，還是有差，因為與個案面對面接觸，可以更快感通對方的狀態，進行庖丁解牛。遠距方式要比較久一點，視訊的品質也會影響，當然若之前與個案已建立長久的信任基礎及默契，線上諮詢的品質依舊可以很有深度。經營之神大前研一表示：「不管未來公司和國家的命運如何，還是得靠自己的力量培育出能力才能生存。時間上當然是愈早開始愈有利，至於磨練的內容則不外乎『即戰力』和『實戰力』這兩項能力。」〔註25〕換言之，面對大環境的變動，即戰力和實戰力已是當今得以通達行走下去的必備生存術，擁有解決問題的實力仍是企業界重視的人才，也才有機會成為新生態的重要存活者。

（三）道樞：靈活因應時局的變通力

吳怡先生認為「樞」是門的樞鈕，「道樞」指的是引喻為道產生作用的關鍵。〔註26〕意思是「樞」指的是門上的轉軸，有「門樞」使得「門」可以轉動，所有東西都依它而轉，使得道能夠轉動運用的東西就是「道樞」（〈齊物論〉）〔註27〕。所以吳先生的道樞指的是道中間最核心的東西，那個使得道能夠周流不息，讓每個地方都轉通的東西。然而，本文以為如果有這麼一點，那不就是又成為一個彼、是相對主義的對立立場嗎？因為有了東西就會有另一個相對象，老子說：「有無相生，難易相成，長短相較，高下相傾。」（〈第二章〉）〔註28〕處在相對世界裡的所有東西都是對比而來，因此本文以為道樞不是相對象，而

〔註25〕 おおまえ・けんいち著、呂美女譯：《即戰力：如何成為世界通用的人才》（臺北：天下雜誌，2007 年），頁 5。

〔註26〕 吳怡：《新譯莊子內篇解義》（臺北：三民書局，2017 年），頁 85。

〔註27〕 〔清〕郭慶藩注：《莊子集釋》（新北市：商周出版，2018 年），頁 59。

〔註28〕 〔魏〕王弼注：《老子道德經注》，收入於樓宇烈校釋：《王弼集校釋》（臺北：華正書局，1992 年），頁 6。

是引喻道後面那個「用」。道本就沒有一個特定的方法，沒有一個特定的形象，唯一一個標準在哪裡？就是能夠「用」。莊子說：「為是不用而寓諸庸。庸也者，用也；用也者，通也；通也者，得也；適得而幾矣。」（〈齊物論〉）〔註29〕因此道樞的樞字就是通，就是用，評估道是否暢達，在於這東西使用了是否有「用」，有用就是道。

　　所以，「道樞」指的是道在任何情況下皆能發揮它的作用。很多人認為找到道樞好像找到一個中心點，抓住中軸線來解釋道可以怎樣，就完全背離莊子的想像。莊子很簡單，能夠用，就表示能夠通，就是道。換言之，道能夠用就是道能夠通，所以道樞就是道通，道通就是道樞，因此莊子說「道通為一」（〈齊物論〉）〔註30〕。否之，若將道樞講得非常玄妙或講得很具體，有一個中軸在，那就偏離莊子的原意。因此，有中軸在，就有彼此相對的參照點，「自彼則不見，自知則知之」（〈齊物論〉）〔註31〕，只要有一個確定的方法和原則，那就一定有一個相對的東西會呈現，所以莊子不是說確定的中軸或方法，它反而告訴吾人，要讓道能夠運轉不息很簡單，就是它能夠用就好，能通就好。換言之，當確定自己的目標，知道要去哪裡，而且能夠使得這個目標很流暢通達的達成，那就是用，就是當時的道樞。所以它完全取決於特定時間、特定地點、特定人群、特定的身分和特地的事物，可是它成就的是什麼？一個不受時間、人群、地點、事件所限制的東西，這就是道，這也是莊子行文的厲害之處。因此，如何在特定時間地點，皆能找到你我都能通達的方法，就是莊子認為的道樞。

　　在這波武漢肺炎的疫情影響下，以教育的立場，學校老師也開始被推著改變教學模式，運用直播或線上遠距授課。尤其面對國三及高三有升學考試壓力的學生，線上視訊協助考生們做一對一或一對多的繁星面試演練及討論，提供學生在家自主管理的解套。早期教師們製作教學檔案是為了評鑑用，然而評鑑通過不等於有用，現在則是硬功夫的實戰運用在教學變化上，何以確定教學功夫的紮實度，就是驗證有沒有用？學生考試放榜後就是血淋淋的檢證，逃都逃不掉。當然學校也不是所有課程都能運用線上學習，然而不可否認，這是也是一個因應危機處理的能力之一。除了學校外，業界的教育產業比學界的教育更先調整，早期以線下學習為主，然而會受人數、時間、空間而有所限制。老闆

〔註29〕 〔清〕郭慶藩注：《莊子集釋》（新北市：商周出版，2018 年），頁 62。
〔註30〕 〔清〕郭慶藩注：《莊子集釋》（新北市：商周出版，2018 年），頁 61。
〔註31〕 〔清〕郭慶藩注：《莊子集釋》（新北市：商周出版，2018 年），頁 59。

們通常最在乎生產力，也就是將員工能夠為公司創造生產力的 8 小時，挪出一些作為員工學習的進修上，是否符合公司的經濟效益。同時執行面的成本問題，包含軟硬體的部份，都會是老闆評估是否接受教育訓練的點。另一方面，線下學習除了多種限制外，解決效率也有限，坦白說要員工當下聽完立即行動是有難度的。除非是帶狀的教育訓練誘發行動的機率會相對拉升。當員工接受訓練完沒去執行，就很容易忘記過去臺上講師所教。

　　不只商業如此，早在筆者從事護理工作期間，都是要運用下班時間，接受護理人員在職訓練，而且是強迫用自己額外休假時間學習，因為 6 年沒有補足 150 小時醫護人員在職教育，就會被取消護理人員證照。記得當時筆者參加醫療進修場合，左右觀看，幾乎睡倒一片，在經醫療人權爭取下，有些課程就可以透過線上課程學習。而在現今多元線上學習，已逐漸成為主流，好處是：跳脫時間空間人數的限制，可以透過直播，或者事先錄製好課程用購買方式學習，甚至現在也有學程線上學習，上完會頒發證書。學界碩博士的研究倫理課程也跟進用線上學習，聆聽完進行測試，通過就可以獲得證書。另外，現在還有社群式交流式課程或讀書會，運用媒體軟件開設一個線上虛擬小房間，讓多人可以同時進會議室交流。早期直播還需要架設攝影棚，現在只要一臺智慧型手機連上網就可以。當然不可否認，線下實體教學還是有一定的好處，授課者可以依據台下觀眾或學生反映做立即性的調整，然而這個也逐漸被社群式交流討論媒體程式給取代，虛擬和實體比例的拿捏，虛擬的比重將隨之提升，尤其在這波疫情過後。

　　除此之外，消費型態也隨著改變，實體店面人潮驟減，轉戰線上購物，在價格都差不多下，運用網紅拉升購買衝動，刺激買氣提升業績。互聯網的誕生開啟電子商務模式除了原有的「B2C」（Business-to-Customer，代表：天貓），「C2C」（Customer to Customer，代表：淘寶網）外，新型的消費模式「O2O」（Online To Offline 或 Offline to Online，代表：阿里巴巴、百度、騰訊）也快速在市場發展起來。〔註32〕換言之，成熟的行動通訊環境，觸發許多新的商務

────────────

〔註32〕一般根據交易物件的不同，電子商務可劃分為典型模式：B2B、B2C 及 C2C 模式。對於消費者來說，最熟悉的應該是 B2C 對 C2C 兩種電子商務模式，B2C 是企業和消費者個人之間進行買賣活動，C2C 是消費者與消費者之間進行買賣活動，這些買賣模式都是通過網路進行的，俗稱網路購物。吳鴿：〈B2C 模式與 C2C 模式趨向融合的實證分析〉，《南京工業大學學報（社會科學版）》第 8 卷第 3 期（2009 年 9 月），頁 84～87。

服務，興起 O2O 已是近年崛起的行動商務模式。〔註33〕此市場無疑是個未來可持續深耕拓展的新領域，從早期只有線下實體 Offline，到開發線上虛擬 Online，到線上虛擬 Online 的比例越來越高。娛樂模式改變，電影業蕭條，先後轉戰「OTT」（Over-The-Top Media Services，線上影音平台）〔註34〕。餐飲實體營業額下降，外送平台興起，當然也是要看人，有些不必出門上班，就會傾向在家開伙，減少外食。社交模式被迫改變，從群聚傾向直播方式，一個「相忘江湖」（〈大宗師〉）〔註35〕無接觸的時代來臨，讓人與人之間回到心靈空間的距離。或許往後會真的像「回到未來」那部電影般，在同一個時空下，運用多個頁面，與多人進行接觸交流（例如：與老闆開會、享受美食、盯盤、聽音樂、工作、社交平台等）。所有各行各業都因為大環境的動盪被推著要改變，這就是趨勢大環境帶給人的立即性影響。

當然現在不改變也不會怎樣，只是就會沒錢，沒錢遇到最直接的現實層面，就是很多產業會活不下去，這時候道家靈活及虛靜的生命安頓之道就顯得格外重要。外在越動盪越紛擾，越要靜下來感通大環境帶來的氛圍，不論是生活上（消費、娛樂）、朋友圈（社交）、大環境（整體生態鍊上）。例如：大環境的動盪社交活動大量減少，買名牌包已無法炫耀，頂多變成上網在虛擬社交平台跟友人分享，精品業的蕭條，也會促使人逐漸開始往內思考買名牌包的真實意義性。大環境的動盪氛圍，越讓吾人有機會停下腳步沉澱思考，從外在大環境的應對之道，進而往內做人生全面性的思考，當回到自己，沉澱下來，才有機會從事物的表象，

〔註33〕O2O 市場簡單講就是「線下實體 Offline」與「線上虛擬 Online」的相互應用，意思是消費者於實體店中享受服務或取得商品，而在網路上進行交易或付費的過程，此整合虛實服務的商務服務模式將會對消費者的購物行為產生影響。林淑瓊、張銀益、張宏裕：〈以消費價值觀點探討線下到線上商務服務模式之使用意願〉，《商略學報》第 8 卷第 3 期（2016 年 9 月），頁 177～194。

〔註34〕OTT 影視服務顧名思義，就是透過網路，提供用戶各種影視內容，包含隨選影片（VOD）、直播頻道（Live Channel）等；OTT 影視服務的出現，改變了人們收看電視的習慣，收看影視節目不再需要守在電視機前面，透過 OTT 影視服務，電視變成是可以帶著走的，只要手中有智慧型終端或可上網的裝置，不論何時何地，就可以透過網路收看電視節目，讓電視變成無所不在。此平台的誕生符合人的自由性，目前知名的 OTT 影音平台有：Netflix、HBO$^+$、FOX$^+$、Apple TV$^+$、騰訊、芒果 TV、優酷、搜狐、愛奇藝、四季線上影視、GtTV、愛爾達電視等。鄭和燦、蔡立武、張淑貞、葛煥元、王麗琇：〈OTT 影視服務系統簡介〉，《電工通訊季刊》第 4 季（2015 年 12 月），頁 29～34。

〔註35〕〔清〕郭慶藩注：《莊子集釋》（新北市：商周出版，2018 年），頁 174。

看到事物的本質。道家的柔軟及彈性將會有助於人們在這波疫情後，成為知的翻轉中最有價值的人，這就是道家面對時局動盪時，展現的強大適應力。

二、面對未來性的社會環境改變

上述單究現今時局而論，就可以明白大環境對人的影響性，而中長期正在發生的社會生態環境，要面對的就是網路時代的人工智慧崛起，以下分成「大環境」與「個人」兩部分進行論述。

（一）面對大環境

本文以下分成兩點進行闡述：1. 莫若以明：觀變知幾順勢而為。2. 乘物遊心：租用規模取代不須擁有。

1. 莫若以明：觀變知幾順勢而為

過去 20 世紀是規模經濟，什麼都是越大越好，21 世紀的去規模化經濟，顛覆了過往企業的大規模形象，開始重視小、精實又靈巧，更專注在個性化、市場需求，開啟許多的可能性。為何會帶來去規模化的改變？因為網路時代和人工智慧的崛起。人工智慧的來臨正為我們帶來生活上的改變，如同 19 世紀電能改變人類的生活般。人工智慧和由人工智慧驅動的科技，使得創新者能夠有效地以去規模化經濟（economies of unscale）來對抗規模化經濟，這項巨大轉變正在改造根深蒂固的巨型產業。〔註36〕換言之，規模化經濟從過去成本優勢，龐大資金買廣告等，運用大規模擊敗競爭者的策略，將由優勢轉成劣勢。因為人工智慧能夠辨別顧客的喜好，隨時改變策略，調整符合市場需求的產品。加上數位科技的協助下，更能夠用租用「雲端運算力」〔註37〕、社群租用消費者的管道、在平台上進行銷售、「行動 APP 智慧應用程式」〔註38〕提供個

〔註36〕Hemant Taneja、Kevin Maney 著、李芳齡譯：《小規模是趨勢：掌握 AI 和新一代新創公司如何改寫未來經濟模式》（新北市：星出版，2019 年），頁 5。
〔註37〕雲端運算從早期認為是科技概念到現在明白只要瀏覽過的網站、每一筆信用卡消費、每一帳單、每一筆個資填寫，都被儲存一個巨大的雲端資料庫中，連結的方式就是透過網路。雲端真是不可思議，2019 冠狀病毒席捲全球，臺灣海軍敦睦艦隊染疫後，如果曾跟確診個案，在同一時間內，出現在鄰近的地點，就會收到「疫情警示」的簡訊，提醒留意自身健康狀況，保持社交距離，出外戴口罩並勤洗手。彷彿所言所行都有雙無形的神之眼盯著，這就是大數據的時代來臨。
〔註38〕APP 行動應用程式是由蘋果公司首先推出，原本只是一項科技配件，後來成為連結雲端各種資料及服務的日常主要工具。

人化服務，運用技術平台讓許多過往大公司才能做的設備及人力，小公司也能開始以具獲利的個性化營運模式，與大公司進行競爭。小公司創造服務滿意度高的個性化市場，勝過一般滿意度的大眾市場，於是百年大企業開始懼怕新創的小公司。

這股顛覆經濟體系的去規模化經濟，受網路多種社交平台及租用平台所賜，2007 年開始鳴槍起跑了，讓所有的生活、工作及商業行為都可以在線上進行，只要有智慧型手機及行動網路，就可讓銷售及服務無所不在。不用懷疑，這樣的科技至今不到 10 年，立基於大數據的人工智慧驅動下，全球已出現種種線上平台，信用卡刷卡、旅遊整合、計程車、社區行動、影音平台等，讓小公司也可以在最精簡的成本下，運用平台發展一條龍服務。研發技術都可以外包，新創公司運用人工智慧將過去需要投資在作業上的系統自動化，運用各種租用的雲端平台打造看起來一樣具有規模的事業體。這種低成本租用平台、針對目標客戶精準行銷、客製化的精實生產、隨時靈活調整的模式顛覆整個產業，帶來全球性的變革。

然而，不可否認，規模化經濟曾帶給人類的好處，19 世紀的鐵路、20 世紀的飛機、汽車、收音機、電晶體、家用電腦等，沒有過去就沒有現在。21 世紀就是網際網路，大數據的誕生開啟了虛擬實境、機器人、基因重組等重大科技突破。當然去規模化經濟顯然是未來的趨勢，面對全球商業、生活型態重組的模式，人類在大環境驅動下勢必需要順應這股潮流。面對這股潮流，莊子說：「安時而處順」（〈養生主〉）〔註39〕。每個世紀都有新的變革，時代的進步讓車子真的在路上走、飛機真的在天空飛，人工智慧及高科技的研發，不論工作生活上都會為人類帶來新的里程碑，更解放吾人身心，都更「逍遙」（〈逍遙遊〉）無待〔註40〕。

2. 乘物遊心：租用規模取代不須擁有

在過去規模經濟確實是優勢，大企業用好幾億的資金先建構研發產品的實驗室，研發出一款新產品後，再花幾億建造工廠，大量生產零件，再架構生產線進行組件，以量制價。製造產品誕生後，再花大筆的行銷廣告費用，請明星代言或運用媒體廣告平面廣告或電視廣告，讓產品被民眾看見，進而觸動民眾想購買的欲望。最後還要架構一個通路系統上市上架，甚至是自己設置實體

〔註39〕 〔清〕郭慶藩注：《莊子集釋》（新北市：商周出版，2018 年），頁 99。
〔註40〕 〔清〕郭慶藩注：《莊子集釋》（新北市：商周出版，2018 年），頁 16。

店面，上述所有的前提都是資金，也就是準備金要夠多才能夠燒，光這個門檻就是一般車庫裡的小企業望塵莫及的。然而，人工智慧及高科技的出現，讓所有一切都可以在網路上進行，產品來源可運用生產線發包或批貨、租用雲端數據計算力、社群媒體進行廣告行銷，有興趣點閱進去網址就連線到商品的平台，點選完再連到刷卡平台，由合作的物流公司宅配到家或附近的便利商店。

　　換言之，要喝牛奶不用養一頭牛，要網路不用架設基地台，要送貨不用架設高速公路，平台越多對於小企業而言，就有越多資源與大企業抗衡。現今有些企業其實很小，但可以透過平台的嫁接，借力使力讓它感覺很具規模。許多的音樂、新聞、課程都逐漸數位化，商業的數位化，使得設計、研發、生產、銷售、物流一條龍的全球化服務，更可透過顧客即時留言回饋，不斷修正成為龍中龍的良性循環。因此，高科技使的網際網路成為一種新的商業模式，透過網路媒介即時把買家與賣家、廣告商與顧客以低成本聯繫起來。當規模化企業成本優勢不再，價格戰已不再是關鍵時，規模化存在的意義性就不大了。

　　20 世紀網路普及全球化後，許多大公司已逐漸將部門外包出去。全球化來臨會冒出許多新的工作機會，需要運用到合作、協調、整合、解釋、槓桿操作的能力。此外，擁有在地化、個性化經營的競爭力，自然不容易被淘汰。全球趨勢大師 Thomas L. Friedman 認為：「拜科技所賜小蝦米和大鯨魚可以平起平坐，即使在家裡開一個工作室，一個人也可以和大企業搶生意。同樣的，大企業也可以比小公司更靈活，更細膩。從前做夢都沒想到的，今天不只變可能，甚至是必要了。」〔註41〕因此網路帶來抹平的世界，同時也帶來無限可能的機會，使得過往要耗費大量資金租借場地才能做一份事業，現在一間自家工作室就有可能創辦一間全球化的公司。我的個案在自家開的小企業，帶領他的 6 人核心團隊，接訂單每天出貨上千份，每個月創造 40～50 萬的收入，他說比之前在大陸每個月租用 10 幾萬的租金成本、管銷實在輕鬆許多。他表示從 20 出頭開始創業至今，現在是最輕鬆成本最低的時刻。還有朋友光專做網路搜尋引擎的公司，幫賣家衝網路流量或關鍵字，就開 Maserati 名車四處兜風，過著財

〔註41〕《世界是平的——把握這個趨勢，在 21 世紀才有競爭力》（The World Is Flat: A Brief History of the Twenty-first Century）這是一本由湯馬斯・佛里曼（Thomas L. Friedman）所撰寫的暢銷書，書中分析了 21 世紀初期全球化的過程，書中主要的論題是「世界正被抹平」，這是一段個人與公司行號透過全球化過程中得到權力的過程。Thomas Friedman 著、楊振富、潘勛譯：《世界是平的》（臺北：雅言文化，2007 年），頁 5。

富自由，四處學習做他想做的事了，不用懷疑這都是年輕人。這股全球化趨勢無人可擋，看準找到自己的立足點，就不會被邊緣化。因此，舊式體制面臨的衝突，如何因應全球化而生的新形態合作，從中得到紓緩或改變，尤其是供應鏈的部分，國際關係將有一場精彩劇碼。換言之，傳統產業面對全球化的威脅與崛起，因應全球供應鏈之間將產生的互動，將是 21 世紀初國際關係領域最豐富的研究題目。〔註42〕

當然去規模化只是開始，未來會有更多新創的企業，符合市場需求，打造高度客製化的獨特商品，銷售給全世界鍾於個性化的顧客族群。小規模反而能夠專精專業、提供高感度的服務、快速調整方針，符合市場需求。2007年到 2017 年行動軟體開發、雲端運算、社群媒體集結，興起人工智慧的新革命。透過雲端及網路就可以隨時取得電腦的運算能力。數位談話中人類史的絕大部分交談時間是不會留下紀錄，更不會被備份、被拿去分析。「Snapchat」〔註43〕的好處更符合人性化，讓數位分享更像面對面交談，不會留下紀錄。臉書現在也有「Instagram」〔註44〕即時動態的功能。莊子說：「物物而不物於物。」（〈山木〉）〔註45〕從早期使用科技卡卡需適應科技，到現在進入了科技更人性化順應人類的時代了。

2007 年網際網路使用者僅僅 10 億多人；到了 2016 年成長至 30 億人。2007 年，全球智慧型手機用戶僅約 1 億人；到了 2016 年，已經成長到超過25 億人。〔註46〕短短幾 10 年，幾個重要的科技平台，徹底顛覆全球 30 億人口的工作及生活方式。當去規模化後，每個人都可以運用租用規模來創業，透過技術平台銷售或取得所得，整個生涯有可能會創立許多大大小小的小事業，偏向創業生活。去規模化同時正在拆解公司規模，也在拆解工作，就業市場從全職單一技能到需要人員特定時間貢獻某些技能即可。產品服務從大眾變成一人市場。沒有人能阻擋這樣的趨勢，與其抱怨擔憂鐵飯碗的就業保

〔註42〕概念參考 Thomas Friedman 著、楊振富、潘勛譯：《世界是平的》（臺北：雅言文化，2007 年），頁 7。

〔註43〕Snapchat 這是一款史丹佛大學學生開發的軟體應用程式，當中用戶可以拍照、錄製短片、撰寫文字和圖畫，並上傳到應用軟體上的好友列表。

〔註44〕用戶可以在 Instagram 上分享自己的相片及視訊，並連結至 Facebook、Twitter、Tumbl、新浪微博等多個社群網站，亦可同時關注其他用戶的上傳內容。

〔註45〕〔清〕郭慶藩注：《莊子集釋》（新北市：商周出版，2018 年），頁 460。

〔註46〕Hemant Taneja、Kevin Maney 著、李芳齡譯：《小規模是趨勢：掌握 AI 和新一代新創公司如何改寫未來經濟模式》（新北市：星出版，2019 年），頁 22。

障不再，不如重新回到自己，思考自己真的適合什麼？並從中做出選擇，也就是找到真正想做的事情後（熱情及天賦所在），投入熱情並從中提升技能（成為專業）。因此不是和這股趨勢做對，而是覺察到後如何順勢而行才是王道。面對變化保持道家的開放、好奇、柔軟、應變及願意終生多元學習，才是自然的通達之道。

（二）面對個人

本文以下分成兩點進行闡述：1. 技進於道：培養終身受僱力。2. 物物不物於物：清爽暢達的快意生活

1. 技進於道：培養終身受僱力

從上段探討在人工智慧來臨後，帶來顛覆經濟體系的去規模化經濟，影響整個吾人的工作及生活。而教育和工作是相互連動的，值得留意，現在學校所學的，畢業後或許就不是這麼一回事。過去規模化的經濟時代，多數人的生涯發展流程是先讀了近 20 年的書，在畢業後找一份穩定的工作，開始服務一到兩家公司 45 年後退休。生涯發展途徑就是先受好的教育，再找穩定的全職工作，累積升遷資歷，然後退休過生活，能做至此就算成功人生。然而，全職工作並不是人類生存的自然常態，19 世紀前少數人才會規律的工作一週 40 小時，19 世紀中後期（第二次工業革命），人類生產與製造方式逐漸轉為機械化後，業主為追求效率製造生產，就開始將人同時間聚集在工廠或辦公室中。去規模化經濟後，當業主開始維持小規模核心人員編制，其餘專業人力或自動化平台運作的能力皆發包出去，將使得各地人才不用匯集在同一個地方，也可通力完成。

對許多人而言，或許這樣全職的工作型態將會逐漸消失，在單一領域沿著單一途徑的職涯就業保障也將走入歷史。新的世代來臨將會翻轉單一途徑的生涯發展策略，工作和教育將會混和，年輕人會更提早接觸工作，且是組合性工作。生涯發展也會從早期年輕學習，畢業投入工作到老，轉變成整個人生都是在學習新知識和技能的終身學習模式。對此學校以外的教育機構及雲端教育也會蓬勃發展，讓吾人能持續跟上世界的脈動。換言之，新一代除了在實體學校學習人際相處外，會依造自己的步調透過線上課程，深入自己有興趣的主題，並將學科分科的單一思維的教育，融會貫通轉成系統化的整全思維模式。

莊子說：「大塊噫氣」（〈齊物論〉）〔註47〕因為生命是整全的，生命是如同盤根錯節的牛一般，擁有全面性的思維，才能真正擁有面對現實解決問題的能力。這樣的轉變不用 10 年，筆者本身及第一線接觸個案的工作型態都已嗅到這樣的轉變，人類將以全新多元的方式創造個人所得。

現在全職員工對於許多企業的人力布局而言，已成為最昂貴最沒彈性的人力來源，全職必須給予最多保障外，還有福利津貼。因此，除了公司內部核心團隊外，其餘逐漸傾向精簡人力，開始將一個全職員工的工作量濃縮成專案，進行委外發包處理，如此可省下勞保津貼、三節及假期福利，更可以實作實付，將效益拉到最高（因為沒事的時候，全職人員通常就上網或做自己的事，現在變成論件計酬，做多少領多少，效益自然提高）。當企業正開始透過裁員、縮編，整頓內部人力資源時，下面的人員會產生許多的恐慌，也會有相對應的作為，例如：多家銀行也宣布未來要刪減人力，採取自動化窗口。銀行人員面對裁員的壓力，因應的方式有的直接讓流程變慢，製造一堆人領號碼牌代辦的景象，讓上層認為還是需要駐足一定的人力資源。然而，這樣的應對根本治標不治本，大環境的變遷，若沒有洞察時局的智慧，靈活的跟著變動，很容易就會被時代淘汰。

如何培養「洞察力」呢？筆者認為平常就要訓練自己的覺度，也就是提升自身對於世界的靈敏度，跟世界的脈動在一起，所以道家是大隱隱於市的行者。再來要常常跟自己在一起，如此才能知己能與不能，喜歡什麼不喜歡什麼，知曉自己現在的身分、位置、狀態如何，適不適合出手？能不能出手？出手下去這是不是我想要的？平常識己功夫做足，這些都能幫助自己面對趨勢來時，以最快速度做出最適合自己的決斷。以自己而言如此，整個企業經營亦是。其實許多企業及機構多年前早就有此傾向，例如：契約工、兼職或顧問專案性質的工作。因為一個全職人員的雇用成本是外包多出 30～40% 的成本。以筆者熟悉的護理工作而言，醫學中心多數已將正職高薪人員轉成招募約聘人員。班別除了輪三班外，還多了一種叫 88 班，也就是整天下來最忙碌的時段早上 8 點

〔註47〕子綦曰：「夫大塊噫氣，其名為風。是唯无作，作則萬竅怒呺。而獨不聞之翏翏乎？山林之畏佳，大木百圍之竅穴，似鼻，似口，似耳，似枅，似圈，似臼，似洼者，似污者；激者，謞者，叱者，吸者，叫者，譹者，宎者，咬者，前者唱于而隨者唱喁。泠風則小和，飄風則大和，厲風濟則眾竅為虛。而獨不見之調調、之刁刁乎？」（〈齊物論〉）〔清〕郭慶藩注：《莊子集釋》（新北市：商周出版，2018 年），頁 47。

到晚上 8 點，安排 2 個人力上班會讓人力過多產生閒置，沒有安排人力又會忙不過來。因此，院方作法是安排 1 個支援人力上班 12 小時，因應醫護龐大的工作量，當晚上 8 點差不多忙完可喘口氣時，就叫你打卡下班，回家休息，如此醫院就省下白班和小夜班，分別要各安排 1 個正職人員上班的人力及薪水支出。倘若遇到護理工作佔床率少時，就合併病房，人員調度其他單位支援、給予放假或減薪，目的就是成本考量的節省人力。

有個案在 Law new 當全職員工，雖沒裁員，公司用減天數變項方式減薪，從 1 個月工作 30 天變成 15 天，如此下來個案根本無法應付家中開銷，於是在剩下的天數，她就再找一份早餐店打工，取得家裡經濟的平衡。10 幾年前台灣就在流行奇摩外包網，不只民間單位，公家單位早已開始僱用約聘人員，學校的清潔工作也都委外發包，可見雇用約聘員工或委外的風氣已行之有年。對雇主而言，好處就是雇用成本低、採簽約制，預算編列具彈性，又能展現一定成效。既然是行之有年為何還要探討？本文要說的是這股趨勢，在近期顯然從基層開始到轉移到中產階級的高產值企業，甚至打入高端產業核心，逐漸成為普遍的趨勢，且這樣的數值正穩定持續的成長中。而外包現象從基層轉移到高端產業，兩者最大差異來自，高端產業的決策點是透過更多專精的人才，以求更快更創新，來獲得更大的市場。簡單說是為了致勝，不是縮編，跟過去為了省錢而裁員是不同的動機。

在時代環境的劇變下，當全職工作正逐漸縮編，零工經濟的時代來臨，取而代之將改寫新世紀的工作模式，那麼什麼是零工經濟呢？「零工經濟」（Gig economy）一詞，近年來由哈佛學者 Diane Mulcahy 在《零工經濟來了》提出並定義全新的工作型態，就是用不同的短期或合約型工作，取代一份固定的正職工作，其範疇包括諮詢顧問、特約派遣、非全職雇用、臨時工作、自由工作、自營事業、兼差副業，以及透過 Upword 和 TaskRabbit 等平台接案的工作；零工經濟的好處是，可以開創個人新的事業體、規劃休閒時間、重整財務結構、開始營造更投入更滿足更符合人生重要事項排序的生活。〔註48〕

〔註48〕蘇郁庭先生表示隨著零工經濟的來臨，許多人在正職工作外進行接案以增加收入與經驗，然而設計接案不僅需要設計專業，還需要專案管理、業務接洽、溝通效率等能力，甚至在簽約以保障權利時，還會牽涉法律問題。當中皆有對於現今常用外包平臺進行優劣分析，有 104 外包網、1111 外包網、518 外包網、99job 44、鐘點大師｜Freelancer 加速器、PRO360 達人網、99designs、Guru 64、Upwork 68。另一方面黎少芬先生也有針對 TaskRabbit 外包平台作相關探

　　這個趨勢也因新一代年輕人的自我意識逐漸抬頭，更多人願意選擇依自己實力論薪資報酬，同時擁有更自主、彈性、充滿熱忱的工作選擇。當然在自主、彈性、充滿熱忱的同時，零工的工作模式也不見得適合所有人，因為沒有明確的下班時間，採責任制，若沒有做好工作模式與休閒的切換，很容易會有一種隨時都在上班的緊繃狀態。在沒有仰賴公司下，相對一切自己承擔所有的風險及所得。同時雖沒有時空限制，然而依照合約還是得依規定期限交貨，所以自律性和獨立性要比一般強。〔註49〕也就是若要轉型成這樣的工作型態，還是需要有一定的心態調整，否則很容易成為閒晃沒有保障的無業遊民。上述討論得知，零工經濟正在把職位為中心的勞動市場轉型為以差事為中心的勞動市場，藉此顛覆吾人的工作方式；零工經濟賦予企業和勞工一種新的方式，取代一體適用的全職員工、全職就業模式。〔註50〕

　　早期上一代追求穩定的工作，最好擁有全職全薪、好的公司福利制度，一輩子只要為一或兩家賣命後，就可以等著領退休金，規劃退休生活。然而，時代環境的變遷下，現在要有一個能夠終老、福利條件好、升遷穩定、高薪有保障的工作已越來越少。近年的大學生一畢業即面臨的社會挑戰，就是發現好像已不能指望像搭直通車般，立即找到一份收入持續加薪的穩定工作，或者單從一個工作就得到長期的保障。筆者很幸運在擔任輔導組長期間，曾負責生涯發展教育及長期第一線社會輔導的經驗中，發現學校規劃的一套看似完美的生涯藍圖，學生卻對此無感甚至徬徨，因為國民教育規劃的職業試探及志願選填，已無法究竟解決畢業即失業的議題。現在越多年輕人已不再像上一代一條

討，詳請可參閱 Diane Mulcahy 著、羅耀宗譯：《零工經濟來了：搶破頭的 MBA 創新課，教你勇敢挑戰多重所得、多職身分的多角化人生》（臺北：天下雜誌，2018 年），頁 6～7；蘇郁庭：《設計發包接案平台的使用者介面與服務流程優化》（嘉義：國立政治大學數位內容碩士學位學程碩士論文，2019 年）；黎少芬：〈TaskRabbit 跑酷〉，《新經濟》第 30 期（2013 年 01 月），頁 62～63。

〔註49〕想更進一步了解零工經濟不同工作型態中的困境和考量點，可參考此書，當中作者長期追蹤採訪的 5 位零工經濟工作者，從心路歷程中可一窺零工經濟工作型態的不同樣貌。Sarah Kessler 著、林錦慧譯：《終結失業，還是窮忙一場？：擺脫了打卡人生，我們為何仍感焦慮，還得承擔更多風險》（臺北：寶鼎，2019 年）。

〔註50〕感謝口試委員蔡鴻江先生面對順任社會之道的觀點補充，本文加註如下：這是新一代年輕人的工作取向，隨「時」改「變」。Diane Mulcahy 著、羅耀宗譯：《零工經濟來了：搶破頭的 MBA 創新課，教你勇敢挑戰多重所得、多職身分的多角化人生》（臺北：天下雜誌，2018 年），頁 20。

龍式的生涯發展模式：畢業、找工作、結婚、買房、生子、育子、退休等。因為畢業後縱然找到一份全職薪資，也逐漸無法對況通膨，單身還過得去，結婚甚至生兒育女後，就幾乎支撐不了。在沒有穩定增長的所得基礎及就業保障下，會有更多年輕人傾向零工經濟，除了自主、彈性外，個人產值的收入通常比領全職薪的員工高（這裡指的是有特殊專才，並非一般零工勞工階層），蘊含更多的可行性。換言之，以時間軸而言，新一代的職場生涯大餅，將有可能是由好幾個工作經歷組成，甚至有可能是同時期（時間橫軸而論）兼差好幾份工作（時間縱軸而論）組成的工作資歷。這樣的變動正衝擊著人類對於生涯發展職業的選擇及生活思維的建構，而整體社會大環境的變動，一直在發酵中，不用懷疑就僅差一個世代。

因此，零工經濟或許是因應目前大環境趨勢下的可行之道之一，若零工經濟持續成長，將會大大改變企業用人及自主工作，甚至整體生活的模式。以筆者而言，接專案後的生活，可選擇做自己喜歡的工作類型，工作的場域自己安排，時間自己規劃。當所有一切都是自己作主時，時間管理就更顯得重要，等於我自己是個人公司，須將個人時間創造出最大的產值（時間配置＝報酬）。因此，也沒有所謂的周休二日，有可能多數人在休息時，我在出任務，平日多人數工作時，我在休息。當然不可否認，不論在企業營運的品質控管及專業技術，甚至公司機密保全上，全職的核心員工還是有其必要性。換言之，在這群核心之外的全職員工，還是有其風險性存在，專案型的委外發包，已逐漸成為趨勢。

而在這場零工經濟的工作型態變革，能從中脫穎而出的，大多是具有獨特技術或專業才能的人，除了可獲得更高的時間報酬外，也更有機會規劃自己的生活。所以在生命中好好探索自己，從中「發掘自己的天賦」〔註51〕，找到能夠發揮自己所長並結合興趣的工作性質，順著天賦的優勢是能夠更快上手，結合興趣的優勢是能夠延續熱情。設定場域把握可能的機會，開始依照莊子內七

〔註51〕《發現天賦之旅》一書有提到盤點自己的天賦、資源，與條件的重要，從自己天賦能掌握的資源基礎出發，且戰且累積新資源，一路拉高並活用每一個當下已身累積掌握的戰鬥條件；又說每個人都要趁早問自己三個問題，我擅長什麼？我熱愛什麼？我是否投入在我的天賦天命呼召要我從事的志業中；天命就是個人天賦與熱情的交會點，簡單說就是自然而然喜歡做的事，如同魚在水中般自然與自在。Ken Robinson 著、廖建容譯：《發現天賦之旅》（臺北：天下遠見，2013 年），頁 7、8 及 20。

篇人生攻略圖練就等級，直到「技進於道」（〈養生主〉）〔註52〕成為某領域的專家或大師，這時才能真正成就解鎖，所有一切的自由前提不外乎來自於自律的人生。換言之，專業的勞工可獲得傳統雇用勞工無法擁有的工作自主權及彈性，好的工作變成不是套餐式，而是點餐式組合。能夠懂得點餐式的工作組合，來自於懂得善用天賦、技能、興趣、經驗等，扮演多種身分角色。因為是自己評估後選的，所以一旦將時間投入在自己想做的工作上時，通常也比一般被動被指派任務的同仁更具熱忱。因此，基層勞力及專業勞力取向逐漸被自動化或外包單位取代，若沒早點看到就業保障不再的現實，是有可能面臨失業風險的。商場如戰場，當企業經營遇到挑戰時，第一個裁員的員工絕對是生產力薄弱可替換的一群。因此，零工經濟無法對於低待遇零售業或基層服務業帶來轉變，但它能為本身有技術能力、想要擁有彈性自主時間的勞工帶來機會，是正向的發展。

　　當然工作與所得變動的經濟結構體下，固定周休六和日不再，工作與休閒的配置平衡就很重要，當能用更精簡的時間產生高效能，換得更多的時間享受休閒生活或規劃想做的事情。那麼生活的美好就不再只是等到一切，都將最青春的歲月投入工作45年，取得退休金後，才能規劃的生活模式。而是變成時時刻刻，每年每月甚至每天都可以做的事，符合老莊的活在當下。面對世界整體經濟結構、工作型態的變遷，需要新的思維，而老莊提醒吾人生命更重要的事，是開創一個協調而平衡式的生活。現在的就業不等於成功，已不像過去老一輩每次見面第一句問候的話：「你現在在哪就業？」那麼簡單。以筆者而言，最怕老一輩這麼問，因為要解釋很多，不是我要博雜多元，喜歡到處奔波，而是走在時代浪頭的我，想要在現今甚至未來10年、20年後的社會存活下來，我就必須改變。因此，以我為核心，只要能對我生命提升早日破關（生理、心理、人際、環境、金錢）成就解鎖的專案，我都會去嘗試，從中探索自己能與不能，慢慢找到自己的定位。所以這根本無從解釋，因為符合我這個生命主體，用一個名稱含括的職業根本就還沒出現。有時候彼此成心思維的落差，鄉下老一輩沒看到現在時代的劇變，他們還是停留在軍公教最好的認知。當跟他解釋完現在做什麼？他還會講一句：「聽起來怎麼那麼沒有保障啊？」講沒保障還好，有些長輩還會補一槍：「怎麼小時了了，長大卻變這樣啊？」之類的。每

〔註52〕原文為：「臣之所好者道也，進乎技矣。」〔清〕郭慶藩注：《莊子集釋》（新北市：商周出版，2018年），頁93。

次專案告一段落回到鄉下休長假時，也不能一直待在家，時間到還要出門找個咖啡廳坐下或出去走走，因為超過幾天後，有的熱心三姑六婆就會表達無法接受年輕人沒去打卡上班，待在家用使用電腦的工作生活型態。莊子說：「未成乎心而有是非」（〈齊物論〉）〔註53〕說真的也沒有對錯，這是思維及面對環境衝擊的落差，老子說：「多言數窮，不如守中。」（〈第五章〉）〔註54〕我現在遇到這類熱心型的長輩，就會依對方的成心形塑的背景，講其領域可以理解的工作或職業，對方就不會有過多的是非判斷，這就是找到彼此都能走得下去的通達之道。以莊子而言，就是「相忘乎江湖」（〈大宗師〉）〔註55〕，老子就是「小國寡民」（〈第八十章〉）〔註56〕，每個人都把自己活好，不要太驚擾彼此流暢的生活。

因此，老莊提供我們生命的安頓之道，就是社會環境越變動，越要好好靜下來思考，運用莊子淑世精神實踐模組中道的四個架構追問自己，第一「走在關鍵的決策」我真的想要什麼？我適合什麼？我有什麼樣的資源？第二步「生命道路的通達」什麼是我真正想過的生活？清楚自己定位後，設定目標，開始朝著目標前進。第三步「高瞻遠矚的智慧」過程選擇能幫助自己達標的工作專案類別及場域。第四步「內外辯證的實踐」用生命實踐逐一拼湊出屬於自己的生命經歷。時代的流變，顛覆新舊世代認為成功的定義，讓吾人開始不再全然接收原生家庭、學校師長、社會對於成功的標準，不再無意識的內化成為心中對於成功的定義。家人、長輩們期待的那個期待，與現實生活的矛盾，讓我和新世代的年輕人不得不在衝突下覺醒，思考自己真的想要，並走出一條屬於自己的路，才有機會過著自己真正想過的生活。換言之，如果不花時間思考自己對於成功的意義，很容易就會被外面的聲音（外在環境和社會價值觀）推著走。這也很好理解，人生的劇本不自己寫，那就是當別人的配角，依照別人安排的順序過日子，別拿著別人的地圖走自己的路。道家認為每一個人都是獨一無二的，然而每個人常一窩蜂擠在同一個地方搶限有的東西，就容易忽略自己腳下那塊屬於自己的資源或機會。

〔註53〕〔清〕郭慶藩注：《莊子集釋》（新北市：商周出版，2018年），頁53。
〔註54〕〔魏〕王弼注：《老子道德經注》，收入於樓宇烈校釋：《王弼集校釋》（臺北：華正書局，1992年），頁13。
〔註55〕〔清〕郭慶藩注：《莊子集釋》（新北市：商周出版，2018年），頁174。
〔註56〕〔魏〕王弼注：《老子道德經注》，收入於樓宇烈校釋：《王弼集校釋》（臺北：華正書局，1992年），頁190。

因此，王夫之說：「處眾之後，而常得眾之先。何也？」〔註57〕當對自己有足夠的定位，自然不會跟著拿香拜拜，追逐潮流與人競爭，本身沒有要跟人爭什麼，所以當人在爭時，反而自己能關注到眾人沒看見的機會。換言之，在一種不爭先的情況底下，以不爭開採一切的可能。不強硬主導生命之流的動向，反而是順著生命之流，經驗造化要給吾人的生命體驗，就像彩券行選定不同遊戲款項後，等著開獎一樣，可以看到不同面向的自己。能做到此，想必內在多了許多的柔軟、彈性，跳脫舒適圈的不設限自己，同時又包含了對於生命的一切信任。這絕對不是嘴巴上講的一切都是最好的安排而已，更包含著由內而外一種全然的交託。筆者發現自己一路走來，生命中的許多禮物，都是我第一時間想排斥或討厭的事帶給我的，經驗後也更蛻變了。越抗拒越沾黏，厭即是戀，順著生命之流，經驗自我。或許人生就是塞翁失馬，焉知非福，在禍福相倚裡，找到自己的彈性。而這份道家的柔軟，將有助我在與人互動的關係裡不卑不亢、在所有的角色裡剛柔並濟。

其實會爭是為了眾人標準的成功，然而生命走到現在，成功的定義真的因人而異，每個人成功的通達之道不同。參悟老莊至此，屬於我的通達之道定義彷彿又更從容明確了，從過去「積進發光的精采人生」走到「簡單純粹的質感人生」又走到「從容質感的精品人生」位置。當中些微差別在於，第一個位置還不夠認識自己，因此需要大量的體驗實踐，才能知曉自己的能與不能，可以朝哪方向前進。第二個位置因為心神過度接觸外界後，外放的心容易收不回來，因此，仍需刻意專注，將心不斷拉回簡單純粹的狀態，老子說：「孰能濁以靜之徐清？」（〈第十五章〉）〔註58〕，在心接觸萬物動盪後，要能回到素樸，就必須如同一盆水一樣，給它時間慢慢沉澱回到清澈。第三個位置則是無須刻意，是一種自然而然，全然交託自在的游。筆者現在對於自身通達目標，希望不只是讓自己看起來越來越有質感，更是要成為真正的精品，換言之，透過不斷的涵養，不斷的在人生五待中練就技進於道，精品再經過貨真價實檢驗後就能成為藝術品了。當然這是個人生目標尚未做到，但至少已經在知道並開始實踐的路上，接下來就是不斷用生命去體道證道了。從開始接觸老莊的生命智

〔註57〕〔清〕王夫之：《老子衍》收入於熊鐵基、陳紅星主編《老子集成》第8卷（北京市：宗教文化，2011年），頁566。

〔註58〕〔魏〕王弼注：《老子道德經注》，收入於樓宇烈校釋：《王弼集校釋》（臺北：華正書局，1992年），頁33。

慧，在這一來一往的參透中，我彷彿越來越精準找到一條屬於自己的通達之路。

因此，王夫之說：「逆計其不爭而徐收之，無損而物何爭？而我何尤？」〔註59〕當中「徐」字就是從容之意。反過頭去拿那個不爭而獲得的東西，就能從容。當我看到你們都去搶那塊地，我的心中有兩個算盤，第一個是趕快閃開，因為在那邊會受傷，第二就是往別的地方去走，可以獲得不一樣的東西，等你們又想過來時，我已經獲得適合我的東西，也沒有損失。換言之，當眾人一窩蜂在搶時，因為我沒有跟著一起爭，所以也不會受傷，哪裡會對我損害呢？因此，培養自己在看似逆勢的環境看見機會的能力。以金融環境而言，武漢肺炎震盪全球股市，趨勢在走，SELL 單和 BUY 單沒有一定，看當時情勢，倘若暫時浮虧，沉的住氣，設好停損停利的底線，不急進旁觀望，就安心的等待市場回溫。

王夫之又說：「然而情之所必不然也，故聖人擅利。」〔註60〕有時情勢並不是一定非得如此，不一定非得去爭那個勢頭，贏了面子輸了裡子，爭贏了也不一定能讓人信服，因此情感上不一定能夠獲得人家的認同，所以，聖人擅利就是要因事而利導之意。甚至這個利，還可以引申兩個意思，一個是對天下人而言，一個是對我而言。當我能夠開採出天下人沒有發覺的藍海，也給了天下人另外一個空間，讓他們打完了還可以有新的空間。同時，我無損我無尤，那就很擅長讓我的生命一直保持流暢運行，因此利也有流暢之意。這裡呼應了老子「讓」〔註61〕的哲學，不敢為天下先，最能代表讓的就是水，水就是最不爭先的。因此，不只讓，在讓的過程內在是很平靜的，因為我很清楚我在做什麼。

<hr>

〔註59〕〔清〕王夫之：《老子衍》收入於熊鐵基、陳紅星主編《老子集成》第8卷（北京市：宗教文化，2011年），頁566。

〔註60〕〔清〕王夫之：《老子衍》收入於熊鐵基、陳紅星主編《老子集成》第8卷（北京市：宗教文化，2011年），頁566。

〔註61〕老子說：「天長地久。天地所以能長且久者，以其不自生，故能長生。是以聖人後其身而身先；外其身而身存。非以其無私耶？故能成其私。」（〈第七章〉）、「上善若水。水善利萬物而不爭，處眾人之所惡，故幾於道。居善地，心善淵，與善仁，言善信，正善治，事善能，動善時。夫唯不爭，故無尤。」（〈第八章〉）及「我有三寶，持而保之。一曰慈，二曰儉，三曰不敢為天下先。慈故能勇；儉故能廣；不敢為天下先，故能成器長。今舍慈且勇；舍儉且廣；舍後且先；死矣！夫慈以戰則勝，以守則固。天將救之，以慈衛之。」（〈第六十七章〉）皆有提及「讓」的學問。〔魏〕王弼注：《老子道德經注》，收入於樓宇烈校釋：《王弼集校釋》（臺北：華正書局，1992年），頁18、20及170。

有時為何會不讓，是因為覺得自己是眾多競爭者之一，就容易陷入局中。可是道家不是要證明或爭到什麼，而是要讓生命流暢運行，因此還是回到目標，要什麼很重要，以道家而言就是讓生命回到通達。

那麼如何讓兼職工作成為自己了解新產業或往夢想前進的敲門磚？第一步就是跨出去，光想沒有用，就是行動，唯有行動去試，去真實經驗新領域的人、學習這領域的基本面及管理面，了解其發展性，都真實經歷感受了，才會知道這到底適不適合自己。因此，找兼職工作的大方向就是與自己下一步人生規劃想走的領域前進，藉由兼職工作試水溫，將可以運用最有效的時間、成本、資源，認識自己。也就是透過初步了解自己，設定場域，實際經驗「內外辯證的實踐」後，再回到道字結構的第一步繼續「走在關鍵的決策」追問我在哪裡？如此生命不斷交錯的「玄之又玄」（〈第一章〉）〔註62〕學用合一的過程，會一次比一次更認識自己，帶來知的跨越及翻轉。

組合式工作內容好處是可以依自己的步調學習，透過生命不斷的實踐，也就會逐漸找到屬於自己的工作屬性及節奏，例如：一次接太多，心力過於分散就會影響成效。如同「渾沌鑿七竅」（〈應帝王〉）〔註63〕開一到兩竅還挺得住，七竅全開，整個受外在世界的牽動，接收各式各樣的事物，精神就一直向外流失，因此就不容易保持生命的素樸，更別說善養吾人生命的整全。同時也不要問那種沒太大意義的話，例如：為何以前體力可以，現在不行？不為什麼，就是老了有年紀了。年齡增加機能代謝本就有所差異，一部車開 5 年跟開 25 年就會不一樣。因此幾次嘗試組合式工作，再搭配自身年齡的身體機能，就會找到屬於自己能與不能的平衡點。老子說：「載營魄抱一」（〈第十章〉）〔註64〕在平衡的當下才能身心時時與自己合一。換言之，配合整體身心前進的人生下，同時也讓自己持續聚焦在自己有興趣熱忱的事物上，當下每刻都追求內在渴望想做的事，就不會有很多的「等我怎麼了，再來」之類的話。筆者在社會局長青日照中心照顧老人時，很多的老伯伯都在跟我分享許多的「早知道」、「當初應該」之類的遺憾話，感謝當時的生命經驗，讓我明白光陰不等人，真的想

〔註62〕感謝口考委員蔡鴻江先生補充「玄之又玄」之意，乃道之幽微，深遠到極點。
　　　　〔魏〕王弼注：《老子道德經注》，收入於樓宇烈校釋：《王弼集校釋》（臺北：華正書局，1992 年），頁 1。
〔註63〕〔清〕郭慶藩注：《莊子集釋》（新北市：商周出版，2018 年），頁 220。
〔註64〕〔魏〕王弼注：《老子道德經注》，收入於樓宇烈校釋：《王弼集校釋》（臺北：華正書局，1992 年），頁 22。

做什麼就要行動去做。

　　當然看似多元組合工作，內在還是有一個屬於自己的中心軸，透過多元學習，讓自己找到定位的專精領域。以筆者而言，多職身分多重所得下，生命有許多的身分切換，是精神科、產科、長青日照、病房呼吸治療護理師、講師、銷售員、學校健康老師、校護、輔導組長、企業顧問、訪談員、房屋翻修的承包商、回學校走走時就支援健康促進或環保講座、回社區時就擔任志工、接企業專案同時也是內部行政、會場主持人、展覽場的工讀生等。看似多元，其實都是圍繞著一個「全人健康」的核心運轉，也就提供人們生理、心理、人際、環境、金錢五大健康的服務，疏通人們行走在人間，至少在這五待上獲得通達的可能。這個全人健康概念，對莊子而言就是逍遙，對老子而言就是道。筆者從不斷轉場中，逐漸找到最適合自己的立足點，就是教育、輔導性質或藉由研究探索生命的工作。或許某一天我想成為一名作家，就去報名同學開的作文寫作班，練就寫作能力。總之生命有很多的可能性，一切都從跨出去「知己」（認識自己）開始，逐漸累積跨度及深度下就能走出自己的風格。這跟幾歲無關，長青中心一群樂齡的健康長輩，如同不老騎士般，生命依舊精采自信。

　　綜合以上，以多職身分取代組織的晉升階梯，企業界分散事業線和營收來源，降低風險，追求報酬極大化都是一種趨勢。如同投資人藉分散投資組合，達到同樣的效果，在談投資風險管控大家都有這個概念，可是一談到個人身上，社會的主流價值觀卻奉勸人們把所有雞蛋放在同一個籃子裡，也就是為單一雇主工作，經營單一收入來源。國營企業外，多數集中單一雇主的風險是相對偏高的，多樣化可以降低當中的風險。換言之，以個人安全網取代組織保護傘，面對傳統工作裡才找得到完整的福利、權利和保護，已逐漸不再，工作者必須透過自身的能力創造所得，創造並強化屬於自己的安全網。〔註65〕而最好的生涯保護傘就是善用專業，規劃多元工作組合，用工作組合取代職位，如此可以抵擋未來就業市場化整為零，薪資停滯通貨膨脹，組織不再依附的洪流。因此，與其擔心大環境減少終身僱傭制的機會時，不如好好培養自己終身受僱力的能力，當有這份能力時，縱然不隸屬組織也能擁有高薪有品質的生活。莊子說：「道不欲雜，雜則多，多則擾，擾則憂，憂而不

〔註65〕Diane Mulcahy 著、羅耀宗譯：《零工經濟來了：搶破頭的 MBA 創新課，教你勇敢挑戰多重所得、多職身分的多角化人生》（臺北：天下雜誌，2018 年），頁 59。

救。」（〈人間世〉）〔註66〕零工經濟時代來臨，不是要做更多更雜，而是更聚焦自己想要，更有規劃對準目標，珍惜時間並投入在長期高報酬事項，打造自己的市場價值，開啟「損之又損」（〈第四十八章〉）〔註67〕的精簡人生。

2. 物物不物於物：清爽暢達的快意生活

人工智慧的來臨，不只工作型態帶來改變，整個消費、社交、生活型態皆會有極大的翻轉。老子說：「有無相生。」（〈第二章〉）〔註68〕又說：「有之以為利，無之以為用。」（〈第十章〉）〔註69〕當吾人凝視這個世界時，首先看到的到底是什麼？是有形的物，還是無形的信念、價值，還是道。一群人走在路上來來往往，先看到的是人還是物？是物還是後面的空白（樸）？是工具設備，還是人的動態活動？是產品研發，還是顧客需求？過去規模化企業在生產製造產品時，只有一種觀點，就是看到產品，沒有看到人的情感面，專注的是銷售產品的業績，每月每季賣了多少營業額。在企業營運的過程，業主知道自己有顧客，但不一定真正了解他們，過去的模式也都是企業銷售產品，顧客購買產品。企業都將重點放在可以銷售什麼給顧客，但有時候這並不一定是顧客真正想要的。

在授課現場也是，多數老師想著他想要傳遞什麼訊息給學生，但不一定願意跟學生對頻，去聆聽學生真正想要。筆者很幸運過去曾從事衛教工作練就達人氣的等級，從幼稚園教刷牙、國小教減重、國高中教性教育、成人多元教育、老年吃藥、環保講座等。現場是很殘酷的，因為他們不是付費來聽衛教，沒有非得坐下來聆聽的義務，若沒有一定功力，有些前 5 分鐘聽不下去直接走人了，更別說要將健康資訊傳遞給他們。因此，當業主站在客體需求思考對方真正想要，並提供客製化需求，才能真正讓服務產生更大效益，增加回購率。換言之，在思考生意如何經營時，重視的已不單是表象的物（產品），而是背後的人，這群買家他們想要什麼？需要什麼？以及他們會受到什麼鼓舞而買單？

〔註66〕〔清〕郭慶藩注：《莊子集釋》（新北市：商周出版，2018 年），頁 104。

〔註67〕〔魏〕王弼注：《老子道德經注》，收入於樓宇烈校釋：《王弼集校釋》（臺北：華正書局，1992 年），頁 127。

〔註68〕〔魏〕王弼注：《老子道德經注》，收入於樓宇烈校釋：《王弼集校釋》（臺北：華正書局，1992 年），頁 6。

〔註69〕〔魏〕王弼注：《老子道德經注》，收入於樓宇烈校釋：《王弼集校釋》（臺北：華正書局，1992 年），頁 22。

另一方面，顧客的購買習慣在過去就是想買一樣物品，就去挑選然後買回家，一直用到東西不需要使用被閒置、損壞無法修理或丟進垃圾桶後，再去買新的。而這丟棄的行為顧客並不一定會感到開心，因為在使用的過程跟物已經有了連結，產生感情，失去心愛的物品，多少都會傷心捨不得。然而，人工智慧及網路的崛起後，企業皆紛紛投入全新的數位轉型浪潮，當從硬體轉為軟體的關注，開始有公司敢與眾不同，用不一樣的方式來看這個世界，這些時代先驅者，短短 10 年改變了吾人看待世界的方式。底特律汽車公司望向公路，看的不是車子，而是往來的旅人；福特汽車已 115 年製造超過 3.8 億車子的公司，也徹底改變自己做生意的方式；世界領先的建築與設備製造商開拓重工，看到的不再是巨大的挖土機，而是有挖土需求的客戶；70 年全球盛名的芬達樂器，看到的不在是樂器，而是想成為樂手的人；衛報看到的不是報紙而已，而是開放的心胸；虛擬辦公室已開始看到的是工作，而非地點；智慧家庭系統開始看到有智慧的人，而非智慧住家；寵物食品商開始看到寵物，而不是寵物的食品；電玩競技開始做的不只是電玩，而是遊戲中的社交體驗；更有業者把體育和電玩變成了一門數 10 億美元的娛樂產業；割草機產業開始將智慧科技、物聯網、感測器結合，著眼的不是割草機而是背後的景觀設計；半導體公司開始看的不是賣出很多晶片，而是背後的人工智慧，如何在雲端就能提供這些服務，提供企業利用人工智慧的機會，開啟在醫學、智慧車、沉浸式娛樂上的進步等。〔註70〕這些用嶄新的方式看世界的企業，開始看到的是人，而非交易，重視的是交易過程的服務，而非產品，這種轉型改變了世界，讓世界進入更美好的時代，因此新的名詞「訂閱經濟」（Subscription Economy）就誕生了。曹華韋先生認為「訂閱經濟」就是將一次性購買產品的顧客，轉換為長期的訂戶（subscriber），以創造企業的經常性收入。〔註71〕蕭有涵先生對於「訂閱經濟」一詞，解釋為：「打破傳統的企業經營模式，不以推銷產品為主軸，而是著眼於顧客關係的經營。」如下圖 7-1：〔註72〕

〔註70〕詳請參考《訂閱經濟》一書，裡面整本都在提多種商業模式轉型的成功案例，Tien Tzuo、Gabe Weisert 著、吳凱琳譯：《訂閱經濟：如何用最強商業模式，開啟全新服務商機》（臺北：天下雜誌，2019 年）。

〔註71〕曹華韋：〈訂閱經濟：如何用最強商業模式，開啟全新服務商機〉，《證券服務》第 675 期（2020 年 02 月），頁 116～117。

〔註72〕蕭有涵：〈什麼都可訂閱——使用權時代來臨——訂閱經濟：未來 10 年最強商業模式〉，《禪天下》第 184 期（2020 年 07 月），頁 4～12。

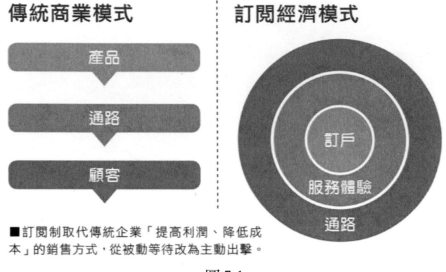

■訂閱制取代傳統企業「提高利潤、降低成本」的銷售方式，從被動等待改為主動出擊。

圖 7-1

　　老子說：「反者道之動」（〈第四十章〉）〔註73〕，人類從以前素樸的生活，到科技發達，產品多元化後被物所役，又到了數位轉型，將所有權的終結，回到人類主體本身，人類進入了一個新的生活世代。當業主必須開始用不同的方式去思考商業模式，從過去希望研發產品，賣越多越好，但卻不明白顧客在哪裡？到新的商業模式，改從顧客開始，以服務的對象為主，開始把顧客想像成訂閱者的模式，不論用網際網路或通訊軟體與客服人員接觸，或在任何一家實體商店和員工交談，都能確保客戶在接觸服務時的美好體驗。當以人類為主體的思考時，經營公司的模式，對於定價的想法，創新研發的模式的概念，都將永遠是測試版，會不斷跟隨顧客從中調整，也做到莊子說的「達人心」和「達人氣」（〈人間世〉）〔註74〕。因此新的商業模式已逐漸在改變吾人的消費、行銷方式、甚至組織企業文化。當不再執著於熱門產品，而是注重於顧客間的深度關係時，所有權的思維即將終結，同時取而代之的是使用權的崛起。

　　現在吾人可以看到訂閱經濟已影響非常多商業結構，常常出現於生活之中，例如：知識付費、不用全額買車只要付一個費用，就可不斷獲得換車的權利，在法國車商推出保時捷方案，每個月兩千元美金（相當台幣約 6 萬），可

〔註73〕〔魏〕王弼注：《老子道德經注》，收入於樓宇烈校釋：《王弼集校釋》（臺北：華正書局，1992 年），頁 109。

〔註74〕〔清〕郭慶藩注：《莊子集釋》（新北市：商周出版，2018 年），頁 105。

以更換 18 次保時捷，用租認方式，除了享受不同的車款，更可以降低買車耗損及折舊率。購買模式的改變，從大訂單變成小訂單，企業開始投入大量研發，嫁接平台提供高品質的顧客服務。不只是影音、知識、軟體等內容產品可以被訂閱，現在連刮鬍刀、尿布、化妝品等日用品都可以被訂閱，只要固定支付一筆費用就能享用。訂閱模式不只是收費形式轉變，企業經營與個人工作思維也將徹底翻轉，從產品導向的一次買斷，變成與顧客建立持續服務的長期關係，促使企業持續改善、提供更好的服務。而顧客也可以用很零錢的花費，就可以買到過去須擁有才能有的價值享受。

　　這波訂閱經濟來臨，背後的核心價值與老莊思維不謀而合，新模式的核心就是「逍遙無待」的概念，現代話叫做「自由」，自由成了人們熱愛訂閱的原因。當使用「線上影音平台」〔註75〕結合網路後，可以不限時間及場域觀看想要的頻道，這些新服務賦予吾人前所未有的自由。訂閱經濟除了提供隨時隨地只要想就能取用的自由外，永遠都是處於更新的最佳狀態，它讓吾人跟上趨勢及世界脈動，免於被大環境淘汰。時代變動真的很快，筆者當初在學校學的醫護專業技術到職場，許多觀念整個都被翻新。不只醫護，許多學校教育所學的知識，畢業出社會後也不太上。不只教育學習、娛樂，包括房產概念也逐漸顛覆，有個案說他住在臺北轉運站樓上的「京站」，用租的享受一切的便利性。筆者以前不太理解，當從事房屋翻修工程，接觸越多房地產投資客時，才發現他們很多都是用訂閱的方式，享受他住家的風格和住屋品質，也就是住了幾年想換不一樣的風格就再退租換一間，自己的房子都租給別人住。所有權終結的概念有助於吾人不再需要擁有特定的物品，相反的看到使用權的興起，在現今所處的世界，已逐漸重視取用權，而非所有權。換言之，重視體驗超過買下擁有，這樣的思維跟老一輩什麼都要抓緊緊，無形中也套牢自己的心靈是完全顛覆的。新的時代吾人不需要擁有一樣東西，才能使用它，不需要先成為所有者，就能成為使用者。當然不是說擁有房產不好，擁有資產當然好，能運用槓桿做有效投資，加速財富自由的速度。道家常用的方式就是正言若反，莊子常用的語句就是反反以顯真，執著於任何一方的思維都是有待，道家重視當思維太過時，如何進行疏通，要說的是不要被這些物所局限，隨時留意誘發思維的動機，方能回到生命的通達。

〔註75〕以筆者當下寫論文而言，著名當紅的線上影音平台有 Netflix、Salesforce、Amaon、Prime、Disney⁺，包括前文第 320 頁提及的 OTT 影音平台。

綜合以上得知，由於人工智慧雲端運算技術的逐漸成熟，加上網路行動裝置的普及，讓訂閱逐漸成為主流的商業模式，使訂閱經濟呈現爆炸性的成長。從提供一次產品變成永久服務的新商業模式，也就是企業經營已從販售商品轉變成提供服務，將一次性購買產品的顧客，轉換為長期的訂戶，開始經營與顧客的長期關係（當然不是指每種企業，在此主要說明新的商業模式崛起）。以企業而言，訂閱經濟會讓企業認同並跟隨的原因，就像是幫助企業從傳統的狩獵有一餐沒一餐的生活，進化到生活穩定、收成都在計畫內的農牧生活。也就是傳統不斷開發客源接訂單的模式，變成增加顧客黏著度深根經營模式，可節省廣告資金有更多的資源可以投入在開發創新上，帶給顧客最新的體驗。以顧客而言，選用訂閱制產品的好處是不需要或僅需要少許前期投資，就能享受擁有的美好感受，顧客同時手上能握有更多閒置現金，可用來做資產分配。當中訂閱經濟抓住了人們對於好不好用，是不是最新的需求，更勝於擁有產品，偏愛客製化，更勝於標準化。因此，促進消費者的購買行為將轉為在乎顧客體驗，不斷創新與更新內容，與顧客建立長期的互動關係。使用權大於擁有權的思維，無形中也大大降低人類對於物質的情感依賴。

當「逍遙」（〈逍遙遊〉）[註76]、無「待」（〈齊物論〉）[註77]的觀念落實科技，更可把吾人從產品的所有權的枷鎖中解放出來。關於所有數位轉型的關鍵，總歸就是所有權的終結，這在今日已成為企業全力投入，最具策略性的議題。同時也證明，大環境的趨勢實現人類的自由性，經營的公司能實現訂閱者的自由，當中底下的業務也同樣能夠實現自由，提供顧客量身訂做服務的自由，真誠為顧客量身打造，彈性調整定價。這一切都將在這短短 10年內會發生。當有了莊子逍遙無待的思維，再度凝視這個世界，會開始產生不一樣的眼光，當「物物不役於物」的時代來臨，大環境從租用規模到不需要擁有規模，小環境從人所處的生活環境，從物品、車子、房子及知識等。當一切回到使用權大於所有權的思維，就能不被物所執，反到「乘物遊心」，整個人、心情、居住環境都是乾淨清爽的。說到底人來到這世上本來所有的一切就都是使用權，沒有永久權，包括人這個形軀亦是，因此人性化的科技讓人越回到初衷。當跟隨時代脈動思維跟著轉變，人們活的更逍遙無待外，環境也會影響心情，有助於吾人更精簡專注必要的事，老子說：「貴食母」

〔註76〕〔清〕郭慶藩注：《莊子集釋》（新北市：商周出版，2018 年），頁 16。
〔註77〕〔清〕郭慶藩注：《莊子集釋》（新北市：商周出版，2018 年），頁 89。

（〈第二十章〉）〔註 78〕。或許外在的環境科技引領吾人走向先進多元，然而科技背後的價值都在幫助吾人回到更素樸「損之又損」（〈第四十八章〉）〔註 79〕的清爽人生。

老子說：「甚愛必大費，多藏必厚亡。知足不辱，知止不殆，可以長久。」（〈第四十四章〉）〔註 80〕對於貴重的物品太過重視及珍藏，反而無法讓物品失去它本身的價值，無法發揮既有的功用。因此，老子提出「儉德」〔註 81〕對峙多藏的內在貪慾。沈清松先生認為：「每個人應學會過簡樸的生活，降低物質需求，溫柔的對待地球。反樸歸真，見素抱樸的素樸生活，這是出自我國古代道家哲學的教導，而不是晚近才在歐美、日本出現的新興思潮。」〔註 82〕近幾年流行的「斷捨離」系列的減法人生，也呼應道家損之又損的儉「嗇」〔註 83〕思維。魏元珪先生認為：「儉嗇並非農業社會匱乏的道德，而是任何時代珍聚人物的秘訣。唯有儉嗇能體會惜才、惜物、惜時的重要，此中最大之儉，即在嗇時。」〔註 84〕現在人也越來越理解並接受輕便短小、簡單生活。不用買來就堆放在家裡沒用，清點家裡有多少一年沒有使用東西，過去從傳統重資產變成輕資產的概念。從外在的環境、物品進而簡化到內在的心靈，當人類專注「雕

〔註 78〕　感謝口考委員蔡鴻江先生補充「食其母」中的「食」字為養育之意，「母」指道能生養萬物，故「食其母」乃萬物的大道守住人生的本源。〔魏〕王弼注：《老子道德經注》，收入於樓宇烈校釋：《王弼集校釋》（臺北：華正書局，1992年），頁 46。

〔註 79〕　〔魏〕王弼注：《老子道德經注》，收入於樓宇烈校釋：《王弼集校釋》（臺北：華正書局，1992年），頁 127。

〔註 80〕　〔魏〕王弼注：《老子道德經注》，收入於樓宇烈校釋：《王弼集校釋》（臺北：華正書局，1992年），頁 121。

〔註 81〕　老子云：「我有三寶，持而保之：一曰慈，二曰儉，三曰不敢為天下先。慈故能勇，儉故能廣，不敢為天下先，故能成器長。今舍慈且勇，舍儉且廣，舍後且先，死矣！」（〈六十七章〉）。吳怡認為「儉」是收斂之德，除了節省金錢、物資外，還有不浪費精神之義。〔魏〕王弼注：《老子道德經注》，收入於樓宇烈校釋：《王弼集校釋》（臺北：華正書局，1992年），頁 170；吳怡：《新譯老子解義》（臺北：三民書局，2013），頁 415。

〔註 82〕　沈清松，《簡樸思想與環保哲學》（臺北：立緒文化公司，1997年），頁 3～4。

〔註 83〕　嗇的本意收斂、積藏二義，也可引申為愛惜、儉的意思。清代徐灝解釋為：「斂之藏之。」〔清〕段玉裁注、〔清〕徐灝箋：《說文解字注箋（三）》（臺北，廣文書局，1972年），第 5 下，頁 1729；《漢語大字典》引申為：「愛惜、儉」之意。漢語大字典編輯委員會編：《漢語大字典》（臺北，建宏出版社，1998年），頁 210。

〔註 84〕　魏元珪：《老子思想體系探索》（臺北：新文豐出版社，1997年），頁 230。

琢復朴」（〈大宗師〉）〔註85〕修養自己復歸純真素樸時，就回到簡約輕盈的精簡人生。

第二節　物理環境之道的具體實踐

　　如何將道家帶給吾人的生命智慧，活用於生命的環境議題中，接下來筆者將進行「環境議題的省察反思」、「案例分析」兩大部分進行論述，剖析如何幫助自身或他人在環境議題上，獲得成就解鎖。

一、環境議題的省察反思

　　環境議題成就解鎖的體道者，同時也是此議題的思想貫通者。在面對環境的多元議題，在筆者第一線的實戰經驗後，扼要可分為「社會生態環境」（立即性和未來性）及「個人生活環境」。個人生活環境又分為「非物質環境」及「物質環境」。非物質環境指的是與其他生命體或事件碰撞後，形成的社交、工作及家庭等生活場域。物質環境指的是與非生命體共存，不論物件大小形成的社交、工作及家庭等生活場域，這裡的物件泛指所有物品（例如：身上配件包包、行走移動的交通工具、居住或工作的房子）等，如表 7-1。

表 7-1　研究者整理

道／環境議題	社會生態環境		個人生活環境				
	立即性	未來性	非物質環境		物質環境		
			人	事	物　件	交通工具	房　子
通達	甲						
不通達	乙	丙	丁	戊	己	庚	辛

　　因為人世間的議題不會只有單方面，有可能加雜關係情感、過往事件等議題，是如同牛一樣盤根錯節的。如何疏導的具體作法為，第一步驟「走在關鍵的決策」釐清議題，體道者透過深度聆聽和有效提問進行資料收集，確認個案想要探討的環境議題是在哪一個？有的是乙位，面對大環境立即性的變動慌了手腳，例如：以企業面臨武漢肺炎疫情，要裁員還是尋找求生機會，這就是大環境和關係組織的議題；若還有和核心幕僚討論，那就又有一對一的關係溝

〔註85〕〔清〕郭慶藩注：《莊子集釋》（新北市：商周出版，2018 年），頁 218。

通議題。有的是丙位，面對大環境未來性，要來商討下一步的因應或目標設定，例如：目前運作以穩定速度成長，下一步到底要做多大？這就又加雜業主本身對自己的生涯規劃（退休計畫或退而不休計畫；財務規劃賺多少決定做多大等）。有的是丁位，某個人導致個案在哪個場域卡卡，這個就是環境又加上關係議題。有個案在家裡場域也會與公司上層卡卡，原因是老闆是媽媽，縱然她已結婚有了新生家庭，媽媽想到什麼半夜也會找她，請她處理家族企業的適宜，這時候要探討的就是身分不同場域的切換及溝通。

　　有的是前老闆會來家裡找他，請他重出江湖，有個 60 幾歲個案表示老闆對他很好，一直要把他外派到國外（緬甸）去駐廠當廠長，但他已退休，不過又很重情，推不掉，因此目前也是呈現逃避推託的情形。這個環境的議題指的是工作場域的環境，而這當中又結合了上下屬關係議題。因此當釐清議題後，也是做第二步「生命道路的通達」，我要去哪裡進行目標確定，當個案說不確定什麼是他的目標時，可用表格進行分析在兩個環境的優劣並進行評分，一討論完個案發現去到東南亞駐廠那裏病痛就醫不便，又要當主管有責任壓力，加上語言不通易有衝突及天氣近 40c 過熱等因素，遠大於老闆對他的厚愛。當想留在臺灣的目標出來，個案卻表示不知道如何拒絕？就可以進行，第三步「高瞻遠矚的智慧」，運用提問協助個案朝著想要的目標前進，例如：「所以，您是說您現在應該提升的是『說不』的能力嗎？」透過提問讓個案明白現在他的位置從「不知道要不要去」，到「確定不要去，只是拒絕的能力不足」的位置。此個案表示：「我對與老闆的情，割捨不了，他到現在還是會來我家請我接任務，甚至還要用邀約旅遊的名義，邀我去緬甸走走看看？我該怎麼辦？」

　　這時候可以運用一些隱喻，讓個案換位思考。「我很好奇，想問你喔～若有一天你的寶貝孫子長大後跟您說：『阿公有人很喜歡我想追求我，但我知道我不會跟他在一起，怎麼辦？』，那您會怎麼回應？」個案愣住，回答：「我會跟她說就不要阿。」製造情境繼續提問：「可是對方一直很熱情都來我們家站崗、送花送禮物，還要邀我出去吃飯，那怎麼辦？」個案無法招架，回答：「不然先跟他出去吃個飯交往看看～」「您的意思是，您放心讓您的寶貝孫，跟不熟的對象交往看看？若對方是危險情人怎麼辦？」個案回答：「對厚～那當然不行。」「所以呢？都不要了，還要一起去吃個飯，搞曖昧，讓人家覺得您孫子還有機會嗎？」個案：「當然不要。」「可是您正在做這件事啊，您不覺得很像嗎？您明知道自己不會答應老闆，然而您卻不敢拒絕，讓老闆一直來找您，

是因為您讓老闆覺得您還有機會，不是嗎？」個案笑出。「哈～看來您要提升的或許是『拒絕』的能力喔。您知道嗎？我在教書時，都要教國高中生怎麼拒絕耶，如果有人喜歡你跟你告白，對方不是你的菜，要如何堅定溫和的拒絕呢！阿公疼孫就要跟上時代一起學習喔～」講完個案立即笑出。因此研究者透過帶點幽默的提問，能提升個案願意學習拒絕的能力。

然而，有時不是講完就好，個案還會想到其他的考量點，這時只要持續幫助個案聚焦他要的目標即可：「可是老闆說先去那邊兩個月，有另外找到人就讓我回來。」「對嘛～前提是找到人嘛～若沒有找到人怎麼辦呢？」個案點頭。透過提問再次確認個案目標：「莫非您想要一直待在哪裡嗎？」個案猛搖頭：「沒有沒有。」「除了提升識人能力，多方評估這個老闆是不是適合當您的上屬外？在下決定前就要設定進場機制及退場機制，不是嗎？」個案：「對厚～那我還是要拒絕他，我用糖尿病舊疾推掉好了。」當不斷透過提問釐清議題後，個案自己就會有屬於他自己的解決策略出來（運用疾病）。因為個案很少練習拒絕，所以結束前就再調整他拒絕時的態度，例如：記得在拒絕的時候，內容雖堅定，表情可以溫和。也就是如實講出的當下，又能留意對方的感受，同時讓對方感受到我們的真誠，這樣就還是可以維持朋友關係。倘若無法維持這段關係，那也要尊重對方的選擇，同時尊重自己的選擇。整個過程不給建議，透過提問讓個案找到自己的答案，最後就是讓個案回到日常生活實戰，若能流暢應對，就在這件事上過關了。

上述是非物質環境人和事件的影響，在物質環境上，有的是己位的「物品」，小至促銷價時衣服、牙膏、這本書該不該買等，大可能包含上百萬名牌包之類。有的是庚位的「交通工具」，時間到要不要換車？要騎機車還是汽車？有的是辛位的「房子」，要不要買房？還是借住親戚家或租屋等。仔細聆聽個案的位置，通常會讓個案感到困擾的就是從乙位、丙位、丁位、戊位、己位、庚位到辛位，而體道者的目標就是幫助個案確定所在位置，並透過提問讓個案回到甲位的生命通達上。整個過程都是依照「莊子淑世精神的實踐模組」進行，即可將看似盤根錯節的牛體，嘩然而解。以下做一個難度更高的示範，也就是運用道術合一，運用達人心及達人氣的靈活切換，協助自身面對與環境議題時，如何運用莊子淑世精神實踐模組的四大架構，分別為「走在關鍵的決策」、「生命道路的通達」、「高瞻遠矚的智慧」、「內外辯證的實踐」，使自己脫困外，更獲得自己心想事成的居住環境。

二、案例分析

　　以下分成兩個案例進行分析及安心住宅的翻修成果。在案例部分聚焦在疏通自己「自在生活空間」及「害怕住處被發現」議題，將對談實例進行分析與歸納後，呈現運用莊子淑世精神實踐模組，在環境議題上疏通自身的研究結果。翻修成果檢證標準就是收到款項顧客滿意，然因各地物料成本及工人薪資有所不同，故在估價單部分就沒呈現，附上施工及成果圖以佐證筆者具體實踐之足跡。

（一）案例分析一──疏通自己「自在生活空間」議題

　　莊子說：「知天之所為，知人之所為者，至矣。」（〈大宗師〉）〔註86〕接下來研究者將示範如何抽離自身個案角色，同時運用道心和成心的靈活切換，自我庖丁解牛。以下分析自身如何運用「莊子淑世精神實踐模組」透過自我兩次庖丁解牛後，不到一個月內辦完所有流程，買下自己心想事成的工作室，並順應時勢，獲得生命整全的通達。

1. 模組一「走在關鍵的決策」──我在哪裡？

　　筆者的生命價值排序「自由」是排第一，根本就是一個「無自由毋寧死」的人。所以，這篇論文寫起來很起勁，因為就是為自己在存活在這世間，能否獲得終極自由而寫，找尋答案而經歷。對於自身而言，已四處為家漂泊多年的我，也明白自己生命階段走到一個需要多花一點時間跟自己在一起，進行自我沉澱的階段。在一次和朋友聊天過程，發覺「自在生活空間」對自己很重要後，當晚睡學妹家，睡前沉澱靜心過程，就跳出我想要居住的環境，於是我朝著畫面及聲音指引的訊息，上 5X1 房屋交易網查詢，真的看到有我要的住家環境。次日又受到一位房產投資的女資本家鼓勵，讓我調度出以前第一次買房很順利，認為投資很溫暖的感受，而這個正向經驗再度翻轉我曾因投資失利導致賠了房子的負向感受。再次日我就去那附近看房，看完很喜歡，卻沒有信心買。兩天後又遇到另一位擁有成功買房經驗的女企業家坐我旁邊，讓我有機會請教她，當中她的從容和沉穩給了我許多力量。彷彿一切的機緣都在促使我突破擁有一個「自在生活空間」的議題。然而，面對渴望之事，卻遲遲沒有行動，處在一種知道但做不到，甚至覺得自己不配得的感受中。故以下進行議題釐清，此次探討的是「環境」系列中的「房子」議題。（TI-2019-1106-1）

〔註86〕〔清〕郭慶藩注：《莊子集釋》（新北市：商周出版，2018 年），頁 163。

2. 模組二「生命道路的通達」——我要去哪裡？

C：你的目標是什麼呢？（微笑）（Counselor，輔導員，以下簡稱「C」）（TC-2019-1106-2）

I：自在生活空間。（TC-2019-1106-2）

C：非常好，自在生活空間能為你帶來什麼好處呢？（微笑）（TC-2019-1106-3）

I：漂泊久了，寄居籬下，身心無法完整修復，感覺是緊繃的，我想要有一個屬於自己可以放鬆的空間。（TI-2019-1106-3）

C：非常好，據我所知這個想法你想了快兩年，為何還是沒有行動呢？（點頭）（TC-2019-1106-4）

I：恩……很多原因耶。（低頭呈現皺眉）（TI-2019-1106-4）

C：什麼原因，可以舉例嗎？（微笑）（TC-2019-1106-5）

I：時機未到，能力尚不足……。（皺眉、頭部傾向左邊）（TI-2019-1106-5）

C：從最近發生一連串的事，感覺時機到了，你也看到自己喜歡的住處，為何不行動呢？（微笑）（TC-2019-1106-6）

I：（停約五秒）有一種覺得自己不值得的感受。（皺眉、低頭）（TI-2019-1106-6）

個案的在環境議題，呈現一個狀態，想要有一個自己的生活空間卻又覺得自己沒有辦法的狀態。原因來自於：認為時機未到、能力不足、甚至還有覺得自己不值得的匱乏感受。因此，抓到個案成心編碼的關鍵感受：「不值得」，進行庖丁解牛，疏通個案情緒及鬆動個案的思維侷限。

3. 模組三「高瞻遠矚的智慧」——我要如何做到？

C：恩～當說到「不值得」三個字時，你想到什麼？（點頭、語調轉為催眠語句）（TC-2019-1106-7）

I：（放慢，停下思考約十秒）我現在跳出八年前給人擔保、投資失利及結束事業的可怕日子連結了。（TI-2019-1106-7）

C：恩～可不可以再多說一點。（點頭、支持）（TC-2019-1106-8）

I：我將房子和不堪過往連結了。當時的我害怕面對人群，恐懼面對人性，內分泌嚴重失調爆胖，胖到快 70 公斤。我無法原諒我自己，我的母親無法接受自己的女兒怎麼那麼傻，我覺得我很不孝，

讓她擔心……。（眼淚湧出）我感謝從小長大的麻吉，在我人生最低潮的時候，依舊支持我，他給我勇氣，陪我面對債主，逐一簽訂還款合約，用工作的錢點滴力挺我還款。（一邊講，一邊不斷流淚）隨後我先後走入公職及教職體系。我先後將積蓄的房子和兩台車子賣掉，並用工作所得一點一滴還完。那段日子很苦，前後我一共花了 8 年讓自己再度站起來，雖然現在還沒完全結束，但至少輕鬆多了。因為有些債主我根本不認識，貨源在我主管那，我也找不到我主管。當時就想既然找到我就處理，於是我都是直接問他們，欠多少貨，沒有貨據的口頭講我也認，請對方開個價打八折，給我時間慢慢還，後來幾個也欣賞我的 Gas（擔當），也變成我的朋友。（TI-2019-1106-8）

C：恩～非常好，這些都過去，你很棒，都走過來了。若再為這個事件下一個結論，那會是什麼？（點頭、微笑）（TC-2019-1106-9）

I：一切都走過來了，我越來越強大了！（點頭、右手握拳）（TI-2019-1106-9）

C：恩～非常好，看到你的右手握拳，我有感受到強大的力量。還有嗎？（比劃右手握拳）（TC-2019-1106-10）

I：名利如浮雲，過度追求，易失去自己。（點頭）（TI-2019-1106-10）

C：恩～非常好，不要失去自己，那要什麼呢？（點頭，引導往正向語句）（TC-2019-1106-11）

I：我要保有自己。（點頭）（TI-2019-1106-11）

C：恩～非常好，保有自己能讓你成為什麼樣的人呢？（微笑）（TC-2019-1106-12）

I：真實純粹的人（點頭）（TI-2019-1106-12）

C：恩～非常好，所以成為一個真實純粹的人是你想要的嗎？（點頭確認目標）（TC-2019-1106-13）

I：沒錯！是我想要的。（眼神堅定）（TI-2019-1106-13）

先運用「心齋」工夫靜下來，創造一個安全感的場域，運用催眠語法讓潛意識調度過往事件上來。換言之，運用「達人氣」感通內在狀態，同步後運用催眠語句，探索認為不值得的原因，調度出 8 年前的事件。並看到自己的內在成心編碼房子與不堪之事的掛勾，編碼為：房子＝悲慘日子＝不孝＝讓身邊人

擔心又跟我一起受苦。這個過往經驗導致自己不敢想、也不敢買房，因為房子和過去的苦日子連結。事件調度上來後，持續給予陪伴支持，讓自己把 8 年來壓抑的感受釋放，感知系統的情緒疏通後。同時運用提問調整內在成心編碼，從「無法原諒自己、我很不孝、讓身邊人擔心跟我一起受苦」的位置，移動到「我越來越強大了」位置。當中調整自己「不要失去自己」的語法，轉為正向語句，由「不要失去自己」位置移動到「保有自己」位置，再移動到更明確地「成為一個真實純粹的人」的位置。當自己調整後，覺得自己不值得的感受消失，取而代之是拿回屬於自己的力量，而這個力量就儲存在自己的右手握拳裡。

C：非常好！我支持你～還有什麼想說的嗎？（微笑）（TC-2019-1106-14）

I：我想跟那個要我背書簽字，曾經很信任的主管說話，因為我現在的畫面跳出他。畫面出現當時他把我叫進他的辦公室，用右手拍我的肩膀問我：「小妹，相不相信我？」我說：「當然相信阿！」他說：「那你幫我擔保簽一份合約書。」我二話不說合約看都沒看，拿起筆就簽了。他還嚇到問：「你要不要看一下？」我說：「不用啦！我也看不懂啊～」我現在看到那個畫面。（閉眼陳述）（TI-2019-1106-14）

C：好～你看到這個畫面，想跟他說什麼呢？（點頭）（TC-2019-1106-15）

I：大哥，事件發生後，我一直對你很不諒解，因為我曾經那麼挺你，你卻如此的利用我和底下組織的人。我那麼信任你，縱然關係已破裂，我至今仍寧願選擇相信，你曾是對我好，是用心栽培我的。確實在你帶領下，我從無到有。那是我對於人際相處敏銳，蛻變成長最快的歲月。因為你教會我如何看人，教我如何帶人，教會我跳脫自己過往生活圈，上至達官貴人，下至市井小民，不同職業類別誘發動機，創造需求的應對方式。這幾年的業務生活，上至噴水池的大富人家、士農工商、賭場、酒店類的各種大小應酬場合及在那場域底下工作的人，我都接觸並感受過。讓我明瞭原來世界還有那麼多和我過往不同經驗的活法。當然我很幸運因為茹素，彷彿形成我的保護層，無形中也擋掉了一些複雜的關係。

你也不會勉強我，頂多讓我花很多錢贊助組織的遊覽車或教育訓練的費用。在面對不同生活背景、不同個性、不同期待的人，會看到許多人性有趣可愛，同時也有醜陋不堪的一面。幾年歷練下來，你造就了我商場談判膽識及締結大單的能力，同時成就了帶領組織的領導魅力。你教會我如何做到底下的人沒領你一毛錢，還讓人願意跟隨？如何帶人帶心？如何看到對方內在的需要？以及對方可以成為什麼？你幫我爭取機會，讓公司給我舞台發揮，也讓我提升帶領組織的能力。以至於之後紮實功力打下的基礎，進入傳統產業，在任何角色下都像桌上拿糖果一樣簡單。在生命種種轉場後，擔任輔導工作也能迅速洞悉人性，有助於我現在的助人工作。我知道你感情生活不單純，旁邊的小三也都願為你賣命，我感謝你在我面前無所保留幾乎都會跟我說你對於情感的看法，讓我初次認識成人多元的感情世界，這也對我後來從事助人工作放掉自己的成心，能用更柔軟的視野看待人的不同樣貌。也謝謝你在我涉世未深時，真的就把我當自己妹妹，讓我單純體驗不同世界的生活方式。在這複雜的環境，沒對我有非分之想，讓我沒有失身，能夠全身而退。後續我其實聽到很多這種組織環境，男女關係是複雜的，有時要上位或爭取到發展的機會，甚至是要獻身的。你郵輪上贏的第一把發財金就是想到給我，偷偷塞給我說剛開始創業要留著添好運。你訝異我過去的人生怎麼可以單純封閉成這樣，喜歡帶我去見識面，再問我的感受。會叫你旁邊的女人幫我打點一下，叫我要懂得享受生活。你叫我買 BMW 我買了，又笑我幹嘛那麼聽話，新車一到手，要開我也借你開。你叫我帶領底下領袖在家鄉辦千人宴席開 100 桌的尾牙，答謝鄉親營造聲勢我也辦。你曾經是我最信任的大哥，隨著時間推演你變了，或許你本來就是這樣的人，是我沒發現。在慾望面前你選擇利益，你說人脈要像牛一樣拔好幾層皮。在道義面前我看到你對其他為組織賣命人的冷血無情，許多事決策很殘忍，我叫你不要再這樣了，你說船已出港，不能回頭了。甚至合資的生意，最後也才知道你一直作假帳，欺騙了我和其他股東，我對你的信任完全崩塌，對你感到恐懼和害怕。當時其實可以舉發甚至通緝你，但我最後

我和我的家人選擇放下，認賠一切。（一邊訴說，流淚不斷滑落）
（TI-2019-1106-16）

在道的安全感場域形塑下，內在成心通常會十分幫忙，調度過往經驗，讓個案有機會重新用新的視野觀，看待過往人生發生過的劇本，此時正是調整內在成心編碼的，改變內在狀態的最佳時機。

　C：恩……試著留意呼吸。非常好，靜靜感受一下，你覺得宇宙安排
　　　這個人出現在你面前要教會你什麼？（跟隨、接納）（TC-2019-
　　　1106-17）

　I：我想宇宙安排你出現在我面前，要教會我這就是追名逐利的人生，
　　　透過幾年的壓縮成長，你讓我更蛻變成熟，重新思考我要的人生，
　　　更明白保有自己的重要。我不再恨你了，大哥。或許當時你也有
　　　你的思維侷限，謝謝你教會我的事，現在我要跟你道別了，我們
　　　要各過各的人生了。（閉著眼，流著淚）（TI-2019-1106-17）

　C：恩，非常好，講完後，他有什麼反應嗎？（TC-2019-1106-18）

　I：本來我們的表情都很僵，現在我們都變柔和了。（TI-2019-1106-18）

　C：非常好，還有什麼要跟他說嗎？（TC-2019-1106-19）

　I：沒有了。（TI-2019-1106-19）

　C：如果現在可以用一個方式，送走他，你會怎麼做？（TC-2019-1106-
　　　20）

　I：（揮手）他慢慢走向我，摸摸我的頭，比個加油手勢，慢慢從我眼
　　　簾消失了。（TI-2019-1106-20）

　C：好，那請你做幾次深呼吸後，睜開眼睛回到這個當下。（TC-2019-
　　　1106-21）

　I：（深呼吸＊2、緩慢睜開眼睛）（TI-2019-1106-21）

透過「心齋」持續形塑安全平靜的場域，陪伴自己與過去的關係釋放情緒，與過往事件進行和解。一連調度兩個過往事件，一個是「環境議題」中的「房子」，一個是「關係議題」中在職場與「上級」的關係。這兩個事件都是要自己記得「保有自己」的重要。萃取出事件精華後，帶領自己與過去上級，和平道別，讓自己從「很不諒解大哥」移動到「不再恨大哥」又到「謝謝你教會我的事」的位置。讓自己真的從事件中放下，讓房子和過往事件脫勾，往屬於自己工作室的目標前進。

4. 模組四「內外辯證的實踐」——我要如何處世？

C：說說你的收穫吧～（微笑）（TC-2019-1106-22）

I：沒想到，一個買不買房，會勾起那麼多過往事件。而且這都是發生後，我不願意再提再面對的事。因為覺得當時的自己很糟糕、很不堪。原來我把房子＝悲慘日子＝不孝＝讓身邊人擔心，甚至跟我一起受苦。甚至將房子、車子與重視情義，最後受傷的一段職場與主管的關係連結了～——脫勾後，我現在覺得很清爽。一切都過去了，我感覺自己不再糾結，真的放下了。（呼一口氣）（TI-2019-1106-22）

C：非常好，現在感覺怎樣？（微笑）（TC-2019-1106-23）

I：我覺得我很平靜。（微笑）（TI-2019-1106-23）

C：非常好，還記得這段精彩刺激，基本上不可能出現在你這個修行人的生命回憶，要教會你什麼嗎？（微笑）（TC-2019-1106-24）

I：保有自己～做個真實純粹的人～（點頭，嘴角上揚）（TI-2019-1106-24）

C：還有記得你的右手手掌，這裡是你記憶力量的神經正向迴路儲存區塊。當你右手握拳時，你就會充滿力量。（點頭、微笑）（TC-2019-1106-25）

I：太棒了！謝謝～（微笑，右手握拳）（TI-2019-1106-25）

透過庖丁解牛環節，發現個案之所以對於自己買房，認為自己不值得不配得的內在狀態。背後來自於將房子與悲慘日子的一切效應連結，同時將房子與自己情義受傷的那段歲月連結。當環節結束後，從「不值得」變成「清爽平靜」的內在狀態。並在結束做後催眠暗示，強化「右手握拳」自己神經正向迴路儲存力量的區塊，讓自己未來想調度力量的時候，可以右手握拳將感受調度回來。

除掉內在過往事件後，我和麻吉陪我再去看了我想買的那間工作室，並在他的陪同下，回到過去我的第一間賣掉的房子原處與自己和解。當中遇到過去賣我房子的主任（現在升副理），因為我是當時的主委，他還記得我。在坐下來談話之餘，我告訴他我想買房當工作室一事，他如面試般教我與仲介、建設公司、銀行專員對保的對答重點。次日，我和另一位買房很有經驗的好友去談了一個滿意的價錢。之後整個送件過程，仲介、副理、銀行行員都很幫我，兩個星期後順利貸到我要的成數。不到一個月，房子產權順利轉移了，設計師接

手後，於年後就順利交屋。就這樣我看了這間房、談了滿意價錢，也沒花很多心神，我在居家環境的議題就成就解鎖，有了「自在生活空間」外，也進行房產投資的第一步。一切的助力讓工作室成立順利，也幫我度過冠狀病毒疫情外面造成的紛擾動盪，讓我不用四處奔波寄居，更有了家的歸屬感。自己的自在空間出現後，除了出差性質的工作外，其餘就在家工作，剛好又可以好好寫論文，一切都是如此的剛好，真是太神奇太感恩了。真的覺得每次想再多，好像都不如老天一撇，為我安排的，老天總是出乎我意料的給我更多，全然相信老天的安排就對了。

（二）案例分析二——疏通自己「入住後不想被知道」議題

1. 模組一「走在關鍵的決策」——我站在哪裡？

接下來交屋後，自己有了新的工作室，卻不想讓人知道，只想低調入住，簡單就好，周遭人重要關係人皆認為入厝就是要熱熱鬧鬧，開心入住，天經地義。但是自己就是覺得不自在。於是第二次有關環境的議題，是個人生活環境中非物質環境的「事」，也就是不想讓人知道有工作室這件事，個案有卡住不流暢的狀態，看到個案的位置在「戊」位。（分類的頁碼可往前翻至表 7-1）因此，要做的事就是幫個案從戊位（不通達）移到甲位（通達）。議題為想探討的是為何會有一種「不想被知道自己在哪」的狀態。（TI-2019-1220-1）

2. 模組二「生命道路的通達」——我要去哪裡？

C：所以，什麼是你要的呢？（點頭）（TC-2019-1220-2）

I：我之後可以不要高調大肆慶祝的方式入住嗎？（有一種焦慮煩躁感）（TI-2019-1220-2）

C：當然可以啊，每一個人都有自己生命的決定權。（支持、尊重）（TC-2019-1220-3）

I：那就好～因為感覺這樣我比較自在。（吐氣）（TI-2019-1220-3）

C：恩～自在真的很重要。那你覺得什麼叫做真的自在呢？（微笑）（TC-2019-1220-4）

I：就心理舒暢阿～（TI-2019-1220-4）

C：你覺得一個真正自在的人，是將自己與其他人堵絕獲得自在？還是不管有人還是獨處，都能夠很自在呢？（微笑）（TC-2019-1220-5）

I：應該是後者。（TI-2019-1220-5）

C：恩～或許自在是一種順應自然狀態，高調低調都可以，不會拘泥一某一種狀態。（微笑）（TC-2019-1220-6）

I：（點頭）（TI-2019-1220-6）

C：所以你的目標是「真正的自在」？還是「表面的自在」？（微笑）（TC-2019-1220-7）

I：我想要的是真正的自在，也就是不論跟自己或與其他人在一起時，都能獲得的自在，可以說是大自在，哈哈。（大笑）（TI-2019-1220-7）

C：哇～「大自在」，聽起來不錯喔～（微笑）（TC-2019-1220-8）

I：（微笑）（TI-2019-1106-8）

先用心齋工夫達人氣，創造一個信任放鬆的氛圍，與內在進行對話，當覺察煩躁焦慮感時，給予支持並尊重感受的發生，通常情緒背後會連結一些信念或事件。當個案覺得被全然接納時，神經系統就不會過於緊繃，此時才有機會進行思維的釐清，目標的確認。透過覺察一個卡住無法流暢的狀態，跟隨並從個案在乎的價值觀進行提問，讓個案重新思索「自在」的真實義。提問後個案從「透過與其他人堵絕獲得自在」到「不論自己與其他人在一起時，都能獲得的大自在」的目標。人無法做到他沒想到以外的事，當知的思維拔升，就有機會帶來感受及作為的翻轉。

3. 模組三「高瞻遠矚的智慧」——我要如何做到？

C：或許你真正應該思考的是，為何你只想低調？（點頭）（TC-2019-1220-9）

I：（停約五秒）好像有種被發現藏身之處很快會被巴掉的感受（臺語：巴掉意思是拔除）我發現現在述說時有焦慮不安感受跳出。（TI-2019-1220-9）

C：恩恩～當說到「被發現藏身之處很快會被巴掉」的想法時，你腦海裡有跳出什麼事件嗎？（點頭）（TC-2019-1220-10）

（過了約半分鐘，個案眼神轉動搜尋）

個案呈現一個想要往大自在目標前進，卻無法的狀態，這樣的狀態背後一定有東西卡住。因此針對一個狀態下切討論，當個案表示「被發現藏身之處很快會被巴掉」的感受時，協助找到最初在感受及結論被崁入的成心編碼事件。協助

調度過往事件，進行認知系統更新與感知系統的釋放。

    I：我調度我以前在佛堂的畫面，現在很想哭。（眼淚湧出，嘴唇發抖）（TI-2019-1220-10）

    C：恩～你願意說說嗎？（立即運用 EMDR，讓個案一邊藉由陳述過往創傷事件，鬆動個案的創傷記憶區塊。）（TC-2019-1220-11）

    I：好，我試試，現在有點激動～（TI-2019-1220-11）

因為此次個案經歷的時間很長，有近 10 年的動態回憶，故選擇「EMDR」（EyeMovementDesensitizationandReprocessing）[註87]直接處理。「眼動心身重建法」是一種有效減輕心理創傷程度及重建希望和信心的治療法，主要針對長期累積的創傷痛苦記憶、因創傷引起的高度焦慮和負面情緒、生理不適，都可以藉由「EMDR」建立起正面效果。以筆者過往輔導其他個案經驗，不論是結婚 30 年的婚姻關係、或者長期婆媳不對等的關係、失去摯愛的痛等，此工具操作下去效用很大，若有他人協助的效果比自我療癒的效果更好。此時個案過往事件需要「EMDR」耐心的清理，透過個案陳述幾次將過往事件的記憶碎片，拼湊後就有機會進行消化重整。在整合過往經驗當下，也會不斷釋放個案的感知系統壓抑的情緒，紓解後才有機會帶來認知系統的翻轉。透過 4 次的片段陳述，逐漸拼出全牛樣貌，因此才有契機進行庖丁解牛，其內容彙整後如下段自述。（TI-2019-1220-12、TI-2019-1220-13、TI-2019-1220-14、TI-2019-1220-15、TI-2019-1220-16、TI-2019-1220-17、TI-2019-1220-18、TI-2019-1220-19、TI-2019-1220-20、TI-2019-1220-21、TI-2019-1220-22、TI-2019-1220-23、TI-2019-1220-24、TI-2019-1220-25）。

我來自一個宗教世家，我的父母親兩邊都是蔬食宗教家族，叔伯表哥表姊都長期移民或往返臺灣在世界各地的傳道士。當初選擇專科護理是因為可以幫助自己也可以照顧別人，且全世界都有這個工作，可以讓我一邊養活自己又可以傳道。這輩子我至今所有的決定都是因為可以修行而選，曾經我以為當個

〔註87〕 「EMDR」中文叫做「眼動心身重建法」，原理為大腦右半球的身體知覺區是創傷記憶和負面訊息的儲存所在，當堵塞後會使得大腦本身的功能運作及傳導受到阻礙，容易引起思維的偏執或者感受上的不適。操作過程利用眼球規律的移動，可以加速腦內神經傳導活動和認知的處理速度，使滯留的負面記憶動搖，讓神經傳導恢復暢通。最好是用在事件是動態，且事件已經結束不會再發生最佳。可參考黃淑珍：〈EMDR：眼動身心重建法〉，《諮商與輔導》第 219 期（2004 年 03 月），頁 39～45。

傳道士就是我的一生了，沒想到在我十五歲時改變了，當時我進入同一個宗教更大的體系裡學習，住進了宗教附屬的志工宿舍，當時只有我和一位學姊兩位在校生。參加大活動看到別區很多人，我就想著也要讓我的團隊那麼多人。我是拼命三娘，對於確定要的目標總是全力以赴，白天讀書，晚上就開始帶一系列志工活動，一路從幹部變成負責人，志工隊人數兩年內變成同區最大。為了兼顧學業、班上幹部、學校社團幹部及志工負責人，我發揮驚人的意志，做好精準的時間規劃，成為學弟妹榜樣，拿第一名書卷獎學金、擔任科會長、群育獎學金、實習術科及課業學科表現優異，還進入學校栽培子弟兵的菁英學程，在當中獲得連續連續兩屆優秀學生第一名，在二技畢業時以系上第一名成績畢業，獲得學校頒發榮譽畢業生殊榮。感謝當時的陳主任鼓勵我未來可以跟她一樣，讓學校送出國回來擔任學校要職，或者去大醫院工作累積經驗。

在我做著出國夢每天往返補習英文時，我所屬宗教界那區負責經理問我：「看你心癢很久了，你要一世的學問？還是生生世世的智慧？」現在當然我會回答兩個都要，但當時年輕的我，思維是有侷限，我回答：「我要智慧。」當我一回答完，他就說：「好～那你就去沒有什麼人的地方，重新開始。」當時的我對於權威者的話是絕對服從的，加上那時候父親的身體狀況不是很穩定，不想留遺憾。所以我放棄了我的出國夢，被指派到偏鄉一個最大百貨店就只有萊爾富的學校重新開始，那裡人生地不熟，校風背景差異極大，每個人是如此陌生。因為偏僻也沒什麼可以談心的人，所以每當我無助時，只要抬頭就可以看見月亮和星星，跟老天講講話後，我就又充滿力量。我面對上級交辦的任務總是使命必達，當時思維有限，為了多賺 1 萬元可以幫助運作志工隊，每天往返屏東高雄工作。為爭取更多的陪志工隊學弟妹成長的時間，我長期包大夜，凌晨 12 點上班就高效率的在 02：00 點前完成護理常規性工作，開始規劃我的志工隊運作細節，隔天 08：00 下班後，回到志工隊執行會議及活動前置作業到午後，每天只睡個 2～3 小時，又起來買菜協助食材準備、開車接送志工學生參加活動，主持活動，活動結束後成全，趕在門禁前接送學生回程，回來接著開幹部會議，結束後再跟一些有需求的學生個別心理輔導，一直忙到上班前 1 個小時，沒休息又出發至高雄直接打卡工作。超人式的生活一日復一日，學弟妹也被我驚人的毅力及行動力激勵到，大家眾志成城，兩年後我負責的志工隊又已是全區最大。

當吃飯搭餐人數衝到 40 人時，參與志工活動安全考量需要遊覽車時，食

材、器材、睡具、車子等經費都要逐一籌措。我們不像基督教牧師本身有支薪，主要都是負責講師自己處理，扣掉每個月學生吃住收的 3500 元收入（出社會的 4000 元），其餘我 1 個月護理的收入在運作組織上已逐漸不敷使用。於是我開始募款，同時我也知道組織越來越大，勢必要再增加收入，但此時我的體力已經不堪負荷。每天只睡 3 個小時，從事的是醫護工作又帶志工隊，長期下來身體就出狀況了。一次在高速公路行駛時，我睡著，車子輪胎撞到路肩護欄，又彈回來繼續開，我驚醒後，就知道繼續包大夜的工作，我真不行了。志工隊的學弟看我這樣，就說在 8x 度 C 吃蛋糕時，看到有人在賣健康用品覺得不錯，認為適合我，問我要不要改行當業務，就可以不用那麼辛苦上大夜了。可是一聽到通路是傳直銷，我直接婉拒，然而一邊從事醫護工作又要帶志工隊，我的身體真的負荷不了。當時宗教團體環境是很封閉的，沒有當護士也不知道可以當什麼，於是我就去做傳銷當業務了。

在當業務後時間變得無法如同過去包大夜，百分百下班可以參與道場活動，但我很重視和學生質的相處，活動結束我都會盡我的力關心底下的人，試著在自己的體力心力所及上，去凝聚彼此的感情。整個道親人數也都維持在一定上級設定的目標上，學弟妹也都知道我一直為了接下來成立佛堂目標而努力。某一天有人叫我去找經理，我覺得為什麼？她叫我去懺悔，我認為我沒做錯事，為何要懺悔？心想我跟經理那麼熟，若他真的相信我，聽到什麼覺得不妥，應該會來跟我確認，所以我沒去。就這樣直到一次的大活動。經理底下核心講師找我，約在道務中心底下福利社，跟我明講說我讓他們很失望？我說：「失望什麼？」（疑惑）對方：「你自己知道！」我：「我還真不知道。」（現在回想這真的很催眠語法，讓個案自己對號入座）對方：「真想不到你會變成這樣，竟然還罵學妹到哭？實在太讓我失望了～」我：「……。」我心想怎麼可能？你有確認過嗎？說真的，我當下真的莫名其妙。事後回想有一個人哭沒錯，她和我同年，但她年紀比我大，是我遠房親戚。當時我被提醒叫我要懺悔時，上面的說是我這個遠房親戚講的，我不相信因為我自以為她是我親戚，大家自己人有什麼事，也會直接跟我說才對，故我只是當面直接跟她確認：「為何要陷害我？你對我有什麼不滿，你可以直接跟我說，不需要私底下搞這種小動作。」「我不相信別人說的，我要親自聽你說。」她一開始說不是她，我說：「上面人已經告訴我是你了。」她就愣了一下，惱羞成怒衝到更衣室，我追過去她於是轉頭看著我說：「是！我說的！怎樣！？」說完她就哭出來立即離開

現場，留下沉思的我。爾後我就因為這樣被傳欺負底下的人。對方：「整個道場被你搞成這樣，你還不知道！？」我：（喔～我懂了，終於知道在講什麼了）「你是指我做傳銷一事嗎？」（整個道場會不會講的太誇張，我自己做事有一把尺，我自己負責的志工隊講師和學生開口邀約傳銷都沒有，所屬這個道場運作組織的人，若有買日常用品的姊妹，我讓他們當消費者，也都告訴他們以道場為重，若有需要服務的地方我來即可，我當成傳統生意經營，一手交錢一手交貨，正正當當。會跟我做組織的也是畢業回到各自家鄉的，手指頭也數得出來，我真正做起來是因為外面人士的轉介紹，並不是因為這個道場的人。

　　雖是如此，我知道面對權威，解釋什麼也沒有用，我當時也哭了，真的很擔心失去在道場學習的機會，因為修道是我這輩子的生命重心，於是我開口說：「若是我放棄什麼都不要了，重新從新道親開始可以嗎？」對方：「沒有機會了，中心已經決定了！」我：「決定什麼？」對方：「你之後會知道。」結果幾天後重要會議上，我就無任何預警的被換掉職位了。當場拔階換掉我負責區域的名字，大家跟新的負責人恭喜，同時另一個和我共同負責的講師直接從我右後方微傾，在我耳邊說存摺公款及車子過戶的事情，我訝異的看著冷血的共事夥伴。整個會議進行過程，我靜靜用眼環繞看著所有人的表情，沒有任何人覺得異樣，彷彿早已被告知，什麼都沒發生般，也沒有任何人來關心我，包括一些當時稱作海枯石爛也要在一起的好姊妹。會議結束時，我跑去問班務組長下年度我負責的課還有嗎？（心想沒有帶學校的機會，至少也有講課行功了愿的機會）負責人說：「我們都已經都找人頂替了。」我說：「好～謝謝。」這個人也很恐怖，跟我同鄉，一次回程同臺車上，我們聊到我在做啥，我就在我家鄉的王爺廟前的桌椅，告訴她請她幫我評估，她聽完也說很好，我謝謝她的祝福，怎麼現在看我就那麼的冷淡。

　　我訝異的看著這個我青春歲月待上十年的地方，所有人竟變得如此冷漠，重情義的我實在無法接受，於是在人群未散時，我快速衝下一樓，立即開著車離開，之後停在轉角的路邊大哭。當下哭完我解離了自己的情緒，維持理智回到志工宿舍，我是一個組織利益大過自己的人，所以不想影響任何單純修行的新人及組織運作。我只是告知他們，家裡有事情必須回去，當天收拾行李就離開，我沒帶走一個人也沒跟任何一個人解釋。我只打了一通電話給我從小到大在道場的哥兒們，叫他來接我，一路上我什麼也沒說，眼淚一直流。一回到家，我爸就說他接到那邊道場的電話，他覺得莫名其妙。對方說：「你女兒我們已

經無法教，請她回去你們的道場。」我爸聽完直接回應：「我的女兒為人怎樣，我自己知道，你們若認為無法教，沒關係我自己教。」回到家他們問發生什麼，我的話好像梗在喉嚨，實在說不太出，只是坐著發呆一直流淚。之後那邊佛堂還傳我離開帶走了錢，兩位幹部到我家門口要錢，我已不想面對她們，我媽說這真是太誇張了，她幫我出面處理，並叫她們不要再亂講話。說真的，那段時間我讓我媽很擔心，實在覺得自己很不孝。當時我真的覺得我的生命有了污點，從小在外面不論在親戚間、學校、職場備受肯定的我，竟然會被炒魷魚，而且還是大愛無私的慈悲道場？說出去誰會相信？一直以「我是天公仔為榮」的我，突然覺得自己是一個「上天不要的孩子」，我無法接受老天不要我了，每當想起眼淚就會流下來。現在想想真的很傻，當時我將外境對我「天刑」（〈德充符〉）〔註88〕的批判和整全的自我畫上等號，認為自己不夠好不值得，於是我開始將自己銬上了道德的鎖鍊，這幾個無效負向受害者的成心認知編碼，導致我過了近十年自我批判的人生。

不誇張我還曾經一度想要自我放棄，夜深人靜，一次開在屏東萬丹路上，突然悲從中來，越想越難過，時速突然加速到 180，想說就死一死，就不會那麼痛苦了，若我真的這樣還沒死，或許老天還有要我做的事。結果開了好長的路，闖了好幾個閃紅燈，我竟沒有死。突然聞到濃郁的檀香味，就在車子內很濃很濃，讓我剎那驚醒，理智瞬間拉我回來，心想我在幹嘛，若現在死去，我的父母怎麼辦？於是我放慢速度停在路邊，在這團檀香味的包圍，一個人趴在方向盤前哭泣，我知道此時有仙佛出現在我身邊，雖然我看不到祂，我知道我的信仰要我站起來！現在回想仙佛應該知道這是我人生藍圖必經的蛻變過程，但看我已經快走不下去了，趕快跳出來點我一下。我當時不明白為何我對組織忠誠，要換業務性質工作，甚至交往對象第一時間都是往上報備，我做事坦蕩，反而最後我被封殺。在當時沒做護理工作，我不知道還能做什麼，我說我體力不行無法輪班必須換工作，變成賣婦女用品，經理聽了只是看著我，沒做任何反應，我只好跟您說我先做做看。面對感情問題，經理只跟我說不行，沒教我拒絕方法，在我那個年紀根本不知道該怎麼回應感情問題。在您跟我說不行後，我直接拒絕對方，並說上級不允許，對方聽了認為我修道走火入魔，要救我出去，我當時怕他奪走我的信仰，多次爭吵，甚至躲在宿舍用逃避方式回應。後來對方被說成一直按電鈴干擾宿舍清淨的人，現在想想我還真對不起

〔註88〕　〔清〕郭慶藩注：《莊子集釋》（新北市：商周出版，2018 年），頁 151。

他，是我們當時對於處理感情的事還不夠成熟，導致最終以不再聯繫方式收場。（事後仍有後續深層處理，調度畫面與之對話：雖然我們都已成為彼此的過往，我仍是謝謝當初艱難的開創過程，你對我的一切支持與協助，祝福你一切安好。）

當時我實在不懂？為何我對組織忠誠，要我不升學我就放棄，很多人偷讀書升學卻沒事？許多人私下交往直到結婚，丟一張喜帖的都活得好好，反倒我下場那麼慘，就因為我坦蕩明講。經理要我去開荒，他底下的講師要我去監督一對情侶，並想辦法拆散他們，跟我說這樣人才就能不流失，我到那裏於心不忍什麼都沒有回報（現在想想，我到底過去都在修什麼道，這就是過去我自己無知的代價）。道場到處都有人業務性質或做生意的老闆，連住在佛堂中心裡的人都有推過傳銷產品給我，賣保險或拉人進入組織的那些人都沒事，只因為我有影響力帶動力，就要處理我，說要殺雞儆猴。而這些還是我一直到離開半年後，才從一些還有在聯繫的學妹口中知道我被換掉的原因，說我聖凡不清、錢財不清、男女不清，被妖魔化的讓所有人都不敢與我聯繫。所在地區蔬食餐館有名的就那幾家，道親吃飯遇到我，就像看到鬼一樣閃得遠遠，彷彿我是瘟疫一般。我才知道原來我如此可怕，之後搞的自己吃個外食，也要把帽子壓低，躲躲藏藏。坦白說對於這些罪名，我當下實在不能接受，現在當然不只能接受，還會帶著微笑看著他們編的劇情，因為嘴本長在別人嘴上，每個人都有言論自由，自己怎麼認為自己才是重點。現在我過得越來越好，近幾年共同關係人又來跟我傳達當初是個誤會，「誤會」二字真是說的理所當然又輕描淡寫，完全不用為自己言行負責，這就是人性有趣的地方。

我曾感到恐懼，因為當時在我的生命裡，信仰就是我的一切，所以遇到認識的人，就急於解釋我沒有問題，並告訴他們我在做什麼，不斷示好尋求認同。但試過幾個對方都淡漠防衛後，我就不再這麼做了，因為在那個宗教氛圍底下，對於權威者是絕對服從的。現在回想我覺得那時候的我真的很卑微，一昧想討好，得到他們的認可，我也去醫院找以前的好姊妹，她們也害怕我，對我淡漠。我很氣當時的自己，為何那麼恐懼失去，無法灑脫一點走就走。那是一段最難熬的自我批判歲月，整個從活在掌聲中的雲端重摔到谷底。因為我的青春歲月都在道場奉獻，所以我的支持系統朋友圈全在那裏。事件發生後，我的關係清單瞬間清空，就剩下我的家人和兩個麻吉，一個是從小一起長大的好麻吉，另一個就是我的學妹，他們從不懷疑我這個人，無須多做解釋，就是給我

全然信任的力量，到現在我們還是很好的知己。所以我很感恩人在遇到苦難時，才知道誰是真正對你好的人，發生這一切後，讓我看盡人情冷暖，這個翻臉就像翻書的聖賢地，比外面還可怕，我覺得這些看似道貌岸然的人很噁心。這個變質醜陋的修行環境，我開始重新思考修行的真實義。

別區經理不忍我如此，叫我趁現在好好沉潛，鼓勵我去進修讀書避避風頭，說我的經理不知道哪條筋壞了，比我嚴重的多的是，但只有我被處理。我的事下重手，聽到現在空前也絕後，應該都是被下面的人影響，並說可能是我的強讓許多人沒機會，我的個性或許就是壓倒駱駝的最後一根稻草。我說有可能，當時一股傻勁往前衝，帶著志工隊成長，當時已有人私下跟我說：「跑那麼快，就不要跌倒。」我當時不懂，想說一心為上天辦事，這跟跑快跌倒有什麼關係，現在懂了，就是太積極全力以赴的過程，當時無形中得罪了一些人，讓他們備感壓力，而我沒有自覺。這件事我真的壓抑放在心裏很久，這是我又愛又痛的地方，感謝機緣讓我接觸老莊，開始有機會進行自我療癒。這是宗教界很醜陋的事情，我不曾懷疑我的信仰，然而我卻因為人事離開了，我知道這跟信仰沒有關係，是跟人有關。現在想想，也很正常這就是人性，每個人都會為自己做出最有利的選擇，包括我自己，我當時必須要讓自己活下去，所以我離開了那個不適合我的場域。

六年後我到社會局工作，機緣下我到了不同區的小佛堂，重新開始學習，一次與小佛堂的道親回到大佛堂，回到過去熟悉的地方我感到澎湃感動，然而第一堂課結束，過去那一區的兩個中心講師就來到我面前，坐在我一旁的道親訝異地看著她們把我帶走。她們把我帶到五樓佛殿佛像後側的頂樓後臺上講話，先詢問我為何出現的原因，並明白說這裡不是我該出現的地方。我說：「道場是大家的，我在此成長，現在因工作因素就近接近，為何不行？」她們說佛規十五條其中一條「不亂系統」，就叫我回去我原本的道場，並叫我離開前記得找經理（原本那一區的）。我沒有照她們的話做，幾天後又一個核心講師約我飯局，因過去姊妹情誼我答應了。（小插曲是一坐下來不久，過去那區一對交往中我熟悉的道親也來吃飯，還被這個核心講師瞪眼。看在眼裡的我想著：不錯喔～現在交往的情侶不會被拆散，會被使眼色離開，是因為要喬事情，不適合有熟人在旁邊。近年來也陸續聽到同區被配對成功結婚的道親，我堂哥就是。看來這個封閉的道場也成長了，開始能接受人是有情感需求，是好事來的。）當然飯局一開始先暢談過去姊妹情誼，關係拉近後，述說現在道場動態

及未來發展，接下來講述我的罪責，感覺我有點懺悔的意味，就開條件要我幫助她，三年內將她現在負責的地區道務辦起來，而現在要我做的，就是先跟她回去跟經理懺悔，重新開始將功贖罪。因為此刻的我早已在社會打滾過，我明白她在做的溝通流程是什麼，是她還不夠認識我，用著以前擅長的模式溝通我。我非常清楚對於他們而言，我這個被封殺後再回去的有罪人，做的好是正常，做的不好更確定我是有罪人，都是有話可以說的。然而，我理智雖然知道回去也沒有用，可是我的情感很心動，因為覺得自己可以被過往在乎的一切接納了，當時的我極度需要被認同。或許一切自有天意安排，本來當場要回去，不知怎麼搞的我那一天出門前，下意識地將車子暗鎖的鑰匙，拔起來放在住處，而停車時我隨手又習慣性的將暗鎖鎖上，無法開鎖就沒跟那位講師回去。我只好請剛好在附近工作的爸爸接我回去住家拿鑰匙，車上告訴爸爸我可以回去了，爸爸聽完就說不要那麼傻，想講什麼自己對天表白就好。況且又沒做錯什麼傷天害理的事，為什麼要懺悔？前人輩對於想回去的道親，也都一句「回來就好。」不用搞這些禮節架式派頭。於是我就傳訊息說我沒回去懺悔了，現在想想我真的好癡迷，這就是我在情感駕馭理智時對組織的依戀。

　　隔天邀我飯局的核心講師又來社會局找我，要我一定要回去，我婉拒，一來一回間，長照中心爺爺奶奶服用藥物的時間已到。她堅持要我答應，不讓我發藥，我手拿著藥杯，當下不知所措（現在回想當時無法流暢的表達立場，是受限於過去對於宗教權威式指令的服從），後來是我長照中心主任出面救了我。當晚我堂哥打給我，說我過去的事大型會議又被提一次，趕快回去懺悔，不然會被關天牢，上面的還會請護道小組處理我。我聽完真是覺得太誇張了，這個場域集體意識形塑的氛圍，已有如王朝般不容挑戰，同時也讓我反省過去當局者的我在修什麼道。我繼續當作沒發生，想不到他們又請人打電話給我當時在小佛堂學習的那區經理，並說：「黃薏如要嘛～就回到我們這裡，要嘛～就離開那裡，回去她原本的地方（我長大的道場）。」他們放話趕盡殺絕，讓這個小佛堂的人很恐懼，訝異我之前待的那區對於組織運作及成全模式。小佛堂的人一直跟我抱歉，說早知道就不帶我去大佛堂，就不會發生這樣的事。看著焦慮的她們，當下我決定不造成這間小佛堂的困擾，選擇離開再次流浪，話說我的身體表面上離開了，人模人樣的往前走，但我的心並沒有離開，甚至憤世嫉俗，帶著不甘不怨。我認為很多人離開世俗的名利進入修行場所，又掉入了道名道利的追逐，太醜陋了。這些年來我一直看很多心理相關叢書、上一些

心靈成長的課企圖療癒自己，但我還是過不了自己這一關。（一邊訴說情緒激動上來，表情恐懼、難過、傷感）

當運用 EMDR 工具，讓個案拼湊出過往事件後，就可以進行解牛環節，鬆動過往事件成心的編碼，藉由感知調整，協助個案獲得情緒的釋放。然而，因為事件影響當事人極深，事後請受過 EMDR 專業訓練的輔導人員協助做更深沉的清理，讓自我堵塞的神經傳導區域恢復暢通，以下僅呈現當次庖丁解牛環節現況。

> C：恩～感覺有好一點嗎？（點頭、微笑）（TC-2019-1220-26）

> I：謝謝，好多了～（點頭）（TI-2019-1220-26）

> C：剛才看到你在談到某些點時，你的情緒有上來，你想到什麼？（微笑）（TC-2019-1220-27）

> I：我覺得他們很假。用恐嚇的言語讓我又驚又怕，我覺得這個組織實在太可怕了，私底下柔情訴求來找我，公開場合卻是置我於死地。令我對於修行者大感失望，覺得他們很假！怎麼這麼假的人，為何卻沒有報應！？（皺眉、搖頭）（TI-2019-1220-27）

> C：你覺得在這個事件中，你是什麼角色？（點頭）（TC-2019-1220-28）

因為個案本身有輔導諮商的概念，因此直接運用個案熟悉的語言進行解牛，提問「卡普曼的戲劇三角」〔註89〕中的「拯救者」、「受害者」、「加害者」，讓個案看到自己正站在哪裡？

> I：（約三秒）受害者嗎？（TI-2019-1220-28）

> C：恩～剛才整個闡述的過程，感受到你一直呈現受害者的言語及狀態，這是你想要的嗎？（點頭）（TC-2019-1220-29）

> I：我不要，但是我離不開這個位置。（搖頭、皺眉）（TI-2019-1220-29）

> C：離不開，一定有一個好處？你要去想想你在那個位置獲得什麼好

〔註89〕卡普曼的戲劇三角（Karpman drama triangle）是人際溝通分析（Transactional Analysis，簡稱 TA）學派的理論，由曾任美國國家海軍精神科醫生的斯蒂夫·卡普曼（Stephen Karpman）醫學博士提出，由主要在描述給予和接受之間產生的依賴性弊端，最常用的動物代表就是狼、羊和狗，狼是加害者、羊是受害者和狗是拯救者。概念參考 Stephen Karpman 著、田寶、張思雪、田盈雪翻譯：《人間無遊戲》（北京：世界圖書出版公司，2017 年），頁 12。

處？（點頭）（TC-2019-1220-30）

I：（停頓一分鐘，皺眉搖頭）我不知道。（TI-2019-1220-30）

C：現在若想不到，可以之後好好思考一下。（點頭）（TC-2019-1220-31）

I：（搖頭）我實在不知道。（TI-2019-1220-31）

透過提問讓個案看見自己正處於受害者的位置，透過提問「這是你要的嗎？」尋求個案改變的意願。當個案說不想要待在受害者位置卻離不開時，個案呈現一個想改變，但做不到的狀態。每個行為背後都有一個正向動機，因此，透過提問讓個案覺察自己行為背後的誘發思維。當個案一再表示不知道時，也無須強求，無須當下非得要有什麼答案出來。代表有可能處理的機緣未到，這時候道家等的工夫就很重要，可以讓個案成為家課，回去思考。

C：或者你想體現什麼價值？（微笑）（TC-2019-1220-32）

I：阿～我知道了。我大腦跳出「修道人不可以這樣！」（眺眉、睜大眼睛）（TI-2019-1220-32）

C：恩～所以，這些年來你的身體表面上離開，心卻沒有離開，一直站在那個位置的最大原因，在於你想證明「修道人不可以這樣！」那修道人不可以這樣，要怎樣呢？（微笑）（TC-2019-1220-33）

I：要真修阿～（語氣堅定）（TI-2019-1220-33）

C：因為你認為修行應該要真修，你不認同他們這樣，所以你的存在就是想證明「修道人不可以這樣！」是這樣嗎？（微笑）（TC-2019-1220-34）

I：好像是耶！因為我覺得他們很可恥！（皺眉、搖頭）（TI-2019-1220-34）

C：恩～很可恥，所以你想體現什麼價值呢？（點頭、微笑）（TC-2019-1220-35）

I：哇～天啊，現在竟然跳出「清廉」二字！原來我想體現我很清廉！原來清廉對我而言，這麼重要喔～我又不是包青天。（睜大眼睛，搖頭呈現傻笑）（TI-2019-1220-35）

本要結束對話，當下一個直覺進來，於是試著用不同問句鬆動個案，有時候開啟個案內在訊息的機會點不同，要靈活切換。有時是信念提問問句的結構切換，以此次這位個案而言，「你想體現什麼價值？」會比「在那個位置獲得

什麼好處？」的提問更有力量。至於哪個問句會較有力量，不一定，要去試才會知道，每位個案不一樣。有時是問句提問感知路徑建立的親和感，也會影響個案搜尋內在資訊的速度，例如：「你有什麼感覺？」（感受）「你有什麼看法？」（視覺）「你聽到了什麼？」（聽覺）「你嗅到了什麼訊息？」（嗅覺）「你嚐到了什麼甜頭？」（味覺）。甚至同樣的思考用不同路徑問，答案就會出來？例如：你有情緒會如何？你沒有情緒會怎樣？你拿起了什麼？你放下了什麼？總之，每一個個案都是獨一無二的，要找對開啟個案取得內在編碼的路徑，才有機會帶來新的轉機。

當個案腦袋跳出「修道人不可以這樣！」就是內在成心編碼，然而不可以這樣的「這樣」一詞很模糊，就需透過進一步提問「修道人不可以這樣，要怎樣呢？」讓個案的答案更具體的浮現。當個案回答「要真修阿～」這就是個案內在成心編碼的劇本，也是個案導致痛苦的關鍵原因。因為一升起要真修的信念就是一個立場的產生，有立場就會有對待，有對待若容易產生紛爭，就會開始陷入「證明我是對的」無限循環當中。當走在證明的路上就已經離道的通達不同，偏離軌道了。

抓到一個成心編碼後，不要急著下刀挖除，再看看還有沒有什麼編碼，如同醫生開刀，內視鏡進入會先看完，再一併處理。這時可以繼續換個問句「所以你的存在就是想證明修道人不可以這樣！是這樣嗎？」順勢提問下去，目的是挖看看是否還有更深的編碼。當個案回答「很可恥」是一個負面感受，感受背後一定有個信念或價值觀，因此繼續跟隨個案負面語句，透過提問，讓個案的價值觀顯現，於是就抓到「清廉」的價值觀。透過四個問句，抓到影響個案處事模式的是「真修」和「清廉」兩個成心編碼，隱微的誘發思維會讓個案執著於某一立場，生命就會呈現堵塞，因此要讓個案回到生命流暢，就要從這兩個關鍵字著手。讓個案明白能夠找到與這兩個成心編碼和平共處的方法。

> C：恩～那麼體現「清廉」，和一個「真修者」的身分，一定要在那個位置嗎？（點頭）（TC-2019-1220-36）
>
> I：（笑出）好像，也不需要～天啊～原來我會這樣的行為，來自於我的過往經驗。（TI-2019-1220-36）
>
> C：非常好！太棒了！恭喜你～（微笑）（TC-2019-1220-37）
>
> I：那我不要這個位置，怎麼辦？（皺眉、搖頭）（TI-2019-1220-37）
>
> C：不要，就離開就好了啊～（微笑）（TC-2019-1220-38）

　　I：離開要去哪裡呢？（TI-2019-1220-38）

　　看到個案的位置後，就可以透過提問「一定要在那個位置嗎？」鬆動個案認為無法離開的思維，當個案笑出時就是打破固著思維之時，同時又回答「也不需要」一直待在那個位置時，個案就已經離開受害者位置，從「不願意」到「願意離開」的位置。過程持續支持個案，當個案自己覺察到自己的位置時，就容易做出新的選擇，也就是我還要不要讓自己繼續過證明的生活，這位個案答案是不要。因此，個案從「不願意離開」到「思維願意離開但感受離不開」，再走到「思維及感受都願意離開」的位置。當個案提問「離開要去哪裡呢？」表示個案已從「思維及感受都願意離開」到「思維及感受都願意離開，但不知道去哪裡」的位置。

　　C：呵～那就問自己想當什麼樣的人啊？你剛才不是說要自在嗎？
　　　（微笑）（TC-2019-1220-39）
　　I：恩恩～所以，我可以說我不用再當一個真修者體現我很清廉。我
　　　要當一個自在的人，是這樣嗎？（思考的表情）（TI-2019-1220-39）
　　C：沒錯，你說得很好，你是一個自在的人。（肯定語氣）（TC-2019-
　　　1220-40）
　　I：哇～瞬間覺得清爽多了。（挑眉，深呼一口氣）（TI-2019-1220-40）
　　C：很好啊。清爽的感受是你要的嗎？（微笑）（TC-2019-1220-41）
　　I：沒錯，是我要的！（微笑）（TI-2019-1220-41）

　　當過往經驗整理完，這時候就可以順勢拉回一開始個案對於環境議題設定的目標「自在」，開始幫助個案往真正想要的目標前進。當個案知道自己可以重新做出新的選擇時，個案瞬間感到清爽。個案成心編碼的感知系統及認知系統得到疏通後，又從「思維及感受都願意離開」再走到「自在又清爽」的位置。個案也從中找到了屬於自己的身分定位「成為一個自在的人」及朝自己生命真正想要的方向前進，從「證明自己」的方向到「自在清爽」的方向。

4. 模組四「內外辯證的實踐」——我要如何處世？

　　C：沒錯，你說得很好，你是一個自在的人。那麼一個自在的人會做
　　　什麼事呢？（微笑）（TC-2019-1220-42）
　　I：就自在阿，面對事情，能尊重自己也能尊重別人。（點頭）（TI-2019-
　　　1220-42）
　　C：恩～很好～「尊重自己也能尊重別人」可以多說一點嗎？（點頭）

（TC-2019-1220-43）

I：舉例這次新居落成，我現在已經不會有被發現就會被處理掉的恐懼狀態。然而，我尊重自己喜歡簡單的人際生活，就邀請幾個知心好友來坐坐，因為他們一路支持我再次站起來，我知道他們是真心為我祝福，其餘就隨緣，也不用像朋友說的要大大慶祝。我找到自己在這件事上的平衡。（恢復平常表達的速度）（TI-2019-1220-43）

C：恩～非常好！你知道如何做了。那平常如何讓自己涵養「自在」的狀態呢？（微笑）（TC-2019-1220-44）

I：我想，我可以每天透過早上簡單靜心，清理大腦卡住的信念或關注身體的阻塞，覺察後與之疏通。（流暢表達）（TI-2019-1220-44）

C：恩～那真是太棒了～恭喜你！相信你會活得越來越自在。這算「大自在」嗎？哈哈～（支持、下暗示）（TC-2019-1220-45）

I：哈哈～謝謝你～（微笑）（TI-2019-1220-45）

因為光知道沒有用，還是要透過行動做到，才能讓所知為我所得。因此，最後的環節協助個案擬定行動策略，進行內外辯證的實踐。對於個案找到自己前進的方向及身分定位後，此時的內在成心編碼已整合完畢，接下來除了給予肯定外，順勢提問「一個自在的人會做什麼事呢？」藉此將抽象的自在感受，變成更具體可執行的步驟。個案回答「尊重自己也能尊重別人」時，個案找到關係相處的狀態就是「尊重」，當回到尊重自己和他人的感受及生命的選擇時，就能夠不執一方，就能自在，回到生命的通達。

對於個案的信念給予肯定並跟隨提問「尊重自己也能尊重別人，可以多說一點嗎？」使之具體化成為可執行的策略。因為提問，所以個案說出針對新居落成具體的行動策略，是正向可執行可測量可掌握時，個案就會覺得自在不堵塞。面對一開始環境議題的新居落成行動策略後，事件總會過去。體道之人除了協助疏通外，更重視接下來個案回歸生活後如何持續生命的流暢，於是順勢建立個案長期的正向資源，使之持續與「自在」的目標連結，因此提問「那平常如何讓自己涵養自在的狀態呢？」這個問句是要讓個案可以持續朝著自己想要的方向前進。

當個案回答早上靜心的方式，回應「真是太棒了～恭喜你！相信你會活得越來越自在。這算大自在嗎？」除了給予肯定外，順勢做後催眠暗示，暗示個

案將會活得越來越自在，並用個案自己說的一個詞做囊括，往後想到「大自在」這個詞，就會調度成功移動自己，從證明自己到朝真正想要得目標前進的正向經驗。

5. 環節結束自我案例分析與反思

（1）個案立場回饋

原來我會出現「被發現就會被處理掉的恐懼狀態」，來自於我的過往經驗，當我接近小佛堂那段時間，被過去組織的人發現後趕盡殺絕，用我不該在那裏出現，說我亂系統會關天牢，護道小組會處理我的名義，要我回到自己從小長大的佛堂。當時不想讓後來接近的小佛堂主事者為難，所以我再度離開，真的不誇張，這個事件導致我不敢踏在高雄這塊土地上，不敢亂簽名（因為她們說會找到我在這個佛堂，就是我當時參加活動時在簽到處上的簽名）。這樣恐懼不安的心態，以至於我對於在高雄這片土地上行走時，總覺得不踏實，怕怕的。縱然自己越來越好了，也會畏畏縮縮，因為當感覺越來越好，會害怕被發現後，再被一次摧毀打趴更痛，於是就躲躲藏藏。當事件調度上來處理後，內在恐懼不安的狀態隨即消失，我彷彿同時解除了他們對我權威式的多年道德枷鎖與人格批判。事件調整完解放自己後，至今我已可以豁達踏實的行走在高雄的土地上，這個伴我 20 年的環境，也能夠跟友人大方的分享我已回到高雄，至今我覺得很自在舒暢。

還有，我從沒想過原來「清廉」對我那麼重要，在過去條列自己認為重視的成心編碼從沒出現過這一個，想不到我竟然會為了這個成心編碼，站在那個心理位置那麼久。縱然組織都不要我了，我的心還賴著不走近 10 年，只為證明自己是對的。同時也有覺察好像在生命幾次重大抉擇時，清廉的人品（臺語叫做「格」，這個人有沒有格）這個編碼影響了我的去留決定，讓我又更認識了自己。透過解牛過程覺察後，我可以重新再度選擇，我依舊可以保持修行應該要真修及清廉的成心編碼，同時也可祝福每一個人生命的選擇，於是我做到了尊重自己也尊重別人。當我可以不要「證明」而是選擇「自在清爽」的人生後，我感到真正的快樂。同時也獲得能夠有助於我每天朝著自在人生前進的方法「靜心」，讓我可以定期掃毒清理自己的思維。現在我感覺我很平靜，我很自在，面對事情好像又恢復能得心應手的狀態，真是太棒了！

（2）輔導立場回饋

個案的議題原先看似環境議題，背後加夾了許多過往事件卡住的生命議

題。因此，進行成心編碼中感知系統與認知系統的調整，協助個案脫框及喪框。步驟一，先調整感知：引導個案面對過往創傷，選擇運用 EMDR 工具，釋放當時恐懼、害怕、難過、失望的情緒，整個過程以讓個案再次回到生命流暢為目標前進。步驟二，調整認知：鬆動個案的成心編碼，重新排序真修及清廉德目，提起獲得通達的價值觀。要知道，若看似好的德目成心編碼會造成生命之流的阻塞，那麼不如就突破放下，換個能夠讓生命得以通達走下去的成心編碼，這是〈德充符〉「破框」的概念。整個過程總共改寫兩個成心編碼，一個是價值觀排序，一個是身分。以價值觀而言，發現個案從真修和清廉擺在第一，移動到「自在」才是第一，清廉或真修往後移。身分上「我是一個真修又清廉的人」，轉換為「我是一個自在清爽的人」，內在狀態維持尊重自己和他人（兩不相傷），生命的方向也從「不斷證明」轉為「自在暢達」。成心編碼整個改寫定位後，個案感到放鬆、自在，又可以開玩笑。

內在狀態調整好後，接下來就是外在的情境應對，協助拿到資源。以新家工作室而言，邀請親友坐客與否，以自在為主順其自然。在持續涵養自在的狀態部分，可透過每天早上靜心，讓個案持續專注想要的感受上。不論此次成立工作室事件及未來擬定行動策略，都是在幫助個案對於前進未來更有力量。

（3）生命事件反思

心境影響環境，環境影響心境，能夠有此突破，最大原因來自於我進了高師，蓄積破框的能量。在進修期間，指導教授帶領我參悟老莊，透過文字與老子和莊子對話後，我逐漸明白這個生命劇本要教會我什麼？第一，通達：愛是絕對的自由，什麼意思？就是若真的決定愛，我就要完全尊重所有人對於他自身生命選擇的自由，包括我自己。我開始尊重我的經理當時或許有他必須考量的點，所以他讓底下的人出面與我切割關係。我尊重自己當時好強的思維侷限，處世不夠圓融，導致無形中得罪他人，發生事件後，我也不夠柔軟不多做解釋，直接當天打包行李走人，選擇切斷離開重新開始。我尊重和我住在一起的好姊妹，當時選擇組織，而不是我。（對於好姊妹，事隔多年後，我只做一件事，就是主動圓滿我過去覺得有可能造成遺憾之事。具體來說就是我主動與過去幾個跟我買過產品的姊妹聯繫，詢問是否當時有造成困擾，若有可以將金額全數退還。所幸她們並無覺得怨懟，皆逐一回覆無感到困擾，並叫我不要想太多，有的還說生活必需品本就是要用，只是當時必須做出選擇就沒再跟我聯繫。我也尊重她們的選擇，並由衷感謝她們願意讓我有圓滿的機會）第二，復

樸：愛很簡單沒有條件的，什麼意思？我愛一個人就是純粹的愛，我愛一個組
織也是全然的愛，既然是全然的愛，就沒有交雜過多的期待或條件，所有的付
出都是自己的選擇，跟別人沒有關係，沒有什麼青春歲月付出這種話，都是我
自己的選擇，拿得起就要放得下。第三，安命，我接受當時我和道場主事者的
思維侷限，造成最終沒有很圓滿的結果，然而表面看似不圓滿，或許精神層次
是圓滿的，因為我們都在經歷彼此的生命功課，並選擇一條適合彼此的道路
走。同時，我也開始接受不管再怎麼痛與不捨，生命中不是所有我在乎的人，
都會和我走一輩子。我接受曾經是我所有青春回憶的道場和姊妹在這個時間
點上，因為價值觀及運作組織理念的差異，我們開始走向不一樣的道路。第四，
觀：外面的世界沒有別人，我開始正視自己這輩子的生命議題，好強及重情義
的個性，因為個性好強不服輸，所以，我常常樹敵，討厭我的和喜歡我的人一
樣多，跟別人沒有關係，是我自己的氣稟之性使然。

　　因為好強導致一直活在證明自己離開，也可以過得很好的情況，但這樣的
我並不快樂。因為強求有所成，無形中會把自己推到一個自己無法掌握的位置
或局面，物極必反，不論體力心力上皆是。當活在證明的思維就是離道遠了，
透過不斷打趴到低谷的心智淬煉，讓自己回到道的生命狀態。所以，我衷心感
恩生命的造化直接挑戰我內在情執這一關，將我最在乎的道情、姊妹情義一次
釋放，清理後並不是成為無情之人，我仍是感恩曾經的一切機遇，這些生命中
出現的天使都是要來幫助我更成長的。坦白說要演一些吃力不討好的角色，重
重打醒意氣風發的我，幫助我痛到願意轉化自己的死個性，實在也不容易，或
許哪天回到天上重逢時，會笑談彼此的演技是否精湛。因此，重點不是發生了
什麼事，而是事件發生後自己心性成長了什麼？總歸感恩一切的因緣，讓我有
機會反思自己過去的修行思維的偏差，開始往自己內在心性下工夫。寫作論文
講究「誠」字，透過莊學淑世精神式的自我對話，我將過往不願意面對的痛，
做最徹底清理，同時也是一種警惕，不論對自我或任何有心想修行的人而言，
都應慎乎心念。學習老莊後，我開始留意自己的起心動念，只要跟最高原則（最
高選擇：通達／道／愛）牴觸，底下展現出來的有形行為及無形價值觀（成心
編碼），說到底都是一種包裝，背後都在證明自己的立場或私心。因此，回到
素樸的真，開始留意自己隱微的誘發思維，許多作為自己的良知都會知道這到
底是不是真實。透過研讀老莊，我彷彿覺醒一般，喚醒了我的道魂，我從小在
這樣的宗教環境氛圍長大，在無意識的成心形塑下，我無形中放掉了我的自由

意志，交給了一個道場人為操控的「集體意識」〔註90〕決定我的一切（目前我的信仰經營道場的走向，對我而言，早已從道轉成教。）從沒思索深信不已的信念是否適合自己，導致最後上位者或組織任何荒謬的行為，我都可以接受，喪失思辨能力。上述只是舉例，我要強調的是並非道場不好，其實所有的地方，只要有人就有成心的紛爭，到哪裡都有人事的問題，這就是人性，很正常的，這就是世界的樣貌，只是我剛好長大的成心形塑場域是道場，若在別的地方我一樣也會面對不同的紛擾。因此，所有一切都往內觀照，我有責任對自己的過去負責，當時的我將人之所以生為人的自由意識捨棄，因為這樣可以不用思考，減少生命負擔，只要跟著走即可，這就是我當時的思維侷限。

然而，沒有當時的癡心執著，也不會有現在覺悟後的喜悅，現在的我明白宗教只是一種意識形態，道場無所不在，自己就是一個行動道場，我以天地為修行的場域。透過這些年來在外面社會打滾的歷練，十年磨一劍的我，反而可以用更接地氣的方式隨緣疏導萬物，而不是像過去沒有落地自以為是的修行。砍掉重練真的沒有那麼可怕，我感謝我的生命經歷，讓我從小就在大家庭成長，至今我前後住過六個風格差異極大的佛堂，與不同背景、不同生活習慣的人生活，漸漸把我孤僻的個性磨練了一番。在宗教場合什麼沒有就是人多，加上出社會後的業務及各行各業的轉場歷練，我一直接觸人群，觀察著人性，從害怕人性、排斥人性，到看到人性有趣可愛的一面，再到欣賞造物主讓每一個人如此的獨一無二。現在雖沒住佛堂，但需要仍會盡一份心回去幫忙，成立工作室，加上專案性質的工作後，我反而打破過往修行場域的局限，更像一個行者。在每一個環境轉場時，有更多的時間和自己對話，留意自己的起心動念，

〔註90〕宗教形成的集體意識容易造成立場，包括宗教類型、組織領導、儀式教條、吃素與否等？其實這都是成心的一種，生活在這樣的場域下，更應帶著覺知生活，才不會偏激過頭，逐妄失真。以吃素而言，本是個人意願及選擇，然筆者看許多前輩吃久了卻變成一種執念，反倒批評沒有吃素的人。格格不入的行為，反讓令沒茹素的人感到厭惡，這就是過頭了。筆者在研讀經典過程，逐漸明白植物和動物一樣也是有生命的，說到底自己也是另一種型態的殺生。然大自然生物鏈的機制下，又不能不吃，必須要攝取才能維持生機。因此，重點是在吃每一份食物入口時，自己的隱微心念起了什麼變化？貪求更多還是厭惡？是感恩還是抱怨？也就是心齋的程度。飲食純屬個人好惡選擇，我現在還是選擇茹素，也會回家鄉的道場幫忙，但我明白這些就是我自己的選擇，跟是非對錯的價值無關。帶著覺知生活，能有助於我不設限自己，用更靈活通達的狀態，應對不同場域型塑出的組織文化，到哪都好隨方就圓，用更敞開寬闊的心胸，尊重欣賞與我不同選擇的人，因為每個人本來就是自由美好的。

我守住自己身中這個小道場，開始用適合自己的生命調性走我的修行路。孫悟空跟唐僧取經歷經九九八十一劫回來後，也沒回到天庭，就在靈山下修行，眼界格局不一樣，每個人選擇他的方式修行，沒有對錯。人際這個議題的關卡，走到現在雖還不敢說成就解鎖（重要關係人的生離死別還沒），不過也技進於道，更豁達灑脫了。

（三）安心住宅的翻修成果

　　筆者認為每個人都需要安心住宅，大部分的人存了一輩子的積蓄就只為了翻修一次房子，因此品質就是關鍵，錢要花在刀口上。因明白環境對人的身心安定的重要性，筆者開始思考如何真的能夠提供居住的安心住宅，在環境健康上盡點社會責任。因為家族本身是做廟宇及房屋承包工程，於是筆者善用資源親身體驗，一開始家人很擔心，想說書讀那麼高，怎麼最後做女工，拋頭露面不好。我說在這個女權抬頭的時代，房屋翻修為何不能有女老闆？形象清新服務親民，生意說不定還更好。泥作業老闆又不分男女，況且我是承包商，第一線品質交給專業的泥作師傅，我的責任就是負責協調溝通，都是業務性質，以前服務商品較小，現在客製化服務的商品較大，其實都一樣的。家人想想好像也適合，就沒再多說話，讓我去嘗試。於是我在 2018 年展現主體行動力，組織屬於自己的泥作翻修承包團隊，開始於屏東從事房屋翻修改造工程，協助民眾立即改善環境，擁有舒適的住家品質。有屋主問我一定要翻修嗎？我通常會回答沒有翻修不會怎麼樣，除非有造成生活困擾，需要立即性處理。否則基本上就看想活幾年，活幾年會決定要不要翻修，因為就要看房子還是人哪個活得久？若活的比房子久，就可能有翻修的需求。屋主通常聽到上述對話都會笑出來。其實每個人翻修的動機皆不同，有的是想改造家裡、有的是要結婚新房、有的是老屋翻修、有的只是想處理急迫性的問題。當然直接換新屋更好，預算相對也要足，而翻修可以幾個禮拜後，就能享受自己規劃後的尊榮舒適。

　　每個品牌都有核心價值，我的團隊就是重視：樸實、柔軟、分享。每個核心價值背後定有相對的支撐點，以樸實而言，就是讓屋主感受到誠信、樸實、可靠；柔軟就是與時俱進、靈活應變、彈性調整；分享就是給予接地氣的歡樂、溫度又支持的感動、並提供尊榮的服務，讓屋主感受到被尊重、客製化的獨一無二。分享簡單講就是，因為很好，所以自己和他人都會想跟人分享，

是一種給予和接收禮物的開心。基於核心價值信念下，我的團隊是技藝精湛的老師傅、加上我的靈活協調，將屋主的期待與師傅們的專業技藝達成共識，最後做出符合屋主期待的成果。在與屋主接洽的過程，一樣也是依照「莊子淑世精神的實踐模組」架構中的分別為「走在關鍵的決策」、「生命道路的通達」、「高瞻遠矚的智慧」、「內外辯證的實踐」四個步驟，就能協助屋主期待的居住環境。

　　步驟一「走在關鍵的決策」：屋主正站在哪裡？〈養生主〉的「庖丁解牛」故事裡一開始提到：「手之所觸，肩之所倚，足之所履，膝之所踦」〔註91〕面對一頭牛在眼前，庖丁在解牛前透過手、肩、腳、膝近距離接觸牛體。因此，當接到顧客來電表示要翻修時，第一步要先走到牛的面前，也就是親到現場了解顧客的問題，有時候光說廁所漏水就分好幾種，馬桶的漏水、牆壁的漏水、洗手台的漏水處理方式都有所不同。評估完後要了解顧客的預算，也是釐清顧客站在哪裡的關鍵。最後了解屋主預計完成的時間，有時太急迫，人力無法調度，這有關企業誠信問題，不行就不能隨意答應，就要進行轉介或請屋主另請他人。安排屋況和屋主預算、預期時間都釐清後，這時候就進入第二步驟「生命道路的通達」：屋主要去哪裡？了解屋主對於翻修的目標，有的是解決問題即可，有的是要整個廁所、甚至整層住家直接翻修，都要評估。當顧客的第一步預算與第二步的期待差太多時，就要進行第三步「高瞻遠矚的智慧」。有時候是屋主概念不足就要教育，例如：水管管路的價錢不同，為何不同？塑膠管和鐵管的安全性及長久性差異，甚至全新與二手的差異，行情落差都要教育。彼此都能在認知上對齊，就能進入到第四步驟「內外辯證的實踐」，將構想具體實踐。而面對的顧客百百種，過程一樣掌握道術合一，達人氣及達人心的重點，一見面要先達人氣，讓彼此有好感，建立信任關係，才有機會合作愉快。再來過程達人心，了解顧客需求，盡量做到符合，所以只要掌握道的這四個架構，運用在任何一個萬物、事情，甚至承包工程上，都可以快意通達的。

　　基本上筆者的團隊主要是負責泥作業的部分，其餘搭配固定合作的師傅。泥作業是房子結構的基石，能做的部分很多，小至磁磚貼補、大至外牆拉皮、新屋興建、灶台客製化訂做（屏東才有的特色服務）、電視牆、客廳、浴室泥作施作、打除都有，非常多元，以下運用圖片7-2-圖7-34做介紹。

〔註91〕〔清〕郭慶藩注：《莊子集釋》（新北市：商周出版，2018年），頁92。

圖 7-2　客製化新屋興建

圖 7-3　客製化爐灶

圖 7-4　電視牆施作磁磚

圖 7-5　電視牆施作磁磚

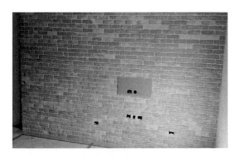

圖 7-6　電視牆施作磁磚未乾

圖 7-7　電視牆施作磁磚成品

圖 7-8　外牆拉皮

圖 7-9　外牆拉皮

圖 7-10　外牆拉皮

圖 7-11　外牆拉皮

圖 7-12　外牆補修

圖 7-13　客製化流理台施作

圖 7-14　陽台防水施工工程進行

圖 7-15　浴室貼磁磚工程進行中

圖 7-16　大塊磁磚貼補

圖 7-17　客製化浴室工程

圖 7-18　客製化浴室工程

圖 7-19　客製化浴室工程

圖 7-20　客製化浴室淋浴廁所分開

圖 7-21　客製化空間運用

圖 7-22　浴室翻修

圖 7-23　完美切邊技術

圖 7-24　木紋磚施作工程進行中

圖 7-25　木紋磚施作工程已完成

圖 7-26　客廳磁磚施工　　圖 7-27　客製化流理台施作及廚房翻修

　　綜合以上得知，道家在面對環境議題上，筆者分成「己與社會環境關係」和「己與物質環境關係」兩種研究進路來進行答覆。對社會環境的議題上，又分「面對突發性的社會環境改變」及「面對未來性的社會環境改變」兩個環節。在面對突發性的社會環境改變，莊子至少有三點看法，其一要有安時處順，以不變應萬變的生命智慧，來面對心中不可解的命時，透過「心齋」、「坐忘」、「吾喪我」等工夫，讓自己能夠持續的安。其二要道通為一，讓自己面對外在動盪，能夠擁有持續得以暢達的應事慧見，換言之，世界流變的自然性，掌握趨勢隨著應變才能通達。其三要有道樞靈活因應時局的變通力，也就是如何在特定時間、特定地點及特定人事物，皆能找到你我都能通達的方法，就是莊子認為的道樞。

　　面對未來性的社會環境改變，一定要面臨的就是網路時代的人工智慧崛起，分成「大環境」與「個人」兩部分進行論述。以大環境而言，莊子認為至少有兩點看法，其一要有莫之以明，觀變知幾順勢而為的洞察力，在大環境驅動下勢必需要順應這股時代潮流，面對全球商業、生活型態重組的模式，從中看到屬於自己的機會，從中做好因應準備，才能這股洪流中站穩自己。其二，要乘物遊心，時代走向租用規模取代不須擁有規模，小規模反而能夠專精專業、提供高感度的服務、快速調整方針，符合市場需求。當科技走到更人性化順應人類的時代，物物不役於物時，工作生活上都會帶來全新的變革，做到更解放吾人身心，逍遙無待。

　　以個人而言，莊子提出二點看法，其一技進於道，培養終身受僱能力。與其和這股趨勢做對，不如往內覺察如何順勢而行，以道家的開放、好奇、柔軟、應變的心，持續終生多元學習。未來將沒有終身僱傭，只有維持「終身受僱力」才是王道。如何培養？沒有捷徑就是要去做，做了才知道適不適合，要開始善

用天賦、技能、興趣、經驗等，嘗試扮演多種身分角色。運用點餐式的工作組合，不斷探索認識自己後，才能更聚焦欲提升的領域，讓學習更有成效，而不是雜亂無統。當透過實踐又學習，不斷學用合一的玄之又玄，就會逐漸走出屬於自己的通達之路。換言之，透過生命實踐，有規劃對準目標，珍惜時間，打造自己的市場價值，就能開啟損之又損的精簡人生。其二，物物不役於物，清爽暢達的快意生活，在人工智慧的來臨，不只工作型態帶來改變，整個消費、社交、生活型態皆會有極大的翻轉。因應趨勢的訂閱經濟，開啟新的商業及生活模式。數位轉型後，所有權即將的終結，取而代之的是使用權的崛起，人類將回到主體本身。換言之，重視體驗超過買下擁有，無形中也大大降低人類對於物質的情感依賴，獲得心靈的解放。新時代科技背後的價值都在幫助吾人回到更雕琢復朴，回到簡約輕盈的清爽人生。

　　物質環境之道的具體實踐上，筆者運用「環境議題的分析」、「庖丁解牛的案例分析」及「安心住宅的翻修成果」，三大部分進行論述，幫助自身在環境議題上，獲得成就解鎖。過程運用主體實踐呈現面對環境任何議題時，皆可以運用莊子淑世精神實踐模組的四大架構，也就是「走在關鍵的決策」、「生命道路的通達」、「高瞻遠矚的智慧」、「內外辯證的實踐」使之脫困。透過面對個人或社會責任上提供安心住宅不同面向成果展現，以呈顯莊子淑世精神對於環境健康議題的超然慧見。

第捌章　莊子淑世精神的具體實踐
五：利益趨捨之道

　　本章聚焦「人與金錢的關係」，由莊學反省現今的理財觀。問題意識來自筆者第一線的社會輔導經驗中，發現大多數人的生命議題聚焦在兩個議題上，其一是人的關係，跟某個人或某個組織產生互動的困境，另一個就是生計議題。其實也不難理解，人活著在世間行走一定會遇到的基本關卡就是「情關」和「錢關」。而筆者想追問的是老莊若是大隱隱於市的智者，不是消極避世的那群深山隱士，那麼勢必每天要面對生活瑣事，就是柴、米、油、鹽、醬、醋、茶，這些都需要財和貨的轉換。吾人都明白「錢不是萬能，但沒錢還真的是萬萬不能」，人只要生活在世上，任何的物質轉換絕對都跟金錢脫離不了關係。而古代從以物換物到逐漸賦予金錢無形抽象的價值，甚至演變成今日由金錢衡量每一個人的價值，例如：我的能力多少領多少薪資，擁有很多金錢就代表我很功成名就等，面對這樣的社會主流價值，淑世精神的老莊又能給予什麼反思性的回應呢？倘若體道者是個思想貫通者，那麼在面對金錢議題上，勢必需要給予一些回應。然而，在文獻回顧蒐集資料時，卻發現歷來學界學者對於金錢這樣務實的生命議題竟無半點著墨，碩博士論文及期刊網的研究成果為零，不禁令筆者想拋磚引玉，帶領讀者一窺老莊的金錢觀。倘若道家認為道者路也，路者通達也，以通達概念運用於金錢層面，理當金錢運用應該通達無礙。是否應該呈現隨意花、有錢花、盡量花，一種取之不盡用之不竭的豐盛狀態？倘若至人是體道達至之人，理當應該擁有各方面的整全，在這完美的標準下，那不就必須富可敵國，財富無邊嗎？換言之，一個體道之人，他可以是個23K

卻要養活全家，每一分金錢的出入，必須精打細算的上班族嗎？若是體道證真之人，他能夠是個穩定教職，領份固定薪水，生活開銷按比例分配，安老終生的公務人員嗎？倘若可成立，又該如何回應？這真是個務實又接地氣的社會議題。

　　本章呼應莊子安頓生命的提問脈絡，故在財富健康議題上，聚焦於內在部分著墨，也就是整理吾人「成心」（〈齊物論〉）〔註1〕中有關的金錢編碼。其重要性來自於所有人的行為及決策模式都是因為成心的編碼產生結果。如果對於現在財富處於很滿意狀況，也是運算成心編碼後的結果，若現在想要更好，那也是成心編碼運算後的結果，所以要理解內在成心編碼的狀態，實際比只有單靠表意識想像更為重要。簡單講就是內在會影響外在，如同電腦桌面上的功能呈顯，來自於內建程式的運作，故道家關注的是一個人的內在狀態，道家相信當一個人的內在狀態調整通達，就能有助於面對外在生命場域的應對。因此，本文不會論述任何投資標的物及理財商品，純粹聚焦鬆動成心對於金錢的編碼，當內在調整好，再回去操作原本的投資工具，效益通常就能有所提升。倘若沒有任何投資理財經驗，更可以透過本文的探討，先調整自己成心對於金錢的限制性編碼，降低往後知見不足，下錯決策的賠錢機率，直接朝著財富設定通達的目標前進。至於如何達到財富健康的外顯論述，坊間已有許多投資理財書籍及課程，每個人可以依造自己的屬性，選擇適合自己的理財投資項目參研，不屬本文討論範疇。

　　儘管老子或莊子文獻沒有提到金錢，但並不代表莊子絕對不能處理？除非莊子活在一個不需要金錢流通的世界裡面，否則莊子的思想實際是可以運用在金錢流通的議題上。基於創造性詮釋研究方法，本文認為可以運用莊子來回應金錢相關時代議題，至少有兩個層面。第一在《莊子》一書原文中，從「莊子和監河侯借錢」（〈外物〉）〔註2〕寓言，吾人可以得知，儘管莊子有至德之境，但實際面對生活也會碰到金錢相關的困境。由此可見，《莊子》不只是冰

〔註1〕〔清〕郭慶藩注：《莊子集釋》（新北市：商周出版，2018年），頁53。

〔註2〕莊周家貧，故往貸粟於監河侯。監河侯曰：「諾。我將得邑金，將貸子三百金，可乎？」莊周忿然作色曰：「周昨來，有中道而呼者。周顧視車轍中，有鮒魚焉。周問之曰：『鮒魚來！子何為者邪？』對曰：『我，東海之波臣也。君豈有斗升之水而活我哉？』周曰：『諾。我且南遊吳、越之王，激西江之水而迎子，可乎？』鮒魚忿然作色曰：『吾失我常與，我無所處。吾得斗升之水然活耳，君乃言此，曾不如早索我於枯魚之肆！』」〔清〕郭慶藩注：《莊子集釋》（新北市：商周出版，2018年），頁632～633。

冷冷的文獻，而是把整個莊子的生命境界帶入的話，就可知道莊子其實活在世上時，也會有現代人遇到的各式各樣的問題，而當中的問題就包含了借錢這件事。第二層從邏輯反問，儘管莊子未言，目前學界也尚未實際以專題形式談論金錢，但莊子認為世界上金錢流通難道就不可談，顯然未必。所以本文認為儘管莊子未以專題性談論金錢，但金錢問題也是人生問題的重要部分，若把莊子處理人生問題的安頓之道，帶入處理當今金錢方面的議題，他在邏輯上是可以證成的。基於此發想，本節研究方法運用文獻分析法及創造性詮釋進行論述，分為「利益趨捨之道的理論基礎」及「利益趨捨之道的具體實踐」兩節作探討。

第一節　利益趨捨之道的理論基礎

本節聚焦以下三道程序回應金錢議題：其一，「成心反思重金文化困境」面對社會金錢主流價值及趨勢時，莊子如何回應金錢價值帶來的挑戰？其二，「成心導致拜金認知侷限」面對金錢的成心編碼，淑世精神的莊子如何解消成心，翻轉知的侷限？其三，「成心編碼的轉化與定位」面對金錢的屬性，如何將道家的生命調性，應用於生活金錢層面，成為金錢觀的自在之人？

一、成心反思重金文化困境

金錢是人類創造出可被交換的交易載具，早期沒有所謂的金錢，它並不是一開始人類社會就有的東西。而金錢的功能在於它是商品交換的媒介，是一種從商品過程中分化出來的等價物。在《中國古代貨幣》一書提到從中國古代錢幣發展歷史來看，遠古社會部落間無須透過任何介質，只需以物換物，就能發揮錢幣等價的功能，例如：以牛換羊等不同家畜。進入夏商周時期後，海邊貝殼這類外來交換品，逐漸成了最早的貨幣，例如：天然貝、骨貝及石貝等，商周開始有了銅貝，春秋戰國時期更有銀貝、包金貝等。「貝」是原始實物貨幣發展的最初階段的代表物質，在甲骨文及金文中可以看見許多跟財貨有關的文字，都從貝部首作為延伸，例如：財、貨、貿、寶、賞、賜、貪、貧、賄等。商周之際手工業的發展，開始出現直接以交換為目的的金屬貨幣，最早的是農具鏟發展而來的空首布，體型大又厚重，有平肩、斜肩大小多種形式。當中又以青銅鏟為一種高價值的讓渡財產，人類開始將此作為財富累積儲藏，可見在當時貨幣已取得一定的價值功能。在西周末發展成為完全意義上的金屬鑄幣，以塊狀或餅狀為形式的青銅稱量貨幣佔據主流。春秋時期開始有商人階級，商

業的往來讓貨幣的流通更顯得重要，貴金屬中的黃金也在當時開始受到重視打印成金版。戰國後貨幣的種類更加繁瑣，此時的貝殼貨幣已逐漸轉為冥幣的裝飾物。另一方面也有高利貸的借貸模式產生，此現象反映封建制度及土地公有制度的瓦解，貨幣拜物的主流抬頭，此時貨幣經濟已確立。在戰國除了刀幣、布幣，各種貨幣琳瑯滿目外，也開始先進的圓形金屬「圜錢」貨幣，主要以秦國為中心使用。秦始皇滅六國後統一法定鑄幣形式，影響了中國兩千年。秦到漢初在貨幣標準化上，不論是輕重、大小，仍是在摸索階段，直到漢武帝確立五銖錢制度才就此拍板定案，一直沿用到唐初一共 739 年，是貨幣史上最久的錢幣。通常政權起落，經濟盛衰都可以明顯表現在金銀貨幣的流通上。隋唐時期加快社會經濟發展，造成銅的賤價金屬無法支付大額交易的貿易量，貨幣量不足的錢荒發生，促進了北宋紙幣和白銀的產生。唐初「開元通寶」是貨幣史上另一個里程碑，一改重量銅塊命名改以通寶稱呼，脫離錢幣本身價格，純粹變成以價值尺度衡量的抽象貨幣，首開貨幣系列的先河，通寶、元寶、重寶的稱謂一直沿用到清末。唐末政府收支多用白銀，元代金人鑄「承安寶貨」銀幣，是中國法定計數銀鑄幣的開始，隨著白銀在商品的經濟地位上升，到清代已成為主流貨幣。清末鴉片戰爭出現銀荒，民國的鑄幣變成銀元，現在則是新台幣，還有虛擬貨幣等。〔註3〕

　　藉由上述金錢的演變，可以明白錢這東西和人不一樣，它沒有生命，就是一個人類所創造出來的東西，它本來沒有意義，是人賦予它意義。錢是人創造出來的，真的只有人會用，應該沒有看過狗喝水需要用錢去買之類的。說真的這世界上除了人以外，到底還有哪一種生物需要靠錢來過日子，一隻貓走在路上撿到 10 元，會跟其他貓炫耀說老子比你有錢嗎？不會的。人若主動把錢幣拿給狗，牠也不知道那是什麼？反而給牠一根啃骨棒，牠還會對你搖尾巴致謝。因此，物質事物的價值是被建構出來的，老子說：「樸散則為器」（〈第二十八章〉），王弼注：「樸。真也。真散則百行出。」〔註4〕莊子也云：「道術將為天下裂。」（〈天下篇〉）〔註5〕社會原始樣貌是很簡單素樸的，由於人的智巧開發，各式各樣的文明工具或制度就誕生了，當中也包含錢。當貨幣一開始被

〔註3〕昭明、馬利清：《中國古代貨幣》（天津：百花文藝出版社，2007 年），頁 19～23。

〔註4〕〔魏〕王弼注：《老子道德經注》，收入於樓宇烈校釋：《王弼集校釋》（臺北：華正書局，1992 年），頁 74。

〔註5〕〔清〕郭慶藩注：《莊子集釋》（新北市：商周出版，2018 年），頁 737。

人創造出來的時候，或許就只是單純希望有個東西，可以有助於交易的明確性，因此被當成工具運用。然而，從演化過程可以看到，人在不自覺給了錢份量，開始賦予金錢抽象的意義，甚至用錢逐漸取代人的存在價值，用薪資衡量一個人的能力，用金錢衡量一個人在社會上的地位成就等。金錢慢慢在社會上被賦予了價值，因為賦予過多的價值，導致吾人甚至願意放棄自己的價值，開始讓金錢駕馭吾人。

郭象云：「天之所生者，獨化也。」〔註6〕盧桂珍先生說明：「獨化即是指萬物自身存在的實況，乃是獨得而無待。」〔註7〕郭象對於萬事萬物有其個體性表達肯定外，更認為所有的個體性都是絕對個體，每個個體都具有完全自足的價值。而現今社會卻已逐漸轉成用錢衡量一個人優劣的主流觀感，好像錢看得比人還重要，自己到底是誰，老天賦予我什麼，好像都不那麼重要了，生命的價值主導權變成外在認為我有多少錢，來決定我的價值。換言之，過去從以物易物、到有力氣的人以勞力易物、到聰慧的人以腦力易物、到有才華的人以創作易物，到轉為因錢幣產生，導致老天賦予每個人自身的天賦價值，變得不那麼重要，再到我擁有多少錢幣比我是誰更為重要，逐漸的人類開始不知道自身的價值是什麼了？近年來更用金錢衡量每個人的價值，在社會主流不斷鼓吹追逐金錢的浪潮下，進而抹滅了自身的獨特性，甚至受社會多方比較的輿論壓力，進行自我批判，認為我不夠好我不行之類的。吾人可以看到社會的金錢主流價值、通膨的壓力，再再讓這個時代大學畢業只有「最低薪資」〔註8〕的年輕人而言，變得茫然無助，只好隨波逐流。筆者從事第一線學校輔導及社會輔導時，常常聽見一些新世代的流行語，例如：貧窮是我的超能力、既然跌倒了就躺下吧、你吃肉我吃土、帳戶存款不足請重新人生一次、我是多肉廢物、你沒有選擇障礙只是沒錢買、我錢奴我驕傲等。不用懷疑這都是他們的流行語，充斥著年輕人對於這個世界的無奈與厭世，而這些共鳴的信念正影響著吾

〔註6〕　〈大宗師〉：「而身猶愛之，而況其卓乎」。〔清〕郭慶藩注：《莊子集釋》（新北市：商周出版，2018年），頁173。

〔註7〕　盧桂珍：《境界・思維・語言：魏晉玄理研究》（臺北：臺大出版中心，2010年），頁186。

〔註8〕　勞動部於2022年9月14日發布，自2023年1月1日起實施，每月基本工資調整為26,400元，每小時基本工資調整為176元。詳情參照〈歷年基本工資調整〉：《勞動部全球資訊網》網站，2023年7月14日，網址：https://www.mol.gov.tw/1607/28162/28166/28180/28182/（2023年7月14日檢索）。

人下一代的思維。當「錢四腳，人兩腳」不斷追著錢跑時，會產生一種疲憊的感受，彷彿前面吊一個胡蘿蔔，自己就像是一頭很想吃胡蘿蔔的驢子，怎麼追都吃不到一樣。最大原因來自於，吾人都在追逐一個人類創造出來的東西，並讓這虛幻東西的價值遠大於我個體的價值，於是就開始追著錢跑。為何錢這玩意是人追著賺，不是家裡養的貓去賺？因為錢就是人創造出來的遊戲規則，並非動物創造，萬物中只有人把錢當錢，只有人才需要追著錢跑。因此，當追著虛幻的錢跑時，就越跑越累，同時又無奈的被社會價值洪流推著前進，所以就這樣一直循環著。莊子說：「以本為精，以物為粗」（〈天下篇〉）郭慶藩疏：「本，無也。物，有也。用無為妙，道為精，用有為事，物為粗」〔註9〕莊子又說「物物而不物於物」（〈山木篇〉）〔註10〕意思都是提醒吾人何為本，何為末，不要讓物影響了吾人的生活。莊子不反對物的生成，「物」本來就是用來使用的，莊子強調的是要以人為主體駕馭使用「物」，而不是被「物」所「物」，甚至後來所累贅所「役」，那反而成了負擔，套用在金錢上，當心成了「錢奴」，一心為錢所役，就失去原本的真。

　　或許有一天錢會開始變得沒有意義或急速貶值，印度 2016 年就曾發生過 500 和 1000 盧比紙幣廢止事件。〔註11〕不只國外，在臺灣本島就曾發生過，1949 年臺灣國民政府來臺後紙鈔變革劇烈，在動盪年代下，幣制改革，4 萬舊台幣換 1 元新台幣，很多人財產一夕化為烏有，一覺醒來成千上萬紙鈔淪為廢紙，還有農民因家中養的牛一頭貶值到只剩 2 元而氣死，當時還諷刺形容 20 萬只能換 2 隻蚊子的慘樣。〔註12〕這樣的事別說不可能，就活生生發在吾人上一代身上，且還不到 100 年，如同有人說未來人類有可能會被 AI 取代般，時代的劇變超乎吾人的想像。然而，老子說：「反者道之動」（〈第

〔註9〕〔清〕郭慶藩注：《莊子集釋》（新北市：商周出版，2018 年），頁 715。

〔註10〕〔清〕郭慶藩注：《莊子集釋》（新北市：商周出版，2018 年），頁 460。

〔註11〕印度總理莫迪在 11 月 8 日晚上 8 點對全國演講時，突然丟下一顆財政震撼彈：「2016 年 11 月 8 日的午夜開始，現有的 500 盧比與 1,000 盧比面額紙鈔，將不再是法定貨幣，這些貨幣將在法律上失效。」宣布後印度最大面額的兩張鈔票在 9 日開始全面作廢並回收，印度也將從 11 月 10 日開始，正式發行 500 盧比與 2,000 盧比的新款紙鈔（目前是 66.47 盧比兌換 1 美元）。詳情參照〈為除弊而除「幣」──從印度廢鈔談起〉：《工商時報》網站，2023 年 7 月 14 日，網址：https://view.ctee.com.tw/economic/7306.html（2023 年 7 月 14 日檢索）。

〔註12〕詳情參照〈4 萬舊台幣換 1 元新台幣 紙鈔見證動盪年代〉：《中國時報》網站，2016 年 8 月 23 日，網址：https://www.chinatimes.com/newspapers/201608230 00456-260107?chdtv（2023 年 7 月 14 日檢索）。

四十章〉）〔註13〕最黑暗的時代也是最光明的時代，現在這個世代也開始有
一些跡象證明，金錢有可能會逐漸失去意義，其原因不是來自於吾人被取代
的恐懼，而是人類進入了一個覺知時代，自身價值逐漸被喚醒當中。許多的
工作型態也逐漸轉型，不限場域不限時差的工作越來越多，就連現在一定要
到學校的教育模式或者宗教聚會，也都可以用直播取代。現在年輕世代越多
人用打工換住宿、部落客採訪換食宿又賺廣告收益，或者以專業換專業的工
作型態逐漸產生，例如：我朋友教別人美術，對方教她彈鋼琴；也有朋友每
個月兩個星期到日本出差，其他兩星期回到澳洲的私人別墅，享受遠離塵囂，
靜處一隅的生活品質，夫妻倆常傳在澳洲種植農作物的成果與我分享等。人
開始對於生命課題覺醒，逐漸尊重自己及其他的人事物有其存在的價值。郭
象：「大小雖差，各任其性，苟當其分，逍遙一也。」〔註14〕當人類逐漸知道
個人價值時，就可以慢慢用我懂什麼或我能做什麼跟彼此交換，又回到早期
價值與價值的素樸流動，不是非得仰賴金錢為媒介，如此才有機會不被金錢
所待，依筆者現在承接的專案工作，某些方面也逐漸轉型成這樣。因此當越
多人覺醒，越認識自己肯定自己的價值時，錢幣將會越不被重視。總而言之，
今日吾人賦予錢幣過多價值，導致開始抹滅自己的價值，若人類自我甦醒的
人越多，錢幣的價值將大幅下降。說這些不是叫大家不要賺錢，不要喜歡錢，
而是陳述一個事實。當然還是可以喜歡錢，如果它能為吾人的生命帶來流暢
運行的話，當然可以喜歡，只是不要追著錢過生活，最後失去自己。

　　臺灣近 30 年的變化急遽，薪水永遠追不上通膨的速度，30 年前 5 元可以
吃早餐，現在是 50 元才能吃一頓，有時還吃不飽。不只伙食這件事如此，車
子機車交通工具，什麼都變貴，早期高雄博愛路一棟透天店面 300～500 萬就
可以，現在至少要 3000～5000 萬，早餐房子都漲近 10 倍，薪水調幅的速度比
不上萬物皆漲的通膨。當初吾人為了過好的生活去上班，最後工作變成吾人全
部的生活。環境在改變，就要看懂勢的浪頭在哪，王夫之：「俟之俄頃，而萬
機合於一。」〔註15〕只要稍微停一下有可能就馬上就倒了，因為時局是瞬息萬
變的，每一個當下都要用動態思維去想它，所以各式各樣因緣交會的一切可能

〔註13〕〔魏〕王弼注：《老子道德經注》，收入於樓宇烈校釋：《王弼集校釋》（臺北：
　　　　華正書局，1992 年），頁 109。
〔註14〕〔清〕郭慶藩注：《莊子集釋》（新北市：商周出版，2018 年），頁 22。
〔註15〕〔清〕王夫之：《老子衍》收入於熊鐵基、陳紅星主編《老子集成》第 8 卷（北
　　　　京市：宗教文化，2011 年），頁 566。

性，都合於一。一在哪裡，就在我心中，在每一個事變之中。因此，當看到所有眼前的趨勢，早已是各式各樣事變交會產生的結果。當能掌握時，就趕快避其堅，攻其瑕，去其名，該變不變將受其亂。在事情將變未變前，就能知幾的避開，讓人生得以保持順暢通達，因此道家也是一門趨吉避凶的學問。王夫之曰：「故鴟夷子皮之避，得其迹也；郭子儀之晦，得其機也；許繇、支父之逝也，以退為退，得其神也」〔註16〕范蠡會退隱，就是洞察到潮流趨勢的尾末痕跡，郭子儀韜光養晦是看還沒發生的跡象，一個是結束了一個是還沒有發生。使堯想讓位的許繇不從迹與未機來看，他一開始就都和天合在一塊，這叫得其神。古代的賢人支父離開，也都是掌握了機。由上述得知整體的潮流變化，有些人是透過洞察和預測得知，有些人是隱隱然得知。或許活著的生活方式，要練到至人、真人、神人這樣的地步，難度很高，但至少莊子提供吾人一個效法的方針，在事變交會產生結果前，進行策略性的修正。

　　道家是門動態的學問，人是活的，因應的世界也是活的，套在金錢議題上，時局在變也要看懂趨勢，打開對金錢的觀念，才是道家的自然。老子說的自然不是讓人停留在最初那一刻的時間點上，道家告訴吾人世界是通達的，因為世界是動態發展的，人的每一刻的動態發展就是它的自然性。現在臺灣面對通膨速度目前平均每年 4%，放在銀行不到 1%，1 年下來等於虧 3%，10 年虧 30%，30 年虧 90%，過去 500 萬的價值變成要 5000 萬才能擁有其價值，因為 90% 被通膨吃掉了，錢剩 10% 價值。現在放定存只是一個安自己心的作法，無法解決金錢貶值的議題，負利率的時代來臨，未來存錢在銀行還要給銀行保管費〔註17〕。如何逆向操作，順勢運用銀行中小企業補助或創業貸款等政策，及運用財富槓桿讓自己找到一條適合自己對抗通膨怪獸，得以流暢行走於人間的道路，就是符合這個時代所需，符合自身所需的通達之路，那才是道的自然。地球、人都是不斷在變動的，不自然意謂它不通達。只要從人的通不通達來看就知道了，造成生命堵塞走不下去就是不通達，所有世界的流變都是一種自然的趨勢，若把金錢的演化看成不自然，是因為把錢看死，把世界看死了。兩千年來錢幣的進步和演變，不可否認確實也帶給人類

〔註16〕〔清〕王夫之：《老子衍》收入於熊鐵基、陳紅星主編《老子集成》第 8 卷（北京市：宗教文化，2011 年），頁 566。

〔註17〕參照〈深陷負利率的世界將走向何方？〉：《天下雜誌》網站，2019 年 09 月 26 日，網址 https://www.cw.com.tw/article/article.action?id=5096991（2023 年 7 月 14 日檢索）。

在交易上極大的明確與便利性。金錢還是有它對於人類的價值貢獻在，不能全盤否定，但若是一昧強化或是一昧貶抑，就成一種執著，王夫之說這叫「邀虛、執靜」，而道家的淑世任務就是疏導，使其流暢。因此，世界是變動的，符合趨勢就是自然，就是道，老子說：「道法自然」(《第二十五章》)〔註18〕。總而言之，道家關注的是個體的獨特性及自然性，透過自己來對應世界，包括世界每一刻的發展，而每一刻發展的通達，就是它的自然性。如何整理好自己的內在，清楚自己的定位與價值，並能站對屬於自己在這洪流中的位置，從容不疾不徐的等錢過來。讓自己的生命在金錢議題上，找到得以快意走下去的暢達之道，是接下來本文所要探討的。

二、成心導致拜金認知侷限

在筆者社會輔導經驗中，發現人很有趣，總是否定自己的經驗，並且根據別人的話思考，許多看法判斷說真的那根本不同於自己的生命經驗，甚至完全背離，但人卻也不願意承認，其實我完全能夠理解，因為我也是過來人。探究深信不疑不願懷疑的原因，主要來自這些思維是對吾人極有影響力的關係人(例如：原生家庭、師長、長官、明星)或團體(例如：宗教領袖)說的話。因此，寧願說服自己去接收跟自己生命經驗不符的信念或行為，也不願意提出對生命的疑問，各各生活層面皆是。套用在錢的關係上也是，倘若祖先留下大筆遺產給你，而你也正需要，你會大方的接受？還是直接表現清高的拒絕？此時猶豫不決的你，腦中又跳出什麼想法呢？「會不會被人覺得很貪心」還是「錢很髒不能碰」之類的信念。若是那我戶頭帳號給你，請轉給我好嗎？我一定好好答謝。不要懷疑，我真的遇過這樣的案例，個案之所以不願意接受家產，會談過程調度她過往事件，其中一個跟錢有關的事件，就是小時候她拿錢把玩時，愛乾淨帶有潔癖的媽媽都會大聲驚慌的跟她說錢很髒不能碰(媽媽本意應該要提醒她錢的表面上有細菌，拿完錢要洗手，不是錢很髒，但語意表達不精準，讓孩子接收到的語意錢是髒的，錢＝髒)，這句話在當時個案情緒高點(母親大聲提醒導致驚嚇)時，崁入了她幼小的成心編碼，開始影響她的人生，讓她下意識的不想碰錢。說真的，大筆金錢入帳，拿到錢能夠自在花錢，不用考慮價錢就直接買單帶走，又能帶給周遭人幸福美好的感受，真的不好嗎？

〔註18〕〔魏〕王弼注：《老子道德經注》，收入於樓宇烈校釋：《王弼集校釋》(臺北：華正書局，1992年)，頁63。

　　諷刺的是吾人寧可相信一些外在環境講的「錢是萬惡之首」之類的信念，成為外表道貌盎然，內在卻對錢渴望的身心分離的人，當得不到或嘗試一些方法發現無能力獲得時，就開始自我放棄講一些對錢的批判言語，或者安慰自己現在這樣，其實也很好之類的話，在電玩世界就是你已經卡關了。雖然說道家講「命」，要給個理由讓自己放下，讓生命得以往前走，但既然是淑世精神就是向上向善，能不能給個正向一點的理由往前走？例如：透過商業生意往來，發現自己更適合從創意研發，賺專業財之類的。多數人不是，通常得不到時，就開始唱衰自己還唱衰別人，給的理由無效無力居多，例如：我沒辦法、這個我不行。甚至還有受害者理由，例如：都是他害我，導致我怎樣，所有的錯都是別人，自己都沒有錯之類的。筆者認為那都是自我安慰跟無效批判，對於事情根本性的解決無益，表面上看起來人模人樣的往前走了，但心裡還是堵塞的，自己這關有沒有過自己最清楚，騙不了自己的。

　　其實這也沒有所謂的好與不好，都是一種活法，符合早期學者陳述老莊消極主流意見的思維脈絡。只是若換到淑世精神的老莊，就會想提問這樣的人：「這真的是你想要的嗎？」[註19]像這樣矛盾未整理過的心態，買樂透根本不會中，因為注意力就是焦點，一直關注錢帶來的負面影響，看到的就是錢不好的人事物。「抓關鍵字運作」這是與生俱來大腦的程式設定，人腦和手機一樣，只會抓關鍵字工作，當閉眼叫你不要想「黃薏如」這個人，都已經叫你不要想，還是一定會先跳出黃薏如這個人，因為你已經先看到黃薏如三個字，所以不可能跳出「小叮噹」之類的。若真的是要小叮噹，不是黃薏如這個人，因為你已經先受我文字行文影響調度出黃薏如這個人。所以你會先跳出黃薏如的畫面，刪掉黃薏如的畫面，才會再跳出小叮噹。在一個場域當你想聚焦看藍色的東西，就會開始看到藍色的東西，當你想要買一台 BMW 的車，你就會開始注意到路上有很多台 BMW 的車子。所以帶著覺知生活，要重視自己所講出來的話，文字是有力量的，文字背後傳遞的感受力量更是強大，上述就是認知系統的成心編碼及大腦的運作模式。

　　感知成心編碼就是感覺，當一直處在認為錢不好，又喜歡錢的矛盾感受時，這樣雙重矛盾的頻率只會吸引更多讓你說錢不好的人事物，因為你必須證明自己是對的，還有周遭重要關係人及社會某些族群人的想法是對的。而老天

〔註19〕道家常問的問題是：「HOW？」也就是決定後接下來如何來體現它。詳見「第參章莊子淑世精神的實踐模組」。

很愛你，也會呼應你的索求，讓你遇上很多讓你說錢不好的機會，以便持續讓你擁有錢不好的感受，因為你念頭一直想，不斷狂下訂單，祂以為這就是你要的。若不是你要的，能不能灑脫落落大方一點表明要什麼，不然這也是另一種身心分離的分裂狀態。而道家是一門勇氣帶有點叛逆的調性，這時候又會問：「這樣的你，真的快樂嗎？」因此，扣回前面講道家的「命」字，道家的命是要全面的通達，當找不到繼續走下去的動力，就找個重新開始的理由，遇到生命的水窮處時，給個理由讓吾人的生命得以往前走是對的，只是留意這個理由（成心編碼的信念）帶吾人走向哪。命的理由要符合淑世的向上向善，這樣才會在認知系統通達，感知系統也能快意，進而達到全面的暢達。

　　一個真正對於金錢觀通達健全的人，按理說有錢沒錢時都能自在，不會卡關侷限某個狀態，因為錢的多寡根本不會影響他內在的本質。金錢只會放大他的本質，若他本身是善良，大錢在他手上就是更多機會去發揮他的善良，反之他是貪婪縱欲，那錢就是放大他的貪婪和縱欲。錢常使得人性的弱點突顯出來，它無法遮掩人的無知，有些人為何中樂透或獲得大筆遺產後，又很快流失甚至比還未獲得那些錢時的財務狀況更糟。我曾有四年半全力以赴從事業務性質的工作過，可以說是我前半段生命歷程現金流算多的其中一個時期，2008年我曾經是公司裡最火紅的業務、在沒有任何背景下，就憑著我的熱忱及膽識，一路從基層業務做到銷售講師做到一級主管，成立個人營運中心，帶領北中南團隊每周幫公司締造3～4百萬業績，每月挑戰千萬以上業績。大家認為自己的文字值多少錢？記得八八莫拉克風災的那一年，不只高雄小林村整個滅村，屏東縣東港林邊也都是很嚴重的，整排都是泡水車，水淹到近一樓高。當時我們家整個停電，一樓電動門無法開啟，我接受的是慈濟志工划著小皮艇送來的便當，沒想過我也有成為受災戶的一天。公司連繫不到我，整個業績當然有所影響，恢復通訊後，我鼓起勇氣發了一封 mail 寫給我素未謀面的董事長，不到一星期，我的董事長竟撥款一百萬給臺灣分公司，讓我投入賑災活動，無任何條件支持我。

　　從沒想過二十幾歲小毛頭的我，竟然一封 mail 就可以價值一百萬！原來我可以光是運用語言及文字的力量，就可以為我的家鄉盡些心力。自始我開始大展我的表達天分及台上影響力，在當時已經擁有過站上中國一萬五千人的體育館進行短講的成就解鎖，可謂名利雙收。如同我前文所說，金錢是股能量，你是怎樣的人它會把你的一切放大。它彰顯了我的衝勁、我的熱情及影響力，

同時也突顯了我好強、還有重情重義的死個性。好強和情義最終導致我最後幾個大決策失準，甚至被煽動無知的投資、力挺友人當擔保人樣樣來，人在衰時什麼都接二連三，什麼樣的蠢事都做過一遍，摔的徹底，成也個性敗也個性。我當時沒有什麼理財概念，加上內在的成心編碼及關於金錢的限制信念尚未整理，所以，錢最終沒能留下。然而，也不能因為過往事件就卡住自己，造成面對金錢的恐懼，道家的生命是流暢運行的，只要從中萃取出要學會的東西，還是可以找對適合的人共創財富藍圖。因此有效學習財商知識才能真正有效解決金錢問題，不是憑著財務知識賺到的錢很快就會消失。總之，我感恩的是這段經歷，透過金錢的來去，我更認識到自己的能與不能，足與不足，還可以修正調整更好的地方。生命就是見山是山，見山不是山，見山又是山的過程，當時我還沒遇到老莊，所以尚未能通透金錢這一關。這幾年所幸造化賜與機緣遇上了老莊，相信我覺察內在及調整狀態的速度將會越來越快。

因此，錢只會將內在對於金錢的成心編碼流向及個人屬性更加明顯於經驗世界，對於老莊而言，真正要排斥的應該不是金錢本身，而是自己面對金錢時卡住的隱微思維。要處理的是過往事件或重要關係人、社會媒體輸入進腦袋的成心編碼，這些過往形塑的成心導致吾人對錢的思維產生侷限及矛盾感受，要提升的是自己本身對於金錢的「知」見才是。開始為自己的生命負起百分百責任，不要自己得不到，就把錯都怪罪給錢。然而，這麼詮釋也不是一定要去追錢，要大家開始拼命賺錢，道家關注的是一個人的內在狀態。以道家而言，透過心齋工夫調整內在對於金錢的狀態，外在成與不成是機緣，需要待勢才能成，若勢未到就是待機而動。因此，不論一切機緣現與未現，第一步都應從自己的心下工夫，否則機緣湧現運勢大來，縱然當下賺了大錢也守不住，莊子說：「虛室生白，吉祥止止」（〈人間世〉）〔註20〕整間房堆滿了對錢的局限思維及負面感受垃圾，錢怎麼進得來，吉祥怎麼進得來，幸福怎麼進得來。

疏通個案對於金錢的成心編碼過程，可順勢帶入道家的金錢和財富格局，提升個案的知。莊子說：「緣督以為經，可以保身，可以全生，可以養親，可以盡年。」（〈養生主〉）〔註21〕在順著生命渠道通達的準則裡，莊子針對生命部份說「全生」，留意那個「全」字，包含了整全吾人的生命，讓整個生命獲得整全，既然是整全就包含了吾人生命的一切。莊子曰：「大塊噫氣，其名為

〔註20〕〔清〕郭慶藩注：《莊子集釋》（新北市：商周出版，2018年），頁114。
〔註21〕〔清〕郭慶藩注：《莊子集釋》（新北市：商周出版，2018年），頁91。

風。」（〈齊物論〉）〔註22〕吳怡先生解釋：「塊是塊然不可分，大塊指混然一片的那個自然本體。」〔註23〕生命本是一整塊不能切割的，你的愛能切割嗎？你的健康能切割嗎？你的關係能切割嗎？你的財富能切割嗎？不能的。這都是吾人生命的一環，從出生就伴隨至今，沒有這一切，生命就不完整，要怎麼分的完全，根本無法，如同「吾喪我」（〈齊物論〉）〔註24〕。要完全喪掉我是不可能的事，沒有過往成心，如何有現在的我，因此要追問的不是自我毀滅，而是如何在生命經過「死生存亡，窮達貧富，賢與不肖，毀譽、饑渴、寒暑，是事之變，命之行」（〈德充符〉）〔註25〕的歷練後，再藉由「損之又損」（〈第四十八章〉）〔註26〕的工夫回到生命的清爽？喪、損的工夫不是說什麼都不要，是如何在造化的流變下，又保持最簡單的「待」〔註27〕？老子說：「復歸於嬰兒」（〈第二十八章〉）〔註28〕如何在天下有大戒二的命和義底下，與這些待維持和諧共處的關係？如同降低手機耗損率，就是不要一直多功耗能運作，多給自己回到待機狀態，不用時時「與接為構」（〈齊物論〉）〔註29〕，必要時再連線上網即可。

除此外，老子說「樸」莊子說「真」。什麼是與生下來就有，又能具體闡述生命整全的，本文以為是「時間」。每個人每天都只有 24 小時，根據內政部公布「111 年簡易生命表」統計，111 年國人的平均壽命為 79.84 歲，其中男性 76.63 歲、女性 83.28 歲，皆創歷年新高；長期而言，國人平均壽命呈現上升趨勢。〔註30〕若扣掉出生到成年這段時間，前 20 年父母養育，自己年少不懂

〔註22〕〔清〕郭慶藩注：《莊子集釋》（新北市：商周出版，2018 年），頁 47。
〔註23〕吳怡：《新譯莊子內篇解義》（臺北：三民書局，2017 年），頁 67。
〔註24〕〔清〕郭慶藩注：《莊子集釋》（新北市：商周出版，2018 年），頁 46。
〔註25〕〔清〕郭慶藩注：《莊子集釋》（新北市：商周出版，2018 年），頁 155。
〔註26〕〔魏〕王弼注：《老子道德經注》，收入於樓宇烈校釋：《王弼集校釋》（臺北：華正書局，1992 年），頁 127。
〔註27〕待字為依賴之意，莊子內文多次出現，其中一則「罔兩問景」特別說明待的寓意，內容為：「曩子行，今子止，曩子坐，今子起，何其無特操與？」景曰：「吾有待而然者邪！吾所待又有待而然者邪！吾待蛇蚹、蜩翼邪！惡識所以然？惡識所以不然？」〔清〕郭慶藩注：《莊子集釋》（新北市：商周出版，2018 年），頁 88。
〔註28〕〔魏〕王弼注：《老子道德經注》，收入於樓宇烈校釋：《王弼集校釋》（臺北：華正書局，1992 年），頁 74。
〔註29〕〔清〕郭慶藩注：《莊子集釋》（新北市：商周出版，2018 年），頁 50。
〔註30〕詳情參照〈內政部：111 年國人平均壽命 79.84 歲〉：《中華民國內政部》網站，2023 年 8 月 11 日，網址：https://www.moi.gov.tw/News_Content.aspx?n=4&s=282793（2023 年 8 月 14 日檢索）。

事，順利平安存活的話，大約還有 60 年，一年有 365 天*60 年=21915 天。套用在每個人身上，例如：60 歲的男性長輩，80 歲～60 歲＝剩 20 年，365 天*20 年=7300 天，再扣掉 1/3 要休息及睡覺約 2433 天；再扣掉 1/3 忙雜物瑣事（事業、工作、關係、感情、親情、生活瑣事等）約 2433 天，就只還剩約 2433 天可以留給自己好好運用。吾人每天都將這最寶貴的生命力，放在哪裡？倘若時間是一把殺豬刀，到底自己是豬，還是那把刀？坐在沙發看電視一般人說是殺時間，我看那是被時間殺。當然若是清晰的知道自己為何而看，那又另當別論。有些人看電視時是陪家人，正用時間轉換親情存摺，有些看娛樂節目是忙了一天放空大腦，用時間轉換身心放鬆存摺，重點要清楚自己為何而做，保持覺知的生活著。

　　若能保持清晰的生活，那就是吾人在駕馭時間，反之，就是無意識地一天過一天，那就是被時間駕馭。因此，可常追問自己到底每天如何運用時間（生命力）？每天都在用寶貴的生命力轉換什麼回來？拚事業轉換金錢，累積銀行數字存摺；還是陪伴家人、孩子、好姊妹聚會，累積關係存摺；還是養神運動，累積身心健康的存摺；還是參悟老莊，累積智慧存摺等。上述都好，最怕是有些是一直累積抱怨、恐懼、對過去的批判，不斷累積毒素存摺，無意識的傷害身心靈。換言之，注意力就是焦點，注意力在哪，就積累哪方面的成就，吾人看得到宇宙間，一切有形無形的型態轉換嗎？以我過去做生意的經營企業而言，這就是成本概念。吾人對自己的生命有成本概念嗎？若沒有，去開個公司，當老闆就能明瞭，只要負責一間公司，投入資金就在燒錢，那就是將時間轉換成錢，是一種時間成本在燒的感受，老子說：「以身觀身，以家觀家，以鄉觀鄉，以國觀國，以天下觀天下。」（〈第五十四章〉）〔註31〕由身觀到天下，反過來，也可以由天下觀回到自身，吾人有把自己當成一間生命有限公司看待嗎？（生命是有限，可不是無限公司）王夫之云：「沖做『盅』，器的中虛處」〔註32〕說明虛而能用，王氏主張實有論，他認為這世界沒有所謂的空無，所有的空無，是另一種型態的有。既然無也是另一種型態的有，套用在生命議題上，吾人每天是否有覺察自己在燒什麼時間成本？或轉換什麼有無間的成本嗎？

〔註31〕〔魏〕王弼注：《老子道德經注》，收入於樓宇烈校釋：《王弼集校釋》（臺北：華正書局，1992 年），頁 143。

〔註32〕〔清〕王夫之：《老子衍》收入於熊鐵基、陳紅星主編《老子集成》第 8 卷（北京市：宗教文化，2011 年），頁 565。

若能看懂生命的全局，才能留意到當中的有形無形的成本型態轉換。換言之，財富每天都和我在一起，財富就是我整全的生命，金錢就是財富型態的轉換方式之一，財富進行方式就是有形無形的轉換，真的看懂就能靈活清晰的選擇。總之，每一個選擇都有財富有形無形間的型態轉換，帶著覺知清晰看懂自己，每個當下做出的選擇都在轉換什麼，這就是道家「大塊噫氣」的生命成本概念。

知道生命整全的成本概念後，倘若財富就是我整全的生命，那麼我對財富的定義就會決定我會不會收集或擁有這個資產，也就是財富這塊餅上，我要放進什麼（生活目標）？此時可以用白紙畫一個大餅，上面分等份填進想要的素材，例如：健康（身心靈）、關係（親情、友情、愛情、親子、組織等）、環境、事業、理財（流動資產）、投資（固定資產：動產、不動產）、放鬆（旅遊、休閒）等。填寫過程同時評估自己，有些東西沒有放上，是真的不需要，還是過往事件有創傷導致不想要或不敢要，總之都可以透過沉澱來整理自己，一樣回到前文說的，坎有沒有過只有自己知道。這時又會有人疑惑，都知道生命整全的成本概念，為何還要再做區分？就都加在一起就好了，不是更簡單更快。要知道，分是為了合，王夫之云：「陽用銳而體其光，陰用紛而體其塵」〔註33〕可見就是不斷用光照，不斷用銳利來切入這個世間，讓這個世間得以被分割被分解，這個叫陽用銳。換言之，我之所以知道是我，來自於「分」（界線）出我與非我，由看到非我而覺察到我。生命的厚度在於經驗了許多的非我，而從中認識我自己是誰。王氏的「陽」字指的就是可見，「陰」字指的就是不可見，不可見的會在光照底下，出現一些細微的塵垢（懸浮微粒），就會呈現各樣紛紛雜雜的樣子，這時候吾人就知道灰塵的塵是什麼？因此，不可見的東西要在可見之中它才會逐漸被浮現。透過定義財富的這個分的動作，幫助吾人「朝徹見獨」（〈大宗師〉）〔註34〕的慧見呈顯，老子說叫：「襲明」（〈第二十七章〉）〔註35〕。

三、成心編碼的轉化與定位

道家會透過與個案探討對字詞的定義，進入他的內在世界，以便了解個

〔註33〕〔清〕王夫之：《老子衍》收入於熊鐵基、陳紅星主編《老子集成》第8卷（北京市：宗教文化，2011年），頁565。
〔註34〕〔清〕郭慶藩注：《莊子集釋》（新北市：商周出版，2018年），頁181。
〔註35〕〔魏〕王弼注：《老子道德經注》，收入於樓宇烈校釋：《王弼集校釋》（臺北：華正書局，1992年），頁70。

案的成心編碼，因此，在這個時候，個案內在經驗世界對於字詞的定義會大於辭典上對字詞的定義。就筆者社會輔導經驗，第一步通常會先跟個案探討錢的重要性，先了解個案心中對於錢的份量，提問的問句通常為：「你覺得錢重要嗎？」或者「你喜歡錢嗎？」有的覺得重要是為什麼？有的覺得不重要又是為什麼？有的覺得不敢講又是為什麼？曾有個案跟我回答：「說到錢傷感情。」這時候體道者就可以從中跟隨切入，試圖理解是什麼樣的過往經驗，導致成心認知編碼下了一個「傷感情」的結論，找到事件就有機會改寫成心的編碼，轉化個案對於金錢的編碼。我曾遇過一個宗教家的個案直覺說：「俗氣」，這時候體道者也無須任何反駁，只需跟隨與之討論：「在你還人是嬰兒時，懂什麼是俗氣嗎？」「俗氣的想法又是誰給我們的呢？」爸媽、新聞媒體、還是八點檔劇情。在遇到認為錢不重要的個案，體道者會先認同他並順勢跟他探討：「嗯，我也這麼認為。那麼我們現在開始試試用愛發電，好嗎？」現在就把冷氣、電風扇、電燈都關掉，直接體驗一下用慈悲心發電。或者回到生活中接到某些帳單，去 7-11 或郵局繳納時，直接跟櫃台小姐說：「小姐聽好，我現在要用愛繳帳單，你要接好喔，龜派氣功波～賀。」講完並與之探討會發生什麼事，通常個案會笑出，並說可能會被當成瘋子，被警察抓去關之類的。

當個案笑出時，就是打破內在固著狀態，體道者已開始「無厚入有間」（〈養生主〉）[註36]的鬆動個案內在的成心編碼。透過提問讓個案自己去經歷他說的或扣回生命經驗反思，過去那些不加思索直接進入腦袋的話語，到底是不是真實。當個案稍微認同，透過幾個提問幫助個案看到存在世上必須面對的真相，使其逐漸接受金錢的重要性後，又不能讓個案偏執一方變成執著於錢，故又要再肯定一下其思維：「當然錢也不是萬能」，使之達到觀念的平衡。也有個案本身就覺得錢很重要，那麼透過討論更可確認個案是真明白錢為何重要，還是只是直覺性反射他人曾給予的答案。有個案說談錢很現實，錢不好時，可以帶著好奇柔軟的提問他：「現在擁有多少資產？」「生命是否有賺過大錢的經驗呢？」多數人覺得錢不好，是因為還沒經驗過或者曾經歷過，但在錢關卡關沒過關，還是還有其他的因素。筆者雖然對於金錢關還在學習，但至少賺過比一般人還多的錢過，曾經也經歷每個月 20～30 萬淨利進帳的現金流生活，我真的感受過錢還沒花完下個月又來的安定、富足與暢

[註36] 〔清〕郭慶藩注：《莊子集釋》（新北市：商周出版，2018 年），頁 94。

快感。若你真的要說錢不好，那先等你真的做到了，在金錢這關過了，再來評論錢好與不好，否則就先閉嘴謙虛的學習，不要一直唱衰自己和誤導下一代。這情況跟我家鄉海邊的螃蟹一樣，漁夫抓到螃蟹，將其裝到小桶子，不用蓋子螃蟹也不會跑掉，因為想爬上來的螃蟹就被底下的螃蟹群拉了下來，生活周圍很多這種喜歡唱衰他人的人，不小心遇到了防護罩記得打開，保護一下自己。說真的談錢當然現實，道家就是一門教你面對現實的學問，靈活的疏導你務實面對認知系統卡住的不現實，因為會造成生命的堵塞，就是因為自己內在成心編碼的不現實，致使得自己產生思維的局限，無法柔軟的敞開看待世界的不同樣貌。

　　道家是一門重視時位的學問，整個過程移動個案思維的位置從 A 到 B 再到 C，如下表 8-1。當然也有至死至終都認為不重要的個案，此時體道者也可以做個確認：「若認為錢不重要，那麼關於錢的議題，是否有造成你的困擾？」若沒有困擾，表示至少目前有關金錢這個生活層面是通達，就可進一步跟他確認此次真正想探討的主題（不論到底是不是事實，還是個案自我感覺良好，主體是個案，只要主體的感知系統順暢即可）。當中也有遇過「認為錢不重要，但又造成困擾」的個案，此時體道者可以進一步探討認為「錢不重要」的背後原因，過程先跟隨個案，再疏導個案，直到個案回到生命的暢達為止。老子云：「保此道者不欲盈，夫唯不盈，故能蔽不新成」（〈第十五章〉），王弼注：「盈必溢也。蔽。覆蓋也。」〔註37〕蔽不只是覆蓋，還有收斂之意，原來指鳥的翅膀合在一塊的意思，引申為儉嗇之意。因為它沒有滿盈過來，所以能夠收斂。因為能夠蔽，故不會強求新成，能不新就是我不強求一定要有新東西，重點是要能「成」。因此，「蔽」是工夫，「不欲盈」是內在心態，「徐」是外在看到的狀態，這就是道家式會談為何能總讓個案從體道者的外在，感受到不疾不徐的從容與耐心，因為體道者清楚明白談話目的是要疏通個案（通達），不是要證明自己的想法有多厲害（新成）。許多坊間的心理諮商師常進入輔導的誤區，喜歡給個案很多建議，甚至個案不認同時，還會吵起來爭對錯，這就是目標搞錯了。

〔註37〕〔魏〕王弼注：《老子道德經注》，收入於樓宇烈校釋：《王弼集校釋》（臺北：華正書局，1992 年），頁 33。

表 8-1　研究者整理

成心編碼移動	A 原本成心編碼	B 成心編碼整合	C 成心編碼定位
認為錢重要	重要（似懂非懂）	重要（釐清）	重要（清楚明白）
認為錢不重要	不重要（直覺）	到底重要還是不重要？（釐清）	重要（清楚明白）

　　第一個小環節疏通後，體道者會進一步確認個案是否真懂有無跟上。確認方式就是繼續探討字詞定義，多數人對於財富和金錢這兩個詞定位不清，透過討論整理個案的內在成心編碼，同時移動個案的思維位置，從只有「整理對錢的重要性」的認知到「開始將錢和生命其他面向作連結」的位置。具體而言，通常可以運用四象限做提問：「對你而言，什麼是金錢？」「對你而言，什麼不是金錢？」「對你而言，哪些是財富？」「對你而言，哪些不是財富？」留意個案的答案，有沒有符合專業辭典上的字詞定義不是重點，很多心理諮商師又會陷入好為人師的誤區，給予糾正證明自己很懂，在否定個案的過程不只親和感失去，強行輸入的建議，個案通常不會接受，人是不聽建議的。因此，不論個案的答案是什麼都是對的，因為都是個案此刻內在世界的知見，呈顯出來對於字詞看法與真實感受，研究者只需接納柔軟跟隨，透過提問讓個案自己的內在進行轉化。在會談過程掌握「方生之說」的原則，莊子說：「方生方死，方死方生；方可方不可，方不可方可；因是因非，因非因是。是以聖人不由，而照之于天，亦因是也。是亦彼也，彼亦是也。彼亦一是非，此亦一是非。」（〈齊物論〉）〔註38〕藉由反反以顯真，提問過程活用道家正言若反的提問調性，讓個案來回鬆動固有認知，協助個案獲得生命的通達，當中的靈活運用就是道樞的工夫。

　　分別將財富和金錢討論完後，也可以再合併討論：「對你而言，金錢和財富一樣嗎？」有認為一樣，有認為不一樣，這時體道者就跟隨個案，探討為何覺得一樣？哪裡又覺得不一樣？有的認為金錢屬於有形，拿的到，例如：鈔票；財富偏向無形，例如：感情、親子、健康等。道家關注的是整全的生活，將金錢和財富分那麼開的個案，通常有可能會面臨的困境為：會不會我專注賺錢就會失去健康？當我努力工作會不會就失去親子關係？體道者可進一步探討個案的生活層面，在分配工作時間與家庭關係時，是否有失衡的困擾。價值觀排序以家庭為主的個案通常不會有困擾，若價值觀想拚事業的個案就會面臨信

〔註38〕〔清〕郭慶藩注：《莊子集釋》（新北市：商周出版，2018 年），頁 59。

念排序衝突。當個案有卡住時，可以進行思維的疏導，提問：「若能夠賺錢帶小朋友去遊樂園玩，那麼錢是不是可以表達愛的一種方式？」或者探討家庭和工作的排序等，透過不同方式提問，讓個案回到自己的生命平衡。換言之，藉由提問鬆動其認知，柔軟的探討是否有形金錢也可以轉換成無形財富當中愛的可能性，同時提升「資產負債」〔註39〕有形無形轉換的財商概念。有個案認為錢就是一張一張鈔票才算，例如：新台幣、美金；財富是資產，例如：房子、車子、黃金、股票等。這類個案就是對於資產轉換成現金的概念還不過靈活，這時候體道者可以提問：「若需要錢時，黃金可否變換成現金？」或者「你知道什麼是理財型房貸嗎？（臨時需要可動用幾百萬的概念）」藉此疏通個案流動資產和固定資產的財商轉換概念。

　　有個案認為兩者有某些重疊的部分，那就可以探討那些是重疊那些不是，明確到位跟隨個案思路的方法，就是將個案述說的圖畫出來，直接與個案進行討論。並從圖當中探討背後個案的信念。例如：有個案的圖是金錢和財富有重覆到，重疊的部分是金錢加感情，然而個案重疊的感情世界，有伴侶和親子的感情，但沒有包含父母。探討後才知父母從小待他不好，所以他跟他們的感情淡泊，目前就只維繫生活費的給與，因此從感知的圖象也可以探討出個案的內在成心編碼。然而與父母淡泊的關係若沒有造成個案困擾，體道者可以繼續針對金錢的議題探討，除非個案想處理跟父母的關係，才需暫停金錢議題先處理親情議題，總之體道者只需跟隨。上述探討得知，文字表述是認知系統，圖形表述是感知系統，透過兩者進行成心編碼交互整合，能夠協助個案認識自己。過程體道者呈現放射線問句，如同順著毛摸貓又逆著毛摸貓，找到當中卡住的毛球，協助個案疏通思路，透過不斷整合，讓個案從釐清自己到認識自己到定位自己。當中沒有絕對答案，個案所有的分類都是對的，因為每個人的形不同，能夠理解接受的知也不同。只要知道自己內在成心編碼，此刻的分類基礎是什麼就可以，知道自己為何而選，生命在行走的過程，每一個選擇有沒有針對自己真心想要的選擇而選。若有確定，其餘知的拔升則是透過生命的實踐，玄之又玄的過程，方能逐漸轉化「莫若以明」（〈齊物論〉）〔註40〕的能見度。

─────────────

〔註39〕資產就是能把錢放進你口袋的東西，而負債是把錢從你口袋裡取走的東西。
　　　　簡單講資產就是增加現金流，負債就是減少現金流。Robert T. Kiyosaki 著、
　　　　MTS 翻譯團隊譯：《富爸爸窮爸爸》（臺北：高寶出版，2016 年），頁 81。
〔註40〕〔清〕郭慶藩注：《莊子集釋》（新北市：商周出版，2018 年），頁 57。

體道者在陪伴個案「成」的過程，要帶著徐的狀態，有時候「小知不及大知」（〈齊物論〉）〔註41〕在小知識當下還不能了解大智慧的境界時，無須在當下急於促成。當個案親身透過生命去體現實踐它時，就能逐漸明白體道者跟他說的話。王夫之云：「久矣，其棄故喜新而不能成也。」〔註42〕此句關鍵是久矣，天地本來就久的，體道者也能效法天地等的夠久，所以要學會等待，既然是天長地久，所以不急，也不用急於在體道者接觸的過程成。許多時候讓它自然成，無需急於成，因為不急，就回到原本徐的狀態。筆者以前聽指導教授陳政揚老師講一個理論或架構需要硬背，現在將理論扣回生命經驗，參透並做到後，自然就會講出，詮釋一個概念，彷彿也無須刻意。所以，只要持續朝著目標踏實做，總有一天時候到了，豁然貫通焉時，就能講了。換言之，當急於新成求績效時，就是成功要在我，急於從我手上看到績效，那就是方向錯了，與道有所背離。成是由道所成，新成是由人所成，人為所成就容易有造作在裡面，所以要讓人為被解消掉，這個工夫叫做「蔽」；心態叫做「不欲盈」；用老子的話叫「無為」（〈第三十七章〉）〔註43〕。只要很清楚的相信，所做的那件事是有功的，而那個功在有朝一日，該發揮時就會發揮，不必急於在我而成，這需要很大的工夫。因此，「久」是要等待的，工夫就是用「徐」，老子說：「濁以靜之徐清，安以久動之徐生。」（〈第十五章〉）〔註44〕當中這個徐字很重要，就是「從容」之意，相信每一樣東西都有其釀成的時間叫「久」，能夠在裡面知道那個久，並甘於那個久就叫做「徐」。

上述探討得知當財富的認知系統整理後，要再搭配財富的圖形做核對，評估哪裡有增多或減少，再次釐清，最後才會定位出屬於自己的財富大餅。這塊人生的財富大餅決定了自己「知」的格局，有助於將來靈活應用有形無形型態間的切換模式，及決策評估的點。當然這個歸類沒有人說一定要分類，分類能有助當事人更清晰自己的選擇就分類，若當下覺得不分類能夠簡單生活那就不分類，只要找到一種最適合自己的方法即可。換言之，所有的圖像及文字都

〔註41〕〔清〕郭慶藩注：《莊子集釋》（新北市：商周出版，2018 年），頁 23。

〔註42〕〔清〕王夫之：《老子衍》收入於熊鐵基、陳紅星主編《老子集成》第 8 卷（北京市：宗教文化，2011 年），頁 568。

〔註43〕〔魏〕王弼注：《老子道德經注》，收入於樓宇烈校釋：《王弼集校釋》（臺北：華正書局，1992 年），頁 91。

〔註44〕〔魏〕王弼注：《老子道德經注》，收入於樓宇烈校釋：《王弼集校釋》（臺北：華正書局，1992 年），頁 33。

只是歸類，沒有對錯，每個人都有屬於自己的一套處世模式，哪一種方法對你有利，能夠讓你的生命通達就去做。不要盡信他人、坊間書籍，甚至大師講的話，回到自己，對自己有用就去做。莊子說：「事之變，命之行也；日夜相代乎前，而知不能規乎其始者也。故不足以滑和，不可入於靈府。」(〈德充符〉)〔註45〕事物的變化每天在吾人的生命中日夜交錯著，而受限於知的有限性，吾人無法洞見其究竟。因此至少在面對這些流變時，先不讓它影響內在心靈，以保持生命的通達為方針，如火箭升空般，以目的地為準，隨時調整航線軌道。具體而言就是透過繚繞的內在有效追問，理出自己一套應世的策略，當不知道能獲得什麼，也看不懂這些成本概念時，當然不知道怎麼選？但若明瞭自己的分類基礎，在面對每天生命中要做的財富和成本決策時，就能更清晰明確，老子說：「曲則全」。並非特意用曲折而求周全，當中「曲」是莊子說的「術」是策略，透過曲的繚繞過程，獲得最後對於道理的通透，就是「誠全而歸之」(〈第二十二章〉)〔註46〕。越精準越能將自己放對位置，定位明確就會有力量，這就是自性（了解自己的屬性）也是自信（綻放自己的屬性）。倘若還沒有釐清定位，就繼續透過生命實踐逐步完善，若定位之後還會移動，就是還沒有好好看清楚這個議題，那就繼續調整直到完全通達，人生本是一條修行的路，行走過程不斷修正維持順暢。因此，分類是為了幫助吾人更能靈活切換，有形無形間的型態轉換，更柔軟的敞開面對生命發生的一切。當已能夠信手拈來，應用自如時，分不分都無所謂了。總之，老莊就是透過反覆繚繞的探索內在成心編碼，打破吾人過往的侷限，提升吾人思辨的能力。整個過程體道者營造輕鬆愉快的氛圍，透過「達人氣」(〈人間世〉)的笑聲感通個案，及「達人心」(〈人間世〉)〔註47〕的提問鬆動並轉化個案的認知。

第二節　利益趨捨之道的具體實踐

　　道家的核心宗旨就是通達，如何將道家帶給吾人的生命智慧，活用於生命的金錢議題中，讓吾人在面對金錢議題取捨上能獲得自在的關係，是本文所要

〔註45〕〔清〕郭慶藩注：《莊子集釋》（新北市：商周出版，2018年），頁155。
〔註46〕「曲則全」和「誠全而歸之」同一章節。〔魏〕王弼注：《老子道德經注》，收入於樓宇烈校釋：《王弼集校釋》（臺北：華正書局，1992年），頁55。
〔註47〕「達人心」、「達人氣」出處為同一段落。〔清〕郭慶藩注：《莊子集釋》（新北市：商周出版，2018年），頁105。

探討的。本節先聚焦金錢議題的省察反思，探究莊子如何藉由成心編碼的釐清與修正，覺察金錢病毒，重新設定自身與金錢自在的關係，並給予具體地操作步驟，達到內外辯證的實踐。最後透過案例分析，探究「莊子淑世精神實踐模組」如何應用在人與金錢建立的關係連結上。接下來此節分成：「拜金議題的省察反思」及「案例分析」兩點進行論述。

一、拜金議題的省察反思

道家是門重時和位的學問，一條能夠行走的路一定有 A 點和 B 點，第一步「走在關鍵的決策」就是先進行個人資源盤點，釐清自己現況，知道 A 點在哪裡？第二步「生命道路的通達」設定目標，知道 B 點要去哪裡？第三步「高瞻遠矚的智慧」擬定策略，運用策略，逐步完善的抵達目標。故以下分為「成心編碼的釐清與修正」、「成心編碼的目標設定」及「將成心認知及感知具體化呈現」三部分進行闡述。

（一）成心編碼的釐清與修正

內在成心編碼的修正，可透過認知系統和感知系統的整合，達到流暢運行，故以下分為：「成心認知編碼的釐清與修正」及「成心感知編碼的釐清與修正」說明之。

1. 成心認知編碼的釐清與修正

老子說：「有無相生，難易相成，長短相較，高下相傾，音聲相和，前後相隨。」（〈第二章〉）〔註48〕吾人生活在二元對立的世界，有白天就有黑夜、有陽光就有黑暗、有上就有下、有前就有後、有左就有右，有外就有內。意思是有外在世界也會有內在世界，我的內在世界也會創造外在世界。老子的「有無相生」指的是，所有物質界聚合而成的生命都有非物質界的對等體，兩者的存在相依為生，萬物皆出於有，有出於無，當有和無相互交錯時，萬物就不斷生化產生，這不斷生化產生的過程就叫做「玄之又玄」（〈第一章〉）。〔註49〕所以，萬物是在道的玄之又玄裡面，得以不斷的通達川流不息，所以玄之又玄被稱為眾妙之門。扣回吾人生命也是，我本與道同在，當我因造化使然，而暫時

〔註48〕〔魏〕王弼注：《老子道德經注》，收入於樓宇烈校釋：《王弼集校釋》（臺北：華正書局，1992 年），頁 6。
〔註49〕〔魏〕王弼注：《老子道德經注》，收入於樓宇烈校釋：《王弼集校釋》（臺北：華正書局，1992 年），頁 1。

進入一個物質界的身體，賦予我自由意識後，我便每天透過念頭開始創造並經驗我的世界，不論有沒有說出來。

以認知系統而言，就會開始聚焦在想要的目標上，以感知系統而言，就會吸引與吾人感覺共振的頻率。老子又說：「有之以為利，無之以為用」（〈第十一章〉）〔註50〕留意有和無就是得以利、得以用的兩個條件，而不是誰是必要，誰是輔助。老子說：「無為天地之始，有為萬物之母」（〈第一章〉）〔註51〕所以有和無是相生的，而不是無勝過了有的問題，顯然就經文來講，老子的無並不比有更了不起，他認為無和有是相互，無是讓有之所以成為有的條件，所以無和有相生創造出來的活動叫做「玄」。換言之，透過有無相生，內在玄之又玄的活動，吾人開始經驗到有外就有內，內在世界會影響外在世界，佛家說萬法由心生，你創造你實像。因此，不論願不願意就是被造化所生了，「大塊載我以形，勞我以生，佚我以老，息我以死。」（〈大宗師〉）〔註52〕吾人在生到死的過程會繼續待在物質界創造自己，既是如此就要留意所有內在細微的起心動念。現在明白這個道理，之前念頭所發送出來形成的實像，如果不滿意怎麼辦？就從念頭重新修正起，如同看到打出來的論文有錯字，一直用立可白塗改A4紙上的錯字是沒有用的，列表機印出來還是一樣，必須要從電腦把檔案叫出來進行修正。人也是，當發現現況不滿意時，最拔根的方式，要從內在成心編碼進行調整。筆者的家鄉屏東，芒果不甜不夠好吃，農夫也會從根部或土壤去改良起，不會從果實。因此，缺錢是一種症狀而已，好嗎？就像感冒一樣，發現病毒正確投藥並提升免疫力，便可逐漸康復；缺錢也是，改變內在成心編碼後，外在將隨之改變。

不可否認，從小至今，難免會有一些有毒的成心編碼崁入吾人的內在，如何開始著手調整，首先要先知道自己的原本的樣子，老子說是：「樸」，像未經過雕琢的素木一樣，比喻為素樸的本性，然而隨著年齡增長有了過多的有為造作，所以要「復歸於樸」（〈第二十八章〉）〔註53〕具象化的比喻就是回到「嬰

〔註50〕〔魏〕王弼注：《老子道德經注》，收入於樓宇烈校釋：《王弼集校釋》（臺北：華正書局，1992年），頁26。

〔註51〕〔魏〕王弼注：《老子道德經注》，收入於樓宇烈校釋：《王弼集校釋》（臺北：華正書局，1992年），頁1。

〔註52〕〔清〕郭慶藩注：《莊子集釋》（新北市：商周出版，2018年），頁174。

〔註53〕〔魏〕王弼注：《老子道德經注》，收入於樓宇烈校釋：《王弼集校釋》（臺北：華正書局，1992年），頁74。

兒之未孩」（〈第二十八章〉）〔註54〕。莊子「渾沌鑿七竅」〔註55〕的寓言故事也提到人皆有七竅，透過兩眼兩耳一鼻一口的感官，在成心作用下產生對事物的分別好惡。生為人七竅已被鑿開，雖無法改變，然而可以透過無的工夫，回到對內無執對外無礙的生命境界。當明白自己可以透過工夫再回到素樸，就會比較有信心，感覺自己是有救的，而不是回不去的失救狀態。換言之，自己就是白板，每天被不同的白板筆塗完後，還是可以透過擦這個動作回到原本的潔淨。如同。聆聽到內心不同的聲音時，可以告訴自己，我是一臺錄音機不是內容，這些錄製的聲音，我都可以按清理鍵洗掉重來。當我喝不同果汁或飲料時，就告訴自己，我是玻璃杯不是飲料，隨時都可以回到本來空杯的狀態，只要我願意。

　　第二步就是好好整理成心編碼，可從語言設定編碼開始，問自己：「對於錢，我都聽到什麼？」有一個案跟我分享他從小到大沒有參加畢業旅行過，詢問原因他說因為家的環境老舊，年久失修，他爸跟他說這樣小偷才不會窺視他們家，他爸也常撿一大堆東西回來家裡放。因為這些言語及行為，他一直以為他們家很窮，直到長大才知他們是保險員心中的大戶，宗教捐錢也都是不落人後的大戶。有個國小個案跟我分享，媽媽帶她去買東西時，最常跟她說的就是「我們家很窮，看就好」，所以她相信她們家很窮。據我觀察此個案幼稚園時就有五支電子錶替換，至少一百多支筆在她好幾個筆筒裡，家人會帶她出國玩。家裡做生意不算窮，經濟水平也算中上，但孩子卻認為她們家很窮。或許媽媽的本意是要孩子不要亂買東西，但語意表述不清，孩子接收到的就是我們家很窮，可見語言是多麼的有殺傷力，每個人都應謹言慎行，因為無形中影響了誰都不知道。另一個國小個案很喜歡錢，每次拿到錢，不論是鈔票或是硬幣，都會開心地抖動全身說：「有錢真好」（臺語），詢問下得知他的爸爸每次領到薪水袋回到家，就是打開用成扇形狀搧風，一副快意樣，說著：「有錢真好。」這雖是一個工人的家庭，但孩子從小喜歡錢，且覺得自己很富足，並表示自己將來要賺很多錢，騎機車載爸媽出去玩（就她目前年齡層的看法，認為騎機車比較簡單）。

　　因此透過直覺式的追問自己，對於錢我平常都聽到什麼？能有助於抓到

〔註54〕〔魏〕王弼注：《老子道德經注》，收入於樓宇烈校釋：《王弼集校釋》（臺北：華正書局，1992 年），頁 74。

〔註55〕〔清〕郭慶藩注：《莊子集釋》（新北市：商周出版，2018 年），頁 220。

過往植入的成心金錢編碼，從中進行過濾，將造成生命流暢的保留，阻塞的就轉化，如何轉化可參考第伍章的「虛心見真之道」中的提問路徑。有些個案被提問後腦袋一片空白，體道者此時可以運用造句方式，讓個案接話，繼續讓會談得以流動，例如：「錢是○○○……。」個案通常此時就會開始接話，有錢是萬惡根源、錢是傷感情的東西、錢是銅臭味、錢是壓力、錢是幸福、錢是膽（臺語）等。或者問：「有錢人都怎樣……」個案也會開始接話，有錢人愛計較、有錢人喜歡鋪張、有錢人私生活複雜、有錢人很揮霍、有錢人很有愛心、有錢人很慷慨之類的。或者可以營造情境式對話，當你下雨天悠閒的走在路上，此時有一臺保時捷呼嘯而過，將水濺到你，此時你會跳出什麼念頭？個案有的會回答囂張、吝嗇、風神（臺語）、搖擺（臺語），甚至還有個案跟我說他一定是賣毒的，這到底都是從哪聽來學來的。老子說：「萬物將自化，化而欲作，吾將鎮之以無名之樸」（〈第三十七章〉）〔註56〕當任由萬物自己生成過程，若萬物產生偏差離道的有為思維時，體道者透過無的工夫，疏導個案解消過多的人為造作，回到原本的素樸樣貌，也就是前段落說的回到白板、空白錄音機、空杯樣。

　　體道者和個案如同打乒乓球一樣，體道者在一來一回間聆聽個案的回答，從中洞察個案的內在成心編碼，將金錢或有錢人跟什麼產生聯結，倘若他認為有錢人私生活很複雜，有錢人＝私生活複雜，而他又討厭私生活複雜，那就等於討厭有錢人，那他這輩子就很難有錢了，因為這就是成心編碼信念串的影響。人不會成為他討厭的東西，所以他只會離有錢越來越遠了，或者有錢的機會來到面前，他也會無意識排斥避開。同理可證，若覺得錢是壓力，錢＝壓力，個案不喜歡壓力，自然就排斥錢。當找到個案成心編碼信念串，及探討影響的可能性後，體道者可以進一步與之討論這些信念的來源是來自哪裡？有個案說來自新聞媒體。體道者就順勢釐清為何新聞媒體都報導有錢人比較負面的面向居多？因為收視率，越新奇誇張越多人想看，若都報導有錢人每天生活規律，早上準時到公司，吃的很簡單，回到家作息正常，早睡早起，請問收視率會高嗎？有個案說來自報章雜誌蘋果 X 報，體道者便可與之討論人有窺探隱私的八卦心理現象，然而報導的內容並非世界整全樣貌。同時也會請個案思考是否有錢人也有私生活低調簡單、很潔身自愛的例子，鬆動個案的成心編碼，

〔註56〕〔魏〕王弼注：《老子道德經注》，收入於樓宇烈校釋：《王弼集校釋》（臺北：華正書局，1992 年），頁 91。

例如：556 億美元臉書創辦人 Mark Elliot Zuckerberg 生活就很簡樸，很愛老婆。重視家庭經營的他，也將信念落實在公司政策上，因此，Facebook 全體員工家中只要有嬰兒誕生，皆可擁有帶薪產假 4 個月、育嬰假和陪產假等福利。3C 產品資訊多元，也要留意當中的金錢編碼，沒有「明」的慧見，很容易就接受植入了，例如：「真正的富有不是擁有很多的金錢，是擁有很多的朋友」。此句話表面上看起來很像心靈雞湯，但內含著毒藥，信奉這句編碼的人很容易把錢都拿去交朋友，可以調整為「真正的富有，是擁有很多的金錢，同時也擁有很多的朋友」。長輩早上都很喜歡傳一些早安你好的 LINE 訊息，上面也都會有一些信念病毒，例如：「真正的快樂，不是自己有多快樂，而是能帶給別人快樂」莊子說委屈的事都做不久，因此這樣的信念很難獲得真正的快樂。當覺察有金錢病毒就可以自動調整「真正的快樂，是自己很快樂，也能帶給別人快樂」。因此，學習道家等於開始安裝一個成心編碼的防毒軟體，透過定期掃毒有助於吾人保持生命的流暢。

有個案表示算命曾說他「有錢沒庫」之類的，這也是限制信念。筆者命盤福德宮紫微旺，就有研究命盤的說：「你很有福氣，要就有，不過很快就沒了。」想說這什麼鬼，很快就沒有，就覺得自己怎麼都留不住錢，這樣的信念及感受也不斷吸引許多，讓我持續覺得錢都留不住的人事物來到我面前。當融入道家生命調性後，開始整理自己內在成心編碼，會讓我生命通達的編碼就留下，會造成卡住的編碼就送走，現在我的成心編碼就剩「我很有福氣，要就有！」還要用台語講，比較有氣勢，聽起來就多麼豐盛快意暢達。還有個案說受宗教影響，因為道場教「安貧樂道」要安於貧窮才能樂道，我就跟他討論可是有的道場講「福慧雙修」，認為道場是法船，錢是水，要有水船才能行，如果道場每個都是苦行僧，要蓋廟要辦活動的經費哪來，那也很難推動道務不是嗎？道家是一門有助於思想貫通的學問，莊子說：「庸也者，用也；用也者，通也；通也者，得也。」（〈齊物論〉）〔註57〕其實兩者答案都對，重點如何用整全的思維看待，只要思考這樣的信念應用生活上通不通達，通達就是道，不通就是修正。「安貧樂道」重點在「安」字，不論你貧、富、貴的情境，你都能夠安，能夠通達不卡卡，就是道。如果重點在安，任何處境都能安，都能夠管好把持住自己的心，那麼貧、富、貴就只是一個外在的情境。然而，有些人修行人重點放在「貧」字，把自己搞的很苦行，強調不能過多的欲求，有錢也不能花費，

〔註57〕〔清〕郭慶藩注：《莊子集釋》（新北市：商周出版，2018 年），頁 62。

認為那都是享樂之徒，有床不睡，用紙板鋪在地上睡覺，之後又說睡不好，長期下來導致腦神經衰弱，必須買藥回來吃，不用懷疑這就是筆者接觸過的可愛個案。苦行的修行，忘記貧字背後的目的是體道樂道，因此越壓抑越不安，就離道越遠。要「安」於任何情境才能樂道，當能夠安，心夠定，不管在貧、富、貴間都能夠樂道。若是如此，偶爾犒賞自己吃個大餐，透過提供美味的食物，刺激味蕾達到食慾的滿足，進而產生愉快的情緒，由生理影響心理使得身心產生流暢的運行，有何不可。

同樣若執著「福慧雙修」而不願意吃任何的苦，只追求個人享樂，那也要修正。這時候老子說：「我有三寶，持而保之：一曰慈，二曰儉，三曰不敢為天下先。」（〈第六十七章〉）〔註58〕「儉」是收斂之德，除了節省金錢、物資外，還有不浪費精神之義。〔註59〕魏元珪先生進一步說明：「儉是節制之德，不單在財用上知儉，即在言行舉止間亦當知儉，僅守知止之道。」〔註60〕老子又說：「治人事天莫若嗇。」（〈第六十七章〉）〔註61〕「嗇」字的本意收斂、積藏二義，也可引申為愛惜、儉的意思。〔註62〕以老子以儉和嗇為主，如果那樣東西超出能力負擔，第一個考量的點是不是那樣東西該不該買，而是你對於那樣東西的需求是不是過當？儉就是不要亂花。然而，不要亂花不是都不要花，該花還是要花。如果必須花，但沒有這筆錢怎麼辦？就去想辦法賺錢來花，例如：醫療費用，故節儉和吝嗇是不一樣的。對於老子來講，如何有效的讓你的欲望與生活的條件取得平衡，可以隨時調整的。對於金錢使用態度是否有一個固定，認為花錢就不對，還是他其實還是可以有一些彈性的標準，而老莊就是一門超彈性擁有無限可能的學問。因此，金玉滿堂、富貴之人有其要調整的狀態，一般人有要調整的狀態，不是一個理念套用在全部，難道天生大國的人就

〔註58〕〔魏〕王弼注：《老子道德經注》，收入於樓宇烈校釋：《王弼集校釋》（臺北：華正書局，1992年），頁170。

〔註59〕吳怡：《新譯老子解義》（臺北：三民書局，2013年），頁415。

〔註60〕魏元珪先生又認為：「儉嗇並非農業社會匱乏的道德，而是任何時代珍聚人物的秘訣。唯有儉嗇能體會惜才、惜物、惜時的重要，此中最大之儉，即在嗇時。」魏元珪：《老子思想體系探索》（臺北：新文豐出版社，1997年），頁230。

〔註61〕〔魏〕王弼注：《老子道德經注》，收入於樓宇烈校釋：《王弼集校釋》（臺北：華正書局，1992年），頁161。

〔註62〕清代徐灝解釋「嗇」字為：「斂之藏之。」〔清〕段玉裁注、〔清〕徐灝箋：《說文解字注箋（三）》第5下（臺北：廣文書局，1972年），頁1729。）《漢語大字典》引申為：「愛惜、儉」之意。漢語大字典編輯委員會編：《漢語大字典》（臺北：建宏出版社，1998年），頁210。

要砍掉重練變成小國寡民？相信不是的。沒錢有沒錢要調的狀態，有錢有有錢要調的狀態，老莊是一門動態的思考學問，要完全看那個情境做應變，重點只要掌握通達的核心原則，其餘任何策略只要對個案有效就對了。

除了從小到大被植入的語言程式外，吾人也很容易受重要關係人的影響，《有錢人想的和你不一樣》一書提到有對新婚夫婦回到娘家用餐，看見媽媽切火腿去頭去尾時，想起先生曾提出疑惑丈母娘為何要這樣教太太煎火腿，有什麼特殊意義嗎？媽媽說她的媽媽教的，於是母女一起打電話問阿嬤，阿嬤說：「因為當時鍋子太小。」在成長的過程無形有形中，吾人很容易受因為重要關係人影響，尤其是原生家庭的父母，而模仿了許多的行為。這些不是生來就有的金錢編碼，也需要透過整理，留下適合自己的部分。具體來說，就是當覺察自己有某方面的行為及思維時，可以問自己：「我到底模仿了誰？」另外一個案例，一位女性個案小時候要買東西跟媽媽拿錢，媽媽每次都說：「去跟爸爸要。」所以她下一個結論「女人沒有錢，男人才有錢。」她很愛她媽媽，所以無意識模仿了她媽媽的作為，女人要沒有錢。所以她從不工作，都把寄託放在她先生身上，並把從先生身上要到的每一筆錢都花掉，因為內在成心編碼就是「女人要沒有錢」。因此造成夫妻常因為財務問題天天吵架。原因就在她內在的成心編碼「愛媽媽＝模仿媽媽的行為＝媽媽是女人她沒有錢＝女人沒有錢」。〔註63〕人天生就是模仿的動物，小時候父母也是叫了吾人好幾聲爸爸，吾人才會叫爸爸。坐起到站起到行走這是多麼難的肢體連續動作，可是幾乎每個小孩都做得到，因為他躺著時就看到大人都走來走去，沒有爬來爬去的，所以對於他的成心編碼而言，走路本就是很簡單的事。華人拿筷子夾菜很容易，外國朋友就覺得這是中國功夫。在馬來西亞幾乎每個人至少都會四到五種語言，因為從小浸潤在那樣的環境氛圍下。所以環境對一個人而言太重要了，在這個環境中又模仿了誰，決定了吾人的處世模式。

以筆者生命經驗而言，從小父親就跟我說：「女兒啊～咱們家的錢存在天上，要就有喔～」（臺語）我們家是做寺廟彩繪的工程，廟裡的工程，除了廟裡委員會做主外，最重要的就是神明，我常聽到爸爸擲聖杯被神明應許，甚至神明託夢給廟公要爸爸承包的真實故事，所以從小就覺得我是天公仔很富足。然而，「錢存在天上要就有」的概念比較抽象，所以我從小成長的過程對於理

〔註63〕上述兩個案例詳細請參考 T. Harv Eker 著、陳佳伶譯：《有錢人想的和你不一樣》（臺北：大塊文化，2005 年），頁 39 及 50。

財觀念無形中也較缺乏。我爸樂善好施、熱心公益，對朋友都出手大方，我無形中模仿了他的處世行為，帶志工隊期間幾乎薪水都拿來運作組織，沒有存錢的概念，覺得錢再賺就有，因為爸爸說錢存在天上。從小父親就跟我說，錢不會留給我，因為他覺得「留錢給子孫不如留福德」。我很認同，所以從小就很有危機意識，養成經濟獨立自主個性。我景仰的二伯是蓋廟的承包商，他在我小時候就常跟我說，長大要做老闆時間比較好運用，要做什麼相對自由。所以我當時就覺得不一定要讀到高學歷，國中雖在升學班就想找個專科，有個一技之長畢業，然後就想創業做生意賺錢。長大去外地讀書接觸志工隊，裡面的高層至基層都是學界文人和上班族（領固定薪資），在那樣的氛圍下就覺得找份工作，安份就好，有更多的時間服務人群。當中聽聞一些大捨的感動故事，所以我工作的錢幾乎全捨運作志工隊，添購設備器材用。當業務期間，我的主管教我要展現氣派，於是我也跟著買名車，展風神（臺語）應酬請客樣樣來，認識的人也越來越複雜，可能當時運勢也在旺，覺得錢像水一樣賺了就有，那真是一段沒有珍惜錢的生活。真正開始有理財規劃、投資有道的思維，是後來遇到其中一個專案合作的老闆，她教我看財報，才逐漸有了一塊錢也是錢的成本概念。

　　上述生命點滴說明與誰同行很重要，為何孟母要三遷？因為在對於生命不同議題還懵懂時，機緣遇上了誰，其帶給你的眼界，可以決定你可以成為誰，因此正視自己的圈子，想想平常都跟誰在一起，都無意識的模仿了什麼，這很重要的。重視自己存在的環境，好的土壤才能有機會孕育出苗壯的大樹。當然若不小心遇上一些負面思維極高又避不了的人，相處過程就要有意識的打開防護罩，減輕受到的波汲，要懂得守護自己純淨的心靈。一路走來，我有無意識地模仿了許多使用錢的模式與思維，當然有好的也有不好的編碼，這都是要重新逐一整理，進行內在的追問。不只模仿了誰，還包括所有跟錢有關的重大事件，也都要一一列出，重新運用第參章「莊子淑世精神實踐模組」，讓自己就像煉金過程一樣，將雜質一步步提煉掉去蕪存菁，最終留下有助於往前走的成心編碼。生命功課跟活了幾歲無關，只有面不面對，因為唯有自己能夠幫助自己過關。

2. 成心感知編碼的釐清與修正

　　感知就是感覺感受，也就是當提到錢，你對金錢的感受是什麼？開心、興奮、恐懼、難過、憤怒等。若是負向能量就要調整到至少正向的能量，現在科

學家證實意識能量等級是可以檢測的，每一個人的能量層級都是依據自己信念、動機、行為準則和心靈境界決定，能量層級又決定了這個人的一生。理論依據來自著名的心理學及精神科醫師大衛霍金斯歷時 20 年以「肌肉動力學」對超過百萬次的受測者進行測試。他透過現代科學研發了人類意識的能級分佈圖表，把人類的意識映射到 1～1000 的頻率標度值範圍，一共劃分為 17 個能級，將研究結果勾勒出一張描繪人類經驗的「意識地圖」（從恥辱到開悟，等級 1～1000）；當中他發現，能量強弱的臨界點，落在勇氣階段（等級 200），此時測試首度反應為強，代表人開始獲得真實的力量：200 以下的（不真實或負面的）會讓身體的力量變弱，200 以上則能使身體增強。〔註64〕換言之，頻率 200 是一個人正負能量標度值的分界點，也就是勇氣肯定，當一個人獲得肯定及拿出勇氣展開行動時，就是意識能量開始翻轉的時候，這個巨大的能級跳躍，甚至足以改變一個人的命運。而一個人的意識能級躍升，也就是內在知的拔升是不容易的，統計顯示絕大多數人一生的能量場不會發生太大變化，大概上升 5 個點左右，除非有重大事件促發，或者遇上大師級人物及高人指點才有跳躍翻轉的可能。

若想將能量感受帶入金錢議題，要開始創造對於金錢美好的感受，例如：喜悅、愛、平靜、富足、安全感、自由等。同時將過去對於金錢不好感受的事件做清理。另一方面，既然是跟錢的關係，關係就是互相的，不是只有錢對你還有你對它的方式。反思自己平常如何對待錢？最具體的方式就是把錢包拿出來檢視，不能嫌麻煩，不要讓錢連個家都沒有，每次拿錢都像拿一坨衛生紙般。你會如何對待你覺得重要的人？把錢當過客它就把你當過客，把錢當好麻吉它就把你當好麻吉。錢也是很有個性的，要讓錢覺得住的舒服，錢幣有自己零錢包的家，最好買個長夾的錢包放紙鈔，至於五行什麼顏色會生財與否，坊間很多論述，不再贅述。家裡的財位要保持乾淨，不要都堆積一大堆塵垢及物品，財神爺光看到就不想送財來了。總之，人不理財，財不理人，對待金錢也要像交女朋友一樣的呵護，自然錢也喜歡你，創造彼此喜歡的順暢感受，就會

〔註64〕當我們啟動的是內在的心靈力（等級 200↑）時，就不會被外力（等級 200↓）困住，人類意識能量等級的 17 級分別為開悟 700～1000、寧靜 600、喜悅 540、愛 500、諒解 400、接納 350、主動 310、信任 250、勇氣 200、驕傲 175、憤怒 150、渴求 125、恐懼 100、悲傷 75、冷漠 50、內疚 30、羞恥 20 以下。詳請參考 David R. Hawkins, M. D., Ph. D.著、蔡孟璇譯：《心靈能量：藏在身體裡的大智慧》（臺北：方智出版社，2012 年），頁 23～30。

幫你吸引更多的錢來到家裡作客。

（二）成心編碼的目標設定

對於成心編碼的釐清由認知系統和感知系統切入進行整合，目標設定也是，每個人在人世間的生命選擇及背負責任不同，對金錢需求也有所不同。接下來針對「成心編碼的認知目標設定」及「成心編碼的感知狀態設定」兩點來定錨前進的方向。

1. 成心編碼的認知目標設定

人的成心認知思維受限過往的局限，因此讓自己有機會打開對於金錢的「知」是重要的，最簡單快速的方式就是去接觸已經在金錢這領域成就解鎖的人。帶著好奇柔軟的心去請益，通常他們都會很慷慨的分享，不為什麼，就因為你問了。倘若剛好就那麼不順，就遇到不願意分享的富人，那也剛好而已，又不會少一塊肉，可是問了就多了打開自己知見的機會。問時順便留意自己的狀態，要落落大方，如果表現的畏畏縮縮，對方通常不會想多說什麼。因此不懂就是問，不要裝懂，但也不是隨便問，要問對人，要探討如何賺錢，絕不可能問個國小生或鄰居伯伯之類的。有錢人會比他更有錢的人請益或交流，有趣的是一般人則是向周圍朋友尋求建議，但是他的朋友和他一樣沒錢，所以請教後朋友也只能教他一件事，就是如何繼續沒錢。換言之，想要提升金錢的知見，就是要問在金錢財富領域上，可以用實際成果證明他們已有能力的成功人士。如同我的某一個老闆說某間理財公司號稱理財專家的人說要幫他理財，他第一步請對方讓他看一下這位號稱專家本身的財務淨值，比他有錢才會請這位專家代為投資，若沒比他有錢，那後面就不用說了。總之，說到錢一定是問金錢領域的成功者，如同要做生意一定是問在商場上的成功人士，不會問學校的學者一樣。你要攀登高峰絕對是找登頂好幾次經驗的高手當教練，同樣若要問中國哲學的生命學問，也要問有扣回生命運用的學者，紙上談兵型的通常效益不大。

筆者過去的生命經驗，很幸運在每一個層面皆經歷過並接觸在其領域的成功者，以金錢領域而言，有機會打開對於金錢知的侷限並跨越其格局。我某一位合作專案的老闆曾跟我分享：「企業賺錢是身為一個企業的責任，每個人在人生道路上取得財富自由，是身為人對自己的責任。賺錢不是罪惡，正當合理的賺錢天經地義，有錢能夠做的事比沒錢能做的事太多了。」我感謝

她，讓我願意在金錢議題上，開始為自己的生命負起全盤責任。曾經遇到一個身家好幾十億資產的老闆，他的答案讓我最印象深刻，他說：「小妹妹～你相信錢和空氣一樣多嗎？」「處處都是錢，錢無所不在，隨便撈都有喔。」他形容：「錢就像蜂巢，只要站對位置開一個洞，錢就像蜂群一般傾巢而出，朝你直衝過來，擋都擋不了。錢不是慢慢賺，錢是大筆大筆進的來，不要都不行。」當時我還體悟不到，只覺得很酷，所以他笑著跟我說：「因為你體悟不到，所以你的世界，和我看到的世界不同，我們開的車也不同，過的生活的品質也不同。」還有一個董事的太太跟我分享：「錢是用噴，用噴的進來的～」（一邊講一邊還睜大眼睛）接觸老莊思維後，我開始反芻他們的話，這些富人內在成心的編碼就在創造他的實像，這樣對於的財富知見的編碼是多麼的遼闊豐盛，快意暢達。以第一個老闆而言，金錢＝空氣，真的感覺一下，生活中若錢等於空氣，運用錢就像呼吸一樣簡單，隨手可得信手拈來，那是多麼快意暢達。共事的過程，我發現他真的對於市場的嗅覺敏銳度很強，總是什麼都能看到商機，一個政令推行，馬上就想說怎麼跟上賺浪頭錢，賺了一波又一波的時機錢。因此，知見的落差就是財富的落差，多接觸成功人士，建立一些致富的成心編碼，能夠幫吾人拔升對於金錢的知見及視野。我發現我和他對於金錢的成心編碼不同，造成我跟他在財富領域上產生了落差，多數人生活在被自己的形所侷限的經驗世界，認為這是一個資源分配的有限世界，彷彿好像多拿一點，別人就會少拿一點般，總是想著如何二選一？如何先賺的溫飽再享受人生。而生命整全的富人世界是豐盛的，是充滿機會的富饒世界，他們總是認為「我可以擁有我真正想要的一切」，他們會認為「我做我喜歡的事和賺錢是不衝突」，可以並行的，如同我有手也有腳，不可能要手就剁掉腳之類的。所以要訓練自己打開思維的侷限，莊子說：「天倪」（〈齊物論〉）〔註65〕，倪就是邊、界線之意，如何讓自己的知見大到和天一樣無邊，就是鯤化為鵬層層翻越轉化的歷程。具體而言就可以常問自己，如何創造多贏的機會？去訓練這一條無邊的思維神經鍊。

　　想要金錢成就解鎖的第一步要知道，真正衡量財富的標準是「淨值」，不是工作收入。淨值指的是你這個人所擁有全部東西的財物價值，包含現金、流動資產（有價證券）、固定資產（動產、不動產）等，然後扣除債務後的這個數值就是淨值，當中以「收入」、「存款」、「投資」及「簡化生活」為影響淨值

〔註65〕〔清〕郭慶藩注：《莊子集釋》（新北市：商周出版，2018年），頁87。

高低的四大因素。〔註66〕換言之，財富終極衡量的檢測標準是淨值，富人都是看淨值，一般人不是，只會問：「你收入多少？」不會問「你有多少淨值？」格局不同前進的方向不同，最後成就當然不同。有第一個「收入」因子，才能滾動後面「存款」、「投資」兩個因子，收入當中又有主動收入和被動收入，當中職業越具專業性的通常收入越高，然而高收入若沒進行下面三個因子（存款、投資及簡化生活），一樣不會產生淨值或淨值很低。第二個因子「儲蓄」就是把收入做等比例的分配，將存下來的錢，進行第三個因子財富槓桿的「投資」。每個人適合的投資標地物不同，要下功夫去學習多方涉略，找到一條適合自己的路，通常操作自己越熟悉投資的領域，財富倍增的速度相對也會加快。不要老想說要靠別人幫自己理財，透過學習，了解不同投資管道和財務工具，並從中選擇一個領域成為當中的專家，有所成後再轉其他投資。有錢人不是所有都是一夜致富的幸運兒，要獲得財富的通達，他們自己也是做了很多功課，前文所說注意力就是焦點，時間精力投注在哪，就會逐漸對其領域有所理解，自然日積月累就會有所成，至於大成小成就看機緣，還有自己本身的對於金錢關卡破關的通透程度。因此，想駕馭金錢，必須先學會管理金錢，管理金錢並不會限制自由，反而最終會讓自己獲得財務上真正的自由。最後一個因子就是簡化生活，人的收入增高不見得花費也會增高，如果不需要很多人生的玩具就能開心，那麼所支出的相對就少，會比一般人達成財務目標就會快很多，更快在金錢領域上成就解鎖。當然這條財富通達之路，也會隨著你設立的目標，決定你可以帶多少人一起上路。

　　金錢成就解鎖的第二步，要知道自己的財務自由目標為何？每個人對於金錢足夠的需求不同，有的是一人吃全家飽，有的是一人要養全家，有的人是養活企業。如何做就是問自己：如果現在不用工作，還能維持同樣的生活水平多久？如果答案是一輩子，那基本上已獲得財富自由。具體公式很簡單就是：非工資所得＞總支出。換言之，也就是不必在金錢上依賴任何人，有能力過著自己想要的生活。因此目標是要放在如何增加被動收入，來維持想要的生活方式。被動收入的來源主要有四種，第一種運用理財工具進行投資獲取收益，第二種就是創造系統讓事業為你工作，第三種添購不動產，當房東賺取租金，第四種寫書、音樂創作版權或網路點擊流量賺取收入等，當然還有其他多元的方

〔註66〕概念參考詳請參考 T. Harv Eker 著、陳佳伶譯：《有錢人想的和你不一樣》（臺北：大塊文化，2005 年）一書。

式,上述是舉例。

以下頁圖 8-3「財富四象限」〔註67〕可以粗略釐清自己在哪裡並可以往哪個位置移動。在 E 象限(Employee,又稱被雇用者,上班族)雇員工作是一個歷練自己的最佳場所,承擔的風險小因為有老闆扛,但所獲的報酬相對有限。同時領的報酬也有上限,薪水和努力的心力無法成正比,隨著成家立業後就會覺得不夠用。S 象限(Self-Employed,又稱自營商、專業人士)是自己創業當老闆,若是勞動價值高的人,從 E 象限進入 S 象限是好的,因為把真正的勞動價值留給了自己。然而,收入會完全取決於你的努力,沒有人會提供你財務上的後盾,自己對自己負責,收益風險都是由自己承擔。B 象限(Business owner,又稱企業家)是運用他人的時間創造系統收入,又稱作 OPT(Other People Time),簡單說就是建立一套系統為我賺錢,有更多的時間專注於生活品質。B 象限的人懂得借力使力,用別人的時間來賺錢,同時重視自己的時間價值。I 象限的人(Investor,又稱投資客)則是運用對於財商的知識,實戰用錢為他賺錢,逐一建構資產,獲得財富成就解鎖的機會。

I 象限 Investor 投資客	B 象限 Business owner 企業家
E 象限 Employee 被雇用者,上班族	S 象限 Self-Employed 自營商、專業人士

圖 8-3

2. 成心編碼的感知狀態設定

中國哲學是生命實踐的學問,當吾人對於金錢知見體悟不足,要如何做到?如同領 22K 的新一代沒經過早期「臺灣錢淹腳目」的年代,你跟他說賺錢很容易,他是無法體會的。因此,可以試圖創造有錢的感覺,例如:可藉由一款成功創業家羅伯特·清崎所發明的「現金流遊戲」,讓自己從中創造財富自由後的感受。他認為財務思維對了,人生才會拿回自主權,於是他將十幾年創業經驗濃縮為現金流遊戲,透過像大富翁的遊戲,讓人在短時間內看懂財務與人生,讓每個人都能建構財商及創造出財富自由的感受。〔註68〕當中內圈的

〔註67〕概念參考 Robert T. Kiyosaki 著、龍秀及 MTS 翻譯團隊譯:《富爸爸,有錢有理:掌握現金流象限,才能通往財富自由》(臺北:高寶出版,2016 年)一書。
〔註68〕詳細參考 Robert T. Kiyosaki 著、MTS 翻譯團隊譯:《富爸爸窮爸爸》(臺北:高寶出版,2016 年)一書。

老鼠圈象徵著日復一日的生活，外圈的快車道象徵著獲得財富自由並實現夢想的快意人生。從內圈進入到財富快車道時，真的會創造一種暢達快意的逍遙感受。有了進入財富自由的感受後，可以為自己進行未來劇本，畫一個屬於自己的財富藍圖，調度自己對於錢的感知（圖像）及字詞的感受。另一方面，也可挑選適合讓自己充滿活力賺錢或吸引金錢的歌曲，讓自己保持最佳的賺錢豐盛狀態。

（三）將成心認知及感知具體化呈現

莊子淑世精神實踐模組中道的第四個架構為「內外辯證的實證」，換言之上述的成心編碼經過釐清修正及目標設定後，接下來就是要具體化的實踐在日常生活中，如何進行？本文分成撰寫「自己的財務報表」、「設計自己的六個帳戶」及「設定自己的財富調整器」三點說明之。

1. 撰寫自己的財務報表

「財務」是專業名詞，圖像是編碼要轉換成財務文字記錄，用編碼系統轉換成為財物揭露的格式，目的要將對於財務金錢的感覺落地變成現實可以推算的邏輯。換言之，金錢財富的圖像屬於感知，也就是對金錢的感覺，財務紀錄屬於認知，偏向推算的邏輯，透過表格化的損益表及資產負債表，具體化呈現你現在的狀況，要開始有記帳及每個月填寫資產負債表的習慣。很多人常很感覺：「我應該還不錯吧～」「我好像很糟，欠很多錢。」「感覺我應該很富有。」如何證明你很富有？最具體的方式就是透過理性邏輯演算。寫出來的好處是有些東西已經有了，沒寫出看不見，當看見了就不會一直覺得自己匱乏。反之，若現在財務狀況很糟，那更要寫出來，讓自己正視恐懼，人往往會有莫名恐懼，是因為不知道底有多深，寫出來後擬定還款計畫，反而能夠真實迎戰恐懼。換言之，將現況轉化成表格，可以讓感覺落地，自我對照表格檢視自己，詢問自己對於金錢是靠感覺在做？還是運算邏輯？還是兩者達到平衡，同時也可以知道自己目前的金錢位置在哪裡。

每個人可以設計屬於自己每個月的財務報表，裡面可以有自己的財務目標，原則就是以個人非工資收入＞總支出，時時讓自己專注自己的財務目標，才能精準對準靶心，注意力就是焦點，看清楚架構，才能抓準目標出手。每個人都因造化而來到人間，每個人都一樣很公平擁有 24 小時，和別人投入同樣的心力下，要如何增加自己的成本概念，經營好自己這個生命有限公司，自己

的靶心要設在哪裡要清楚。既然所有的無是有的另一種型態轉換，那麼每一樣物質與非物質都是財富能量的轉換，而金錢這東西就是有形錢和財富無形錢的轉換。其實吾人隨時都在得到東西，也隨時在失去東西，只是沒察覺而已，所有的出手都是有形無形成本，沒有好壞，自己選擇自己承擔，開始為自己的選擇負起 100% 的責任。而人生是有階段的，何時著重累積無形財富，何時著重累積有形金錢，自己也應該有所明白。因此，設立目標好處就是幫助自己專注要去哪的方向，倘若時間自由是財務自由，那麼非工資＞總支出就是獲得時間自由，只要能加大財務自由邊際，就擁有更多生命選擇權。

財務報表裡應還要有損益表和資產負債表，損益表包含每個月收入項目和支出項目。收入項目包含：工資收入、非工資收入及投資組合收入等。支出項目包含：生活費（食衣住行）、教育、玩樂、稅金（所得稅、房屋稅、地價稅、牌照稅、燃料稅等）、保險（房屋保險、人身保險、車險等）、孝親、子女、捐贈、儲蓄等，可依每個人的需求進行增減。資產負債表包含資產和負債，資產項目包含：流動資產（臺幣、美金等）、固定資產（房子、企業等）、有價動產（車子、珠寶等）。負債包含：車貸餘額、教育貸款餘額、信用卡餘額、額外負債等。總資產減掉總負債就是自己的淨資產。總之，財務報表就是財務診斷，幫助你知道你在哪裡？目標要去哪裡？所有的財務報表都是為了幫助吾人邁向財富自由，至於怎麼分類沒有一定，自己看得懂就好，收入支出達平衡就好。

2. 設計自己的六個帳戶

擁有錢不等於管理錢，獲得的每一分錢也是運用時間的體力、腦力、心力去的轉換的，珍惜並妥善管理錢才是真的擁有錢，否則都只是暫時的。換言之，管理財務是為了讓自己獲得最終的自由，千萬不要嫌麻煩，同時要調整自己的思維，不是「等到有錢，再來學管錢」，而是「當我開始管錢，我就會獲得更多錢」，老子說：「合抱之木，生於毫末；九層之臺，起於累土；千里之行，始於足下。」（〈第六十四章〉）〔註69〕大樹是從細微的嫩芽開始，九層的高樓是從一筐的水泥開始，千里的遠行也是從跨出的腳下開始，從事物的自然發展得知從小事上著手，萬事萬物能成皆從細微發端處開始。當循序漸進培養管理小錢的能力後，自然就會有能力管大錢。總之，這輩子錢關要過，就是要學會管

〔註69〕〔魏〕王弼注：《老子道德經注》，收入於樓宇烈校釋：《王弼集校釋》（臺北：華正書局，1992 年），頁 165。

理錢，學會管理錢，不是錢駕馭我，而是我駕馭錢。

如何有效管理？哈福艾克的 6 個帳戶，給出明確策略，有效幫助累積財富。簡單來講就是將自己每個月的收入分成 6 等份，有財富自由、教育費用、玩樂費用、生活必須、長期儲蓄、愛心祝福帳戶等，隨著收入的提升或生涯規劃的變動，都可以彈性的調整成符合自身比例的 6 個帳戶（有的說是 6 個罐子、6 個袋子皆可）。第一個財富自由帳戶就是讓吾人進行投資，賺取被動收入用的金雞母，不斷累積後轉投資，能加速我邁向財富自由。第二個玩樂帳戶就是呵護自己、慰勞自己用的，同時也是訓練強化「接受」豐盛的肌肉。另一方面要留意花錢與存錢間的平衡，因為身心是連動的，當一直持續很有責任的將所有積蓄全部存下，雖然心智會得到成就及滿足感，但身體會抗議，因為沒有得到關注，身體會認為錢是一起賺的，心智怎能獨享，於是會想辦法創造也能享受那筆錢的機會，錢就會在有形無形中流失；反之一直花錢，身體感受到滿足，心智卻會產生無形的愧疚感，在花錢時開始會有某方面的罪惡上升，陷入惡性循環中，因此要關注身心平衡對錢的管理，道家關注的是平衡式的人生。第三個教育帳戶就是提升知見改變思維用。第四個長期儲蓄，又稱夢想基金，一段美好的旅行或想要買的東西，都可從這裡支出，例如：電腦、手機、家電等。第五個生活必須帳戶，所有生活瑣事都是由這個帳戶支出，會隨著越有錢，生活帳戶的比例會減少。第六個愛心祝福帳戶，做一些有助社會美好的事，形成愛的循環，我通常會從周圍的人開始，或者不一定使用金錢，可以用體力、善語轉換，如同佛教三施的概念。〔註70〕總之，管理錢絕對是活在這個世上很重要的課題，當開始學習駕馭財務，生活中的每一個層面都會產生極大的大躍進。

3. 設定自己的財富調整器

金錢既然是被人創造出來，金錢就只是一個虛幻的交易介質，它只是一種宇宙能量的平衡，那麼就代表我也有辦法把它吸引過來，回到生命的安頓，因此可以重新思考錢在什麼情況下會跟在我身上？以筆者生命經驗而言，當我心越純淨無雜時，我發現我的金錢能量越大。當設定好錢在什麼情況會跟在我身上的狀態後，造化就會回應這樣的訊息，產生同頻率的能量流動，若是設定富足就會給我很多富足的人事物，讓我持續感受到富足。當中若金錢是我認為

〔註70〕概念參考詳請參考 T. Harv Eker 著、陳佳伶譯：《有錢人想的和你不一樣》（臺北：大塊文化，2005 年）一書，頁 193～204。

富足的一種，那麼金錢自然就會過來，若富足的認知設定裡沒有金錢，只是一種感覺，那呈現的就是一種感覺，例如：我的生活很精彩，多采多姿，獲得很多的愛等。因此用字精準陳述內在狀態很重要。一個人想要富有，千萬不能把追金錢目標性金額做連結，會變成一種期待，就容易患得患失。老子說：「寵辱若驚，得知若驚，失之若驚。」（〈第十三章〉）〔註71〕用 1%的成心有限知生活，會看不見另外 99%造化的可能性，一旦生命中沒有出現符合那個既定 1%的人事物，就容易失落，這就是思維的侷限。因此，不要限制造化要給吾人的路徑，試著放掉那 1%的認知侷限，允許造化讓 99%的可能性發生在我身上。

　　以筆者生命經驗，最近人生規劃的階段目標，買了工作室，這個工作室裡面採光、通風、交通便利性、加上構造擺設等，竟然都跟我內在編碼設定的藍圖一模一樣。成立至今伙食都有人持續支助，因為當我幫人解決問題時，朋友送菜、送水果、碗筷，客戶送餅乾、蛋糕，還有送氣炸鍋、鍋碗瓢盆等做為答謝。一些好友知道我成立工作室，有合資送冰箱、熱水器等，連設計師也說我是好人客（臺語），還送我全新的好床，有助我獲得好的睡眠品質。總之，本以為會很忙碌勞神的籌備過程，順利的不得了，一切彷彿自動就位般，萬事俱備，也無須添購什麼物資，基本上就是一卡皮箱就定位的概念。天地以超乎想像的方式給我更多，讓我經驗到一念動財富具足般的豐盛。以前不懂命盤，算命說我福德紫微旺，財帛地劫，原來這或許就是有形無形的轉換。我是一個很願意給予的人，我很樂意將金錢轉換有形物質或無形的愛，表達我對周遭重要人士的感恩，或許無形當中天地也用這樣的方式回饋給我，於是我大方接受天地間的善循環。當我調整我內在的金錢成心編碼，從「我很有福氣，要就有，不過很快就沒了。」的匱乏狀態，擔心擁有的會失去，調整為「我很有福氣，要就有」的富足豐盛狀態後，就越來越豐盛。因此可以將成心的感知調整到自己想要狀態。

　　我對於工作的設定也是，從小到大通常都是我想體驗或累積什麼經驗，就去到那個場域學習，不論是公家單位或是教職。大多數人的路徑通常先設定教職，然後讀相關科系，受師培學程，準備考試，考到教師證，再透過一連串北中南教師徵選，最後當上教師。我的路徑是內在狀態到哪，就去哪。要我依照自己目前侷限知見，明確設定個具體現象界的東西或職業，對我而言反而侷限

〔註71〕〔魏〕王弼注：《老子道德經注》，收入於樓宇烈校釋：《王弼集校釋》（臺北：華正書局，1992 年），頁 28。

了未來老天造化對我的安排。因為有可能最適合我的那個東西或職業，這個世界上根本就還沒有出現。因此，我通常都設定我想去經驗的感受，然後就去感受，不會設定自己一定非得成為什麼不可。換言之，在走人生的道路時，與其追著過多的期待，導致於自己患得患失，到不如將人生的掌握權在自己手上，回到當我擁有一切時，我是什麼感覺。對我而言就是快意通達，也就是道，當維持那個唯道集虛的境界，吉祥就止止停留下來了。

放掉那 1% 的成心與造化同遊時，會發現那個自在逍遙才是自己想成為的人，那個才是原本我該回到的位置。當持續維持這樣的境界，那麼適合這樣境界的人事物就會繼續留下來，或者自然被吸引過來。在我的家鄉漁村，每到傍晚燈塔總是照著回航的船隻，若讓自己像燈塔一樣發光，持續蘊含葆光的生命力，符合這些狀態的一切人事物就會朝我而來，是鑽石自己就會發光，當不再外求許多的機會而專注於內在的清明之光時，千里之外的人都能看見，這就是老子的明。當自己本身是一個大磁鐵時，自然就會將共振頻率相同的人事物吸引過來，不是的就會自動離開。老子說：「譬道之在天下，猶川谷之與江海。」（〈第三十二章〉）〔註72〕又說「江海所以能為百谷王者，以其善下之，故能為百谷王。」（〈第六十六章〉）〔註73〕河流最後都會匯集到海，大海不需要再為自己注入更多的水，水自動會流向它。因此，重新調整自己對於錢的轉換時間，或許可以不要再花那麼多時間追著虛幻的東西跑，將省下來的時間，多讓自己透過心齋的工夫，回到生命的流暢，由內化而外顯。錢是個通往目的的管道，就像橋一樣，焦點放對錢才能在身上自然流動。心境就像遙控器，環境就像電視機，心一動念想看哪一臺，就會自然轉到那一臺，電視機就會開始撥放著符合現在頻率的環境。換言之，心境影響環境，環境影響心境，回到心上好好下工夫，心若是時時與道同在，那麼處處外境都是流暢運行的。因此，只要鎖定自己要什麼樣的感覺或氛圍，其他就交給造化安排。

可是又會有個案問我，外面坊間老師教說：「吸引力法則，說要明確標出要多少錢，才能達到。」坊間書籍又說：「輕而易舉的豐盛，不要限制錢進來

〔註72〕〔魏〕王弼注：《老子道德經注》，收入於樓宇烈校釋：《王弼集校釋》（臺北：華正書局，1992 年），頁 81。

〔註73〕〔魏〕王弼注：《老子道德經注》，收入於樓宇烈校釋：《王弼集校釋》（臺北：華正書局，1992 年），頁 170。

的流量，不要設定錢的上限，感覺就對好。」到底哪一個對？我認為其實都對，沒有矛盾，依照每個人的需求。道家是一門思想貫通的學問，回到道家的時和位的概念，無論是明確標出目標或者不要設定錢的上限直接專注感受，二者都是策略的一種，決定使用哪個方式前，要先看你在哪裡？（也就是你是誰？你屬性是什麼？適合什麼方式？）若你本身就是一個很能感受到豐盛，與道同在的人，你吉祥止止的富足感就會隨著你的成長而成長。可能一開始一年一百萬收入就夠，過了五年當財富達到一千萬。這時候訂多少錢的目標真的不重要，因為很清楚知道富足的感受是怎樣。因為與道同在，宇宙就只能回應你與道有關的東西給你，也就是能夠致使你生命通達的人事物，若錢能使你通達，那麼它就會來到你面前。

面對一個完全還無法抓到這種感覺的人，就需要設定一個目標，透過目標具象化的誘發感覺的達成。有個案常說他想要有錢，進一步問多少錢，回答夠用就好，再問多少才夠用，他講不出來。因為他無法明白有錢流暢運行的感受到底是什麼感覺，於是他只好回答賺到一百萬就快樂，可是當他真的賺到一百萬時，就真的快樂嗎？說真的，他真的懂錢進來暢達的感受嗎？有些個案他早已經擁有超過五千萬的資產了，還是不快樂。所以，擁有金錢後的什麼才是重點，人無法做到他所體悟不到的東西，沒有體悟又如何做到呢？因為沒有擁有過就只能想像。如何創造並擁有感覺？有些個案玩一次現金流遊戲，跳脫老鼠圈後進入快車道體驗富人的生活，就能抓到在財富上有如快車道般暢行無阻的感受。有些個案，我會做未來劇本目標設定或者詢問他身邊有沒有誰是這樣的人？（模仿的樣板）有個案告訴我她說想成為一個自信又有錢的人，通常我會進一步追問「什麼叫做有自信？」每個人的回答會因為受限自身「形」的緣故，也就是「知」的侷限（又稱成心），對自信二字的理解也會所有差異。一樣對於道的體悟也是，每個人的境界會隨著對工夫體悟的深淺，而有不同的詮釋。

然而絕大部分的人都不清楚道的流暢感受是什麼，也不知道快意擁有是什麼感受，這時候就會需要明確的設立標準。當逐一討論時，個案就會覺得這個越抽象的東西，好像越伸手可得一樣，透過細節描述穿什麼、出現在什麼場合、摸的到什麼、吃得到什麼，講到後來好像真的一樣。所以，為何要說有些人需要實際寫說多少錢？當只是說想要有錢，有錢是抽象，你不知道多少錢時，根本就不知道那是什麼感覺。當設定一百萬入袋具象想做的事後，好像就可以設定成為怎樣的人，會變的比較實體。所以，道家掌握了人的調性，知道

面對的個案是活的，如何的疏導，端看個案能否抓到道的流暢富足感受，若很清楚知道那是什麼感覺，多少金額的目標根本都不重要。若還是抓不到哪種感覺時，可以明確講出細節具像，設定目標，達到目標會想做什麼事情的時候，例如：帶家人環遊世界之類的。再從夢想當中創造感覺。換言之，先跟隨個案內在成心的知，疏導並拉升個案體會其不知，這就是莊子說的：「以其知知所知，以養其知之所不知。」〈〈大宗師〉〉〔註74〕透過心念想像實體化調度感受，讓個案成為一種真的可以擁有的感受。總之，在金錢議題上，要如何乘物游心的駕馭錢，而不是被錢所駕馭，可以先擁有道的流暢感受，創造在金錢使用上財富自在的狀態，當唯道集虛時，吉祥就止止。因此，當內在對於金錢的成心編碼調整好，也就是實質擁有正確面對金錢的認知及感受後，內在狀態自然就會誘發外在這樣的事情發生。換言之，若是沒有這種境界，那麼就是透過設定目標，嘗試抓到感覺，再藉由持續朝目標前進的過程，持續擁有想要的感覺，以達到想要的結果。簡單說這是一種頓法和漸法的概念，不同次第的方式就不同，原則上都對，沒有高劣，不衝突。

當然說了那麼多，若也都照著目標前進，什麼都做了，內在狀態也調整了，還是無法時突破錢關的議題時，通常極有可能這當中有個人生課題擋在中間，使得個人無法透過成心認知及感知的編碼調整而改善，必須先經歷後才能再往上跳躍。以筆者生命經驗，錢的議題這一關就有我需成長的功課，在我事業巔峰覺得賺錢十分容易那一年，我到家鄉的王爺廟拜拜，突然有一位為王爺辦事的執事人員表示，王爺有話要跟我說。我問他什麼事？他說王爺叫我那一年要小心，若有人找我合夥投資什麼，千萬不要，尤其要我簽什麼也不要，不然我會死得很慘。我聽到王爺說我會死得很慘，說真的我還真有點懷疑，因為我這輩子沒跟誰合夥投資什麼？再來我運勢正好，死得很慘這幾個字太強烈，我不太相信。所以婉謝對方後，也因為忙就忘記此事。後來那一年底，我真的因為信任力挺友人，識人識己不足的投資（還不夠會看人，也還不夠認識自己，不知道自己能被傷多深，沒設底線），甚至義氣相挺連合約都沒看就簽字擔保等，導致面臨對我而言生命中最艱難的錢關考驗，我一共賠了一棟房和賣了兩台車，前後還債八年，如今才再度慢慢站起，當時確實死得很慘。每年我都會再回廟裡，謝謝王爺並想要向那位執事人員致謝，神奇的是我再也沒見過此人。所以，有時候必經的人生課題，縱然神明

〔註74〕〔清〕郭慶藩注：《莊子集釋》（新北市：商周出版，2018年），頁163。

仙佛再不捨，甚至都先破機派人提醒我，我還是脫不了此劫，也是得讓我去經歷，才能學到我的生命課題。或許曾經追迷逐妄過，經歷「死生存亡，窮達貧富，賢與不肖，毀譽、饑渴、寒暑，是事之變」（〈德充符〉）〔註75〕後，更能知道自己真的要什麼。

因此，一切都是造化使然，也是最好的安排，無須過度的批判自己，就如實接受當時知見的侷限，已經努力做出最好的選擇了。換言之，若擋不掉的生命功課不如就大方享受箇中滋味，感受自己與生命的高山低谷情境相遇時，自己的內在狀態陰陽兩極的擺盪，生命的兩極都體會到才是人生的圓滿，當跨過那個坎就會海闊天空，豁達暢快。總之，未來老天要給的百分之99%還沒來，不要讓過去1%局限阻擋了自己的未來。莊子說：「吾生也有涯」（〈養生主〉）〔註76〕，生命有限好好完成此生的功課，才有機會換全新的藍圖。戲如人生，隨時用導演、編劇、觀眾不同角度檢視自己的戲演的如何。甚至可以用第三人稱，同步客觀解說自己的生活，王夫之說：「虛贅於天下之上，以待物之自成。」〔註77〕這個贅字就是讓自己保持在超然的狀態看待自己和這個世界。試著將整部戲演到自己的最好，在自己能力所及，讓更多人享有最多的愛與智慧。其實時間和空間都是心智的遊戲，再說白一點，生命就是一個歷程，所有一切的都是我的財富，也不是我的財富，雖說擁有，實也一無所有。重點是從這場歷程中，讓自己的知翻轉了什麼。莊子提供給吾人的視野是放射性的超時空格局，若能體會到道的境界，破除自身的形，允許讓這百分之99%的可能進入到吾人的身上，每個人都能擁有乘物遊心的能力。

二、案例分析

當然上述是有關莊子淑世精神對於金錢觀的看法，然而人世間的議題不會只有單方面，是如同牛一樣盤根錯節的，有可能加雜關係、環境、身體等議題，接下來本段落針對「金錢和原生家庭兄弟姊妹」G個案及「金錢和有效溝通」H個案的會談實例，進行分析與歸納後，呈現運用道家淑世精神實踐模組，在金錢議題上疏通個案的研究結果。

〔註75〕〔清〕郭慶藩注：《莊子集釋》（新北市：商周出版，2018年），頁155。
〔註76〕〔清〕郭慶藩注：《莊子集釋》（新北市：商周出版，2018年），頁91。
〔註77〕〔清〕王夫之：《老子衍》收入於熊鐵基、陳紅星主編《老子集成》第8卷（北京市：宗教文化，2011年），頁568。

（一）案例分析一──疏通他人「金錢借貸」議題

1. 模組一「走在關鍵的決策」：我在哪裡？

　　G 個案表示：「無法拒絕親姊妹要求成為借貸保證人」。這個議題已經長期困擾個案約 10 幾年，親姊妹（1、2、4 姊，目前是 4 姊居多），用個案的信用擔任借貸保證人，個案也會承擔債務，但礙於家人的關係，想拒絕，不能拒絕，開不了口，心裡覺得不平衡，想找出無法拒絕的原因。個案的工作是金融業一級主管，這三個姐姐都是從事業務性質工作，收入不穩定。個案因為高收入，所以跟銀行的借貸額度可以比較高。而個案認為不敢拒絕的原因是，拒絕的話她們事情（指買房）就無法進行下去。原生家庭狀況姊妹從小相依為命，姐妹情誼在，無法不幫助她們，個案會過意不去。但最近陸續發生過很多次相同事件，事件雖有所不同，原則上個案都會幫忙，最近個案的壓力越來越大。因為要協助借貸買房子，如果房子買不成，二姊的壓力會很大。以這個事件，個案的價值觀排序自認為是：1. 姊妹情誼（最重要）2. 金錢 3. 助人。因為小時候父母感情不好，生活過得很不安定，有時候住爸爸那裡，有時候住媽媽那裡（語帶哽咽），都是姐姐代替父母親照顧個案，她非常感謝，也很感恩。個案認為現在會有一個狀態，就是只要沒有答應，心裡就覺得「對不起」她們。例如：幾年前有一次金額蠻大的，姐姐跪下哭著拜託個案幫忙，個案想拒絕，就覺得很對不起。這當中先生都知道，但是個案決定的事情，通常也不會干涉太多，但當然他最希望的還是不要借貸。個案曾經想過，覺得自己像加害者，因為幫助他們借貸，會不會也讓他們亂花錢。此次個案認為無法拒絕老二親姊要求成為借貸保證人，知道還是會借她，可是心裡覺得不好受，個案此次會談目的是希望讓自己心理平衡點。（TG-2019-1028-1、TG-2019-1028-2、TG-2019-1028-3、TG-2019-1028-4、TG-2019-1028-5、TG-2019-1028-6、TG-2019-1028-7、TG-2019-1028-8）透過釐清得知個案議題為：「原生家庭兄弟姊妹關係議題」和「金錢借貸議題」。

2. 模組二「生命道路的通達」：我要去哪裡？

　　體道者真正在聆聽及提問過程，話是不多的，如同庖丁的刀，針對骨縫間進行即可。體道者觀察個案在講述目標時，口頭上說目標為「維持內在平衡」（讓自己借給姊姊，心裡可以平衡），但表情呈現的不是喜悅，而是無奈。很明顯這個目標並不是個案內在真正想要的目標，而道家關注的是個案的整體平衡，與身心的流暢。因此，當體道者聆聽完，進行聽之以心的分析，思考什

麼可以使個案的生命恢復流暢？個案不是沒有能力做到，而是過往經驗和信念卡住，導致不想做，不願意面對，故進行提問挑戰底線：

> R：對於拒絕，你說做不到。到底你是做不到？還是不想做？（眼神堅定看著個案）（TR-2019-1028-9）
>
> G：（思考一下後，點頭回答）嗯。應該是不想做……。（TG-2019-1028-9）
>
> R：嗯。（TR-2019-1028-10）
>
> G：可是沒辦法啊～沒做會覺得很對不起。（一個無解的自信表情）（TG-2019-1028-10）

藉由有效提問讓個案直接面對今日主題，並讓個案看清楚自己站的位置，做不到和不想做是不一樣的，做不到是沒有能力拒絕，不想做是有能力拒絕，只是自己無法依心而行的拒絕。個案的位置從「以為自己是做不到」到「知道自己做得到，只是不想做」的位置。而「沒辦法」三個字就是成心編碼的侷限，換言之，個案是想拒絕，只是受限於內在成心編碼。因此進行第三步驟，讓個案破框。

3. 模組三「高瞻遠矚的智慧」：我要如何做到？

研究者運用有效提問和隱喻將擔保風險探究到底，讓個案正視擔保後必須承擔的風險。

> R：20 歲成年開始為自己行為負責，簽了名就要負所有法律責任，你知道你！的！名！字！很！值！錢！嗎！？（TR-2019-1028-11）
>
> G：這個我知道阿！（TG-2019-1028-11）
>
> R：不～你！根！本！不！知！道！你若知道，這件事根本不會造成你的困擾。因為你根本不會把財務風險的掌控權交給別人。（TR-2019-1028-12）
>
> G：（陷入思考，停五秒後，看著研究者，緩緩點頭）（TG-2019-1028-12）

個案無法理解真正承擔的風險，體道者進一步透過隱喻自身案例，讓個案明白什麼才叫做真正的知道。義氣相挺背書下去的法律責任，一個沒有思考到究竟的決策下去，可能需要面臨的危機與風險，包含財務整個凍結、房子查封、車子有價證卷的抵押等。提升個案認知後，再藉由強而有力的提問挑戰個案，

同時將決定權還給個案，讓個案重新評估自己能否承擔。

　　R：無情？和無家可歸？到底哪個重要！？（TR-2019-1028-13）

　　G：（眼神左上右上，來回思索五秒後，點頭），謝謝你，我懂了～（微笑）（TG-2019-1028-13）

　　體道者覺察到卡住個案無法朝自己真正想要的目標前進的因素是「情義」，覺得姐姐小時候幫她現在沒有回饋，會覺得很對不起姐姐的狀態。因此，藉由提問「無情」和「無家可歸」放大兩個風險影響性，讓個案看到自己正站在「原生家庭」排序優於「新生家庭」的位置。透過提問鬆動個案成心編碼的侷限，使其看到先生及孩子對自己的重要性，重新思索自己要的序位。這段過程體道者不給答案，只需提問後發揮徐的工夫，等待個案自己移動內在成心編碼。個案在經過思索後，決定站穩新生家庭再心有餘力協助原生家庭。談至此環節，個案從「以原生家庭為主」的成心編碼位置移動到「先站穩新生家庭」的位置。

　　研究者透過提問讓個案看到原生家庭兄弟姊妹間與金錢不尋常關係，如下：

　　R：姊姊在業務工作待了20年，加上先生的工作，長久下來，沒有足夠的積蓄買房，是個連銀行都不願意承擔風險的人，你覺得這到底是誰的問題？（TR-2019-1028-14）

　　G：（愣住又呈現皺眉樣）是她們，可是……。（TG-2019-1028-14）

　　因為個案認為對不起他們，透過提問，再次釐清責任歸屬，並針對個案「情義」的成心編碼進行侷限的拆解。

　　R：到底什麼是真正的有情？現在這麼予取予求的幫就是有情嗎？（TR-2019-1028-15）

　　G：（搖頭）不是。（TG-2019-1028-15）

　　透過提問和個案探討什麼是真情義？有時候現在看起來的無情，是為了將來長遠的有情。有時現在看起來有情，其實是真正害死人的無情。

　　R：你真的愛他們嗎？不斷給予，讓兄弟姊妹都站不起來，陷入無限循環，這是真正的愛嗎？（堅定的神情）（TR-2019-1028-16）

　　G：（搖頭，又立馬點頭）嗯～（陷入思索）（TG-2019-1028-16）

　　透過有力提問，挑戰個案情義的底線，讓個案更正視自己以加害者的身分，在這段原生家庭中的位置。同時思考什麼才是真正的愛？體道者會如此

問，是因為從前端的資料收集知道個案很愛她的兄弟姊妹，所以這句話提問下去，有很力量。個案會認真思考什麼才是對兄弟姊妹「真正」愛的方式。到底是給魚吃？還是教釣魚？

> R：這個原生家庭金錢糾葛的循環，總要有人願意先看到跳出，才有帶來轉變的機會，你覺得那個人可以是誰？（TR-2019-1028-17）
>
> G：（笑出）我明白了～謝謝你。（TG-2019-1028-17）
>
> R：非常好，恭喜你。（微笑）那面對原生家庭的金錢糾葛，你知道該怎麼做了嗎？（TR-2019-1028-18）
>
> G：恩～（眼神轉為自信）要給予她們一些理財觀念，幫助她們正視理財的重要性。（TG-2019-1028-18）
>
> R：恩～非常好，這是你的強項，交給你就對了～（點頭、微笑並加上握拳加油的手勢）（TR-2019-1028-19）
>
> G：哈～沒錯！（從緊繃轉為放鬆，並開懷笑）（TG-2019-1028-19）

透過提問，讓個案面對自己設的局，同時激勵個案提升勇氣面對，最後探討方法，例如：理財觀念的給予，如何幫原生家庭正視理財的重要。整個過程體道者是個案的支持者，支持個案的所有成心編碼的移動選擇。

4. 模組四「內外辯證的實踐」：我要如何處世？

> R：非常好，說說你的收穫吧～（微笑）（TR-2019-1028-20）
>
> G：之前我知道擔保下去的風險我知道有風險，但不知道會有多大，所以縱然幫了，心一樣忐忑。今日我明白，我已結婚，不再是一個人，還有我的家庭要顧，不能因為我自己的決定，導致我先生和小孩有可能會承擔無家可歸的風險。另外，什麼才是真正的有情，這點有打到我，或許這個家會這樣，我是很大的幫兇，因為我一直讓這個循環繼續，我以為這是愛她們，我該跳出了這個圈圈了，謝謝你～（微笑）（TG-2019-1028-20）

庖丁解牛結束，要讓個案自己說收穫，因為由個案自己說出來的體悟，才是這個會談後她真正帶得走的東西，也就是知的提升。一般而言，會談結束的契機，在於擬定完整的策略，而道家淑世精神式會談關注的是人的活性，個案屬於金融業的一級主管，規劃執行能力明確，卡住只是她的內在信念。因此只要移動內在成心編碼，疏通個案思維及情緒後，個案即可自己進行下一步。故當中結束的契機，切在成心編碼鬆動後的豁然開朗。除非個案有再問怎麼做，

才會需要再談，否則相視一笑，即是止的契機。

（二）案例分析二──疏通他人「金錢與有效溝通」議題

H 個案 45 歲男性企業家，表示自己不擅與人溝通，所以，過往有關溝通的事宜，都習慣都讓底下人去處理。然而對於企業經營、生意往來或員工管理上，擁有好的溝通力是重要的，可是又覺得有效溝通雖重要，但做不到。造成的影響就是，當溝通不良時，自己總是習慣用錢作為處理，不論過去與合夥人的關係、與朋友的關係，故想來探討如何有效溝通。（TH-2020-0508-1、TH-2020-0508-2）

1. 模組一「走在關鍵的決策」──我在哪裡？

R：第一次不喜歡溝通是什麼時候呢？（微笑）（TR-2020-0508-3）

H：（停了 5 秒，緩緩道出～）小時候吧……。（TH-2020-0508-3）

R：發生什麼事，願意說說嗎？（TR-2020-0508-4）

H：記得小時候一次我用自己的壓歲錢買一台小汽車，媽媽給我拿去換一本圖畫故事書。我媽那時還說：「我想給你什麼就給你什麼！」（TH-2020-0508-4）

R：當時你的感受是如何呢？（點頭）（TR-2020-0508-5）

H：當然很無奈啊。（嘆氣）堂哥都可以買玩具車，為什麼我不行！（TH-2020-0508-5）

R：恩～（點頭同理）（TH-2020-0508-6）

H：從小我媽媽對我們教育上是權威式管理。還有一次國中時，全家第一次出國去泰國，我超興奮的。父母給了我們一人 100 元美金，結果因為哥哥想吃薯條竟花了 10 美金買。媽媽看到很生氣，收回我和哥哥全部的錢，我當時覺得很難過，關我什麼事？結果出國那幾天，變成只能眼睜睜的看著東西，卻不能買。我媽看見我臉臭臭的，又在那邊說：「一定要用錢才能買到你們的快樂嗎！？」（情緒激動上來，眼眶泛淚）總之，那個行程的回憶太差了，整個行程只能用無奈來形容。（TH-2020-0508-6）

R：嗯……。（點頭）對於這個事件，你下了什麼結論？（TR-2020-0508-7）

H：我的經濟一定要獨立自主，這樣才能獲得選擇權。（TH-2020-0508-7）

R：恩～你願意處理這兩個過往事件嗎？（TR-2020-0508-8）

H：好啊……（TH-2020-0508-8）

上述對話皆是在與個案建立信任感創造安全的場域後，個案面對研究者的提問，成心在道體涵納放鬆的環境下，逐漸調度出過往不喜歡溝通的事件。一次調度兩個感官記憶事件，分別為「買玩具車」和「全家泰國旅行」事件。兩次的成心編碼的感知感受都是「很無奈」，成心認知編碼是「經濟一定要獨立自主，這樣才能獲得選擇權」。在徵求個案同意下，進行過往事件的處理，以下皆是在催眠態進行，所以個案語速動作明顯變慢。

2. 模組二「生命道路的通達」──我要去哪裡？

在談論溝通議題時，個案呈現知道重要卻做不到的情形，因此個案的目標是如何有效溝通。

3. 模組三「高瞻遠矚的智慧」──我要如何做到？

R：針對第一個玩具車事件，你的感受剛才有提到媽媽將玩具車拿去換一本童話書，你除了感到無奈。還有什麼感受嗎？（TR-2020-0508-9）

H：羨慕吧～（嘆氣）因為堂哥都可以買玩具車，我不行～（TH-2020-0508-9）

R：還有嗎？（點頭、微笑）（TR-2020-0508-10）

H：沒有了。（搖頭）（TH-2020-0508-10）

R：無奈有幾分呢？（微笑）（TR-2020-0508-11）

H：當然是 10 分阿。（不加思索，語速變快）（TH-2020-0508-11）

R：那羨慕有幾分呢？（微笑）（TR-2020-0508-12）

H：8 分（TH-2020-0508-12）

R：如果這個玩具車事件，現在想起來有一個畫面那會是什麼？（TR-2020-0508-13）

H：（約過 10 秒，緩緩道出）就我一個人在房間裡，燈光昏暗，我站在書桌前，看著眼前那本莫名其妙的故事書。（TH-2020-0508-13）

R：恩～（點頭）聽起來真的好無奈喔～（TR-2020-0508-14）

H：對阿～（TH-2020-0508-14）

R：若用一個方式擷取那個圖案，你會想要怎麼做？（TR-2020-0508-15）

H：拍照吧～（TH-2020-0508-15）

R：好，現在拍完，感覺一下這張圖片什麼顏色？（TR-2020-0508-16）

H：彩色。（TH-2020-0508-16）

R：圖片大概有多大呢？（點頭）（TR-2020-0508-17）

H：在我的面前，一比一放大。（指出一比一的人身比例）（TH-2020-0508-17）

R：現在試著將這張彩色照片變成黑白，如何？（TR-2020-0508-18）

H：恩，我試試。（過了約五秒）好了。（TH-2020-0508-18）

R：再將等比人身黑白照片縮小，試試？（TR-2020-0508-19）

H：恩（TH-2020-0508-19）

R：變成多小？（TR-2020-0508-20）

H：比名片還小，幾乎看不到。（TH-2020-0508-20）

R：非常好，如果有一個方式，可以處理掉它，你會想怎麼做？（TR-2020-0508-21）

H：我想將那張照片放在桌上，我離開就不回去了。（TH-2020-0508-21）

R：恩～（微笑）非常好，現在感覺怎樣？（TR-2020-0508-22）

H：恩～好多了～（TH-2020-0508-22）

R：媽媽當時的那句話：「我想什麼就給你什麼！」若換一個結論你會想換什麼？（TR-2020-0508-23）

H：我已經長大。恩～沒錯!我已經長大。（TH-2020-0508-23）

R：非常好，你現在45歲了已經長大，不再是以前那個小孩子了。恭喜你。現在感覺一下那個難過，現在還有幾分？（微笑）（TR-2020-0508-24）

H：（搖頭）沒有了（TH-2020-0508-24）

R：那個無奈呢？（TR-2020-0508-25）

H：還有3分吧……（TH-2020-0508-25）

R：恩～還有另一個無奈事件，所以我們繼續來處理，好嗎？（微笑）（TR-2020-0508-26）

H：好。（TH-2020-0508-26）

從感官記憶調度事件並轉成心理情緒路徑提問，得出個案無奈有 10 分，羨慕有 8 分。處理的方式轉化個案的感官記憶的成心編碼，讓個案將自己和故事書的圖像拍照，換成黑白，縮小到看不到，然後走開。當畫面感由彩色轉成黑白，並從一比一的比例縮小到看不到的同時，感知的情緒也隨之下降。認知系統也從媽媽那句「我想什麼就給你什麼！」變成「我已經長大」的位置。

R：面對那個全家泰國旅遊的事件，媽媽那句「一定要用錢才能買到你們的快樂嗎！？」感受太強烈，你現在願意用唐老鴨的聲音講一遍嗎？（TR-2020-0508-27）

H：（按住鼻子，壓低聲音，反覆講出「一定要用錢才能買到你們的快樂嗎！？」念到後來都笑出了。）（TH-2020-0508-27）

R：感覺怎樣？（微笑）（TR-2020-0508-28）

H：好像好多了，不然我媽現在雖然不會對我這樣了，但這句話還是會出現在我腦海裡，很不舒服。（TH-2020-0508-28）

R：媽媽那句「一定要用錢才能買到你們的快樂嗎！？」重下一個結論，你會想說什麼呢？（TR-2020-0508-29）

H：我想要快樂，我就能快樂。（TH-2020-0508-29）

R：嗯！太棒了！你現在 45 歲，不只已經長大，經濟獨立，擁有屬於自己的事業規模，有一切的選擇權，你現在想要快樂，就能快樂！（拍手，右手比讚）（TR-2020-0508-30）

H：（點頭，笑出）沒錯沒錯～（TH-2020-0508-30）

R：還會無奈嗎？（TR-2020-0508-31）

H：ㄟ，不會了～（TH-2020-0508-31）

R：太棒了！恭喜你喔～（TR-2020-0508-32）

研究者運用聲音轉換，讓個案進行成心感知編碼的調整，從腦海盤旋不舒服的聲音，轉為唐老鴨的有趣聲音。感知紓解後，接下來就是鬆動媽媽的那句話「一定要用錢才能買到你們的快樂嗎！？」的認知編碼，轉成「我想要快樂，我就能快樂」。感知系統卡住的情緒獲得疏通，認知系統位置移動，生命主權拿回到自己身上，個案又再度回到生命的流暢。

4. 模組四「內外辯證的實踐」——我要如何處世？

和個案討論，此句神經元迴路太強，因為已在腦海裡循環撥放太久，以後

若再想起，先用唐老鴨聲音轉換。也就是變成唐老鴨的聲音講「一定要用錢才能買到你們的快樂嗎！？」將刺耳不舒服感受降低（感知）。或用橡皮筋彈掉，安撫一下痛的地方，打斷之前形塑的神經迴路。重新植入「我想要快樂，我就能快樂」，強化新的自己想要的神經迴路。然而，話語都有正反兩面，媽媽強勢作風及過去這句話，雖造成個案過往造成不可抹滅的創傷，然而也是讓個案現在經濟獨立、擁有選擇權的原因。所以，家課就是請個案重新將「經濟獨立」和「選擇權」的兩項個價值觀，重想一個正向圖片或事件，重新強化輸入，才能真的放下媽媽這一句，對個案造成影響的話。以上為 G 和 H 兩位個案的研究會談歷程，研究者對案例輔導成果，統一在第玖章結論時分成「研究者反思」及「參與者回饋」兩部分進行分析。

　　為何本文聚焦從金錢層面入手，因為就筆者的社會輔導經驗發現，許多人即便受過高等教育並在職業上獲得極大成功，卻常陷入財務上的掙扎，最大原因是現在的教育主流是教授專業知識或技術，並沒有教授財商。如何賺錢的理財態度，賺到錢後如何用？如何讓錢為我工作？如何長時間擁有這些錢？如何保護自己防止別人拿走手中的錢？除了金融相關科系外，各大學幾乎沒有提供這樣教育。而錢卻是人存活時的最大痛苦來源之一，一旦能夠辨認出自己在財務的問題，這個覺察力也可以應用在生命各個層面，達到生命整全的通達。而金錢對於淑世精神的老莊來講，只要不構成生活上阻礙，造成生命的堵塞，金錢本身沒有任何的罪惡，一切的罪惡不在於外物，罪惡只是一個內在價值的衡量。扣回到莊子的心性工夫論，既然罪惡不來自於外，顯然罪惡來自於我心中有所成。莊子洞見那個病根在成心身上，因此透過心齋坐忘的工夫削減成心，使罪得以鬆動（包含限制性信念帶來的侷限），削減那個成心就可以使罪不發生。嚴格來講工夫論就是防範於未然，老莊是門趨吉避凶的學問，如何避？就從隱微心念覺察起。老子說：「天下大事，必做於細。」（〈第六十三章〉）〔註78〕天下最關鍵的事往往在最細微的地方，把握了細節，方能有所成，現代話就是魔鬼藏在細節裡。老子又說：「其安易持，其未兆易謀。其脆易泮，其微易散。為之於未有，治之於未亂。」（〈第六十四章〉）〔註79〕問題在心上尚

〔註78〕〔魏〕王弼注：《老子道德經注》，收入於樓宇烈校釋：《王弼集校釋》（臺北：華正書局，1992 年），頁 164。
〔註79〕〔魏〕王弼注：《老子道德經注》，收入於樓宇烈校釋：《王弼集校釋》（臺北：華正書局，1992 年），頁 165。

未顯現時，很容易透過工夫來解消，問題有徵兆，事情發生端倪尚未成局，也是很容易化解。因此事情還沒形成前就去面對，這都是「見小曰明」（〈第五十二章〉）〔註80〕的慧見。透過工夫將老莊的生命調性成為習慣養成自然，自然而然就可以回到生命的素樸美好。

　　本章透過道家繚繞「正言若反」〔註81〕的表述方式，從中挑戰世俗人內在成心編碼對於金錢「知」的侷限，受限的思維，帶來受限的行動，養成的舊習慣導致現在侷限的人生。換言之，道家是一門喚醒覺知的學問，幫助吾人擁有清晰暢達的快意人生。老子說：「進道若退。」（〈第四十一章〉）〔註82〕，對於道本身而言，並無所謂的進退，只要掌握通的原則，退也是進的一種方式，如同跳遠第一步蹲低後，透過反作用力讓自己跳得更遠。因此，本文對於金錢議題如此迂迴繚繞的目的，是要從多角度進行認知系統及感知系統的疏通，鬆動侷限方能不執一方。同時，更透過老莊的慧見，層層翻轉吾人對財富的知見等級。而「財富自由」一詞受到拜金社會主流觀感影響，常被誤會成高談闊論、不勞而獲、奢侈浪費等負面感受，其實真正白手起家財富自由的人，多數低調講話保守，因為隨著提升財商知識，與世界接軌過程，見識更寬廣，更謙卑的看見自己的不足。他們懂得將錢按照比例分配，享受生活品質，但不是奢華浪費，因為知道自己一路打造資產過程有多麼不容易。財富自由其實是一個對金錢的成熟價值觀，擁有這樣的成心認知編碼，並非鼓勵不工作，而是翻轉現今對於厭世無感的工作意義，讓自己可以更專注在自己熱情的領域，在有限的生命裡發揮渲染力，為自己和社會創造更多價值。雖然人不可能無待，活著就是一種待，金錢本身也是一種待，沒有錢這個待也不能無中生有的進行理財投資。然而在面對金錢的生命議題上，淑世精神的老莊至少指引吾人一條面對世界流變，得以行走下去的金錢觀。老莊展現的天府、葆光、天倪、道通為一、

〔註80〕〔魏〕王弼注：《老子道德經注》，收入於樓宇烈校釋：《王弼集校釋》（臺北：華正書局，1992年），頁139。

〔註81〕牟宗三先生解釋為：「《道德經》說的：『正言若反』。本來我想說這個道理，但是這個話不能正面說出來，不能做一個 positive statement，我要表示這個意思，一定要通過一個 negation，透過一個不是這個意思來表示這個意思。這就是『正言若反』。『正言若反』是中國的老名詞，莊子名之曰『弔詭』。」牟宗三：〈老子《道德經》演講錄（四）〉，《鵝湖月刊》2003年第337期，（2003年7月），頁5。

〔註82〕〔魏〕王弼注：《老子道德經注》，收入於樓宇烈校釋：《王弼集校釋》（臺北：華正書局，1992年），頁111。

儉嗇等的工夫境界，提供吾人一個更成熟的金錢通達視野。道家面對金錢的回應，讓吾人更可以證實道家是大隱隱於市的智者，淑世精神的老莊有著跟隨世界脈動，瀟灑行走於人世間，又不將自己陷於局中的超然冷慧，再次回應早期學者認為老莊消極避世的主流意見。本文以此拋磚引玉，就教諸方大家。

第玖章　結　論

　　本文以跨域研究的形式，交叉運用「文獻分析法」、「創造詮釋法」、「深度訪談」及「參與觀察」等研究方法進行。在篇章架構上，先以文獻分析法建立「莊子淑世精神理論基礎」，再用創造詮釋法建立「莊子淑世精神的實踐模組」，最後以社會科學質性研究法中的「深度訪談」及「參與觀察」作為「莊子淑世精神具體實踐」的成果展現。具體實踐又分為生理、心理、人際、環境及金錢觀等五項子題，藉由《莊子》思想詮釋與個案分析的方式，呈顯莊子淑世精神之道。過程研究方法使用社會科學中質性研究法，目的在於將莊子淑世精神的實踐模組應用於訪談及參與觀察的實際成果上。由於本文主要目的在探究「莊子淑世精神的現代實踐」，關心的是會談對象本身面對生命關卡時，能否再回到通達。因此，過程中研究者會針對個案的現狀、背景文化、過往事件、環境特質和與個體互動現象，做深入而有系統的分析探討。由於這些資料不易藉由統計程式或量化取得，故較適合以質性研究進行。

　　由於本文目的在於把莊子的淑世精神具體應用在社會活動中，因此檢證全文有效標準不在於分析文獻、解構文句、處理莊子思想架構，而是透過實際參與社會活動中的討論、觀察及輔導，來評值實踐模組的可行性及有效性。換言之，本文是以國文系對莊子的研究來跨入社會生態學及公共衛生領域，因此檢證標準有別於過往國文系的研究結論，關鍵性的差異就在聚焦能否具體實踐。所以在結論的操作上是要能夠證明實際活動上的結果，故採取一個社會科學質性研究中的深度訪談及參與觀察方式呈現個案研究。也因此在處理過程中提供的檢證標準，除了有會談文本的呈現，還有研究過程成功的數量及回

饋。在基於學術客觀論文的要求下，本文扣除自述案例作為研究成果二的「研究者省察與反思」外，一共取出 8 位個案數，每 1 個案例皆呈現運用「莊子淑世精神實踐模組」，是可以適當疏通個案，並且產生具體成效的。儘管本文佐證案例數為 8 位，乍聽起來有點少，然而以社會科學質性研究的領域，已達博士論文研究樣本標準。筆者針對單一質性研究的博士論文，查閱臺灣碩博士論文網及國立高雄師範大學碩博論文網的文獻，大體而言，許多博論的研究個案量未達 8 的數字，請參考附錄六「質性研究人數客觀檢證基準之參考」。〔註1〕因此，本研究的研究量在社會科學領域上，是可以達到一定客觀檢證標準的。接下來本文在結論部分一共分三節進行闡述，第一節為研究結果，第二節為研究結論，第三節為研究限制與未來展望。

第一節　研究結果

本文使用社會科學研究中的質性研究法來做為成果展現，主要因為質性研究能夠了解並詮釋，人類經驗世界當中生活情境所賦予的意義及價值，重視過程呈顯的現象。而莊子淑世精神的具體實踐部分就是將一個思想概念，透過社會科學的質性研究來呈現文化現象。以國文系而言就是，思想論述加生活等於文化，因此呈現出來的文本（當下的會談分析詮釋）即是一種有效成果的展現，故本文並非聚焦行為科學的數據研究。當中質性研究三大類型中的寫實故事是最受肯定的書寫類型，期刊學術論文皆常使用，自白故事則帶有高度個人化的陳述，能促使讀者更為關注論文議題，其描述手法也是社會科學中相當重視的一環。本文除了使用質性研究的寫作手法呈顯深度訪談的成果外，更搭配參與觀察展現主體行動力，在行動研究中筆者本身除了是研究者，也是參與者。能以局內人身分觀其內部現象外，更讓本研究掌握研究設計首重的「必須使受訪者處在最自然的狀態，真實地去從事他們的重建行為」原則，以不干不擾，呈顯道家「生而不有，為而不恃，長而不宰，是謂玄德」（〈第十章〉）〔註2〕。因

〔註1〕感謝口試委員姜龍翔先生指出個案研究無法推論總體普遍性，為本文須特別留意說明的部分，筆者加註說明如下：舉證本就意謂著不可能普遍，因為實踐的案例舉證屬於經驗科學的範疇，要普遍只能用排他的方式，這是國文系人文思想未來後進學者在做跨界研究需先突破理解的部分。

〔註2〕〔魏〕王弼注：《老子道德經注》，收入於樓宇烈校釋：《王弼集校釋》（臺北：華正書局，1992 年），頁 22。

此，使用質性研究的方法極為符合道家通達靈活的生命調性。以下為本文研究
成果分為「案例成果分析」及「研究者省察反思」兩部分進行闡述。為了流暢
性與還原較真實的一面，下文參與者的回饋中，論述形式上會出現「你」（代表
研究者）與「我」（代表參與者）的交替使用，在自述的反思中，論述形式上會
出現「我」（代表研究者）的字詞，以下分別進行成果分析。

一、案例成果分析

　　一般會影響質性研究品質的因素主要分為「研究者」和「研究參與者」兩
方面，因此本文在研究者部分，透過研究參與者檢核（前導研究）、研究者訪談
日誌及研究反思筆記三種技術來增進研究品質。研究參與者檢核部分，請研究
參與者閱讀研究者訪談謄寫之逐字稿、檢核資料是否完整或偏離其原意，給予
意見回饋，完成研究後也將研究結果再次請研究參與者確認並評論。信度部份
本文會運用社會科學的三角檢證中的資料對比呈現，一共有會談紀錄、研究者
反思者筆記、會談日誌三者做資料交叉驗證，來增加研究的信度及有效性（詳
見本文頁數 33 的深度訪談法 6、研究嚴謹性）。以下針對「深度訪談法案例成
果分析」及「參與觀察法案例成果分析」兩部分進行個案與組織的案例成果分
析。

（一）深度訪談法案例成果分析

　　莊子淑世精神式會談能比坊間心理分析為主的談話性治療成效更佳的原
因，來自於道家能運用心齋工夫形塑出安全的場域，並用道心感通個案整個身
心的氣場狀態，讓個案的成心自己說話。這是一種媽媽出場，小孩就會乖乖緩
和躁動的概念。因為造化賦予吾人的身心機能，自有一套自然復原的本能機
制，因此只要啟動此功能恢復運轉，個案就能讓卡在身體裡的堵塞能量進行疏
通。神經系統的情緒能量經由擺盪點滴釋放後，個案會進入一種深層的平靜狀
態，通常隔天或幾天後，過往卡住身心症狀會大幅緩解，甚至解消。而這樣運
用道家「吾喪我」、「心齋」、「坐忘」的工夫涵養道心形塑成的場域，就是讓個
案帶來轉機的關鍵，因此莊學的工夫不只可以幫助自己，還可以幫助他人獲得
生命的通達。〔註3〕以下本文就深度訪談的 8 個案例，每 1 個案例皆用 1 個標

〔註3〕感謝口試委員謝君直先生精闢點出本論文與一般心理科學或經驗科學的社會
　　　科學論文，最大差別在於社會科學心理治療多放在以心知活動及意識活動的
　　　論述，並以此做為物質面上的建構基礎，導致檢證標準全都在物質層面（形而

題作為代表，面對的生命議題各有不同，有面對死生議題、身體症狀議題、過去自己議題、心理狀態議題、愛的議題、怕鬼議題、借貸議題、金錢與溝通議題等，十分多元。

1. 以最大的圓滿面對生命的落幕（A 案例詳見 214 頁）

（1）研究者反思

個案的議題來自於「自己與娘家的狗」及「自己與父親」。隨著年紀增長，老狗身體機能出現問題及父親的年邁，嫁在遠處的個案無法時時能有所顧及，會有很深的無力感。因個案的感知描述比較強烈，所以筆者順勢透過感知系統的「身體症狀路徑」和「心理情緒路徑」切入（詳情參閱第伍章「莊子淑世精神的具體實踐二：虛心見真之道」），由感知系統帶到認知系統的轉換，過程調整個案從生氣父親「為什麼有狀況時，什麼也沒說，就用自己的方式處理！」的位置，移動到「至少有處理了。」個案透過換位思考，從原本的「生氣」、「震驚」，無法理解的位置，移動到「理解」與「接納」的位置。最後個案對狗狗病痛即將死亡下的成心編碼「我盡力做到最大的圓滿」將力量帶回自己身上。研究者順勢提問擴大個案面對生老病死的造化議題，最後個案為自己下了一個對死生的終極態度，就是「面對所有生老病死的過程，我盡力做到最大的圓滿。」整個過程，研究者持續運用「心齋」工夫營造安全的信任場域，柔軟跟隨個案，協助釋放感知壓抑的情緒，整合認知系統，讓個案重返生命的流暢。（LR-2020-0130-1）

面對死亡議題，莊子說：「死生，命也，其有夜旦之常，天也。人之有所不得與，皆物之情也。」（〈大宗師〉）[註4] 死生是流轉的，莊子沒有求死，也有養生，養生就包含了所有的維護，生命的整全。有病時就去治病，可是有些病不能治怎麼辦？〈大宗師〉子輿說：「安時而處順，哀樂不能入」[註5]，除

下），因此論述到最後容易出現以物質決定精神的盲點。而本文在檢證生命哲學的價值效度來說，問題雖發生在物質面向，然而莊學在解決問題時，可以通形而上和下，因此可超越物質的思維進行有效性的處理，這也是本篇論文的獨特性所在。

〔註4〕〔清〕郭慶藩注：《莊子集釋》（新北市：商周出版，2018 年），頁 173。

〔註5〕子祀、子輿、子犂、子來四人相與語曰：「孰能以無為首，以生為脊，以死為尻，孰知生死存亡之一體者，吾與之友矣。」四人相視而笑，莫逆於心，遂相與為友。俄而子輿有病，子祀往問之。曰：「偉哉！夫造物者，將以予為此拘拘也！曲僂發背，上有五管，頤隱於齊，肩高於頂，句贅指天。」陰陽之氣有沴，其心閒而無事，跰足而鑑於井，曰：「嗟乎！夫造物者，又將以予為此拘

了「安」字外，就是熟悉自己的病就好了，因為有些是無法解消的，治療過程
倘若不幸病故，如同 A 個案娘家的狗一樣，把它歸咎於環境資源不足的醫術。
其實回過頭思考，若送到更好的地方必然有救嗎？其實不然。何況那個所謂更
好的地方在哪裡？並沒有。莊子說：「無何有之鄉，廣莫之野。」（〈逍遙遊〉）
〔註6〕那些都不是真實，其實都只是人心的一種企求，一切要看淡，所以莊子
才說消解「成心」〔註7〕。若真的死掉，就記得莊子說：「夫大塊載我以形，勞
我以生，佚我以老，息我以死。故善吾生者，乃所以善吾死也。」（〈大宗師〉）
〔註8〕從這邊回到自然造化。（SR-2020-0607-1、SR-2020-0607-2）

（2）參與者回饋

對研究者回饋：你能建立信任感，讓我放心述說，有這樣的場域我可以打
開我自己。你在過程會適當複述，確認我的想法及狀態。用很好或非常好的語
句鼓勵支持我，給予我信心。完全掌握我的需求，正中紅心，掌握我的議題，
讓我不斷聚焦我的目標。光運用提問就能讓我情緒的點爆發，勾起以前我對於
媽媽處理事情不 ok 的事件。在決策執行上也會徵求我改變的願意。最後也會
與我共同擬定在我能力範圍盡到最大圓滿的策略，並支持我行動。在傾盆大
雨、灰蒙蒙的天氣裡，妳的清透暖流湧入我心，給了我溫暖、給了我力量，給
了我在迷惘時，能重新整理再出發的勇氣。我好愛妳的智慧、敏捷、真誠、善
良、清新脫俗的氣質，跟你談話非常的舒服，也非常的有收穫，謝謝你。此次
環節評分為 10 分。（LA-2020-0130-2）

拘也！」子祀曰：「汝惡之乎？」曰：「亡，予何惡！浸假而化予之左臂以為雞，
予因以求時夜；浸假而化予之右臂以為彈，予因以求鴞炙；浸假而化予之尻以
為輪，以神為馬，予因以乘之，豈更駕哉！且夫得者時也，失者順也，安時而
處順，哀樂不能入也。此古之所謂縣解也，而不能自解者，物有結之。且夫物
不勝天久矣，吾又何惡焉？」〔清〕郭慶藩注：《莊子集釋》（新北市：商周出
版，2018 年），頁 186。
〔註6〕惠子謂莊子曰：「吾有大樹，人謂之樗。其大本擁腫而不中繩墨，其小枝卷曲
而不中規矩，立之塗，匠者不顧。今子之言，大而無用，眾所同去也。」莊子
曰：「子獨不見狸狌乎？卑身而伏，以候敖者；東西跳梁，不避高下；中於機
辟，死於罔罟。今夫犛牛，其大若垂天之雲。此能為大矣，而不能執鼠。今子
有大樹，患其無用，何不樹之於無何有之鄉，廣莫之野，彷徨乎無為其側，逍
遙乎寢臥其下？不夭斤斧，物無害者，無所可用，安所困苦哉！」〔清〕郭慶
藩注：《莊子集釋》（新北市：商周出版，2018 年），頁 43。
〔註7〕〔清〕郭慶藩注：《莊子集釋》（新北市：商周出版，2018 年），頁 53。
〔註8〕〔清〕郭慶藩注：《莊子集釋》（新北市：商周出版，2018 年），頁 188。

對自身回饋：謝謝你整個過程柔軟的跟隨我，讓我真實面對自己的情緒，讓情緒自然流露，並且找到自己的答案。看完訪談記錄我好感動，這份記錄表是我最好的寶藏，只要每看一次，彷彿又回到和妳談話的那個情境中，除了可以自我做整理，同時也是屬於自己在成長蛻變最好的過程，謝謝你。（LA-2020-0130-3）

2. 身體症狀代表著一個沒有說出來的訊息（B案例詳見220頁）

（1）研究者反思

個案的議題是「身體症狀」議題，有關從高中畢業開始就會有長年鼻塞的困擾，每次症狀開始就會有鼻子脹脹、打噴嚏、呼吸困難的情形，看中醫也沒什麼成效。因探討鼻塞症狀切入方式很多種，在個案尋求外界其他方法無效後，研究者選擇用催眠身心連結，「莊周夢蝶」（〈齊物論〉）〔註9〕方式打開個案身心侷限，引導個案進行自我對話。要引導個案打開感知，讓成心願意釋放訊息，就必須形塑安全信任的場域，故整個過程研究者持續涵養心齋的工夫，創造對話的機會。（LR-2019-1202-1）

因為個案屬於視覺系統先行，因此在道的場域形塑出安全感下，研究者調度對方的成心進行對話，透過成心的訊息擷取，讓個案明白「平靜」對她而言很重要，以及鼻塞與平靜的關聯性，也就是通常鼻塞時就是不平靜時。而維持平靜的方法，就是要與外在人事物及環境（例如：天氣變化）等和平相處。最後與個案共同擬定平常涵養平靜的行動策略，讓個案專注生命中重要的價值觀。每天的持之以恆，當能不斷維持平靜，就能展現高效能的應對，回到生命的流暢，鼻塞症狀自然就會改善。（LR-2019-1202-2）

主體養成的議題中，身體出了狀況跟心理的關係，在莊子意義治療學中認為身心連結是一體的。莊子說：「若一志，无聽之以耳而聽之以心，无聽之以心而聽之以氣。聽止於耳，心止於符。氣也者，虛而待物者也。唯道集虛。虛者，心齋也。」（〈人間世〉）〔註10〕身體和心理都是身體的一環，最

〔註9〕〔清〕郭慶藩注：《莊子集釋》（新北市：商周出版，2018年），頁90。

〔註10〕顏回曰：「吾无以進矣，敢問其方。」仲尼曰：「齋，吾將語若！有而為之，其易邪？易之者，皞天不宜。」顏回曰：「回之家貧，唯不飲酒、不茹葷者數月矣。若此，則可以為齋乎？」曰：「是祭祀之齋，非心齋也。」回曰：「敢問心齋。」仲尼曰：「若一志，无聽之以耳而聽之以心，无聽之以心而聽之以氣。聽止於耳，心止於符。氣也者，虛而待物者也。唯道集虛。虛者，心齋也。」〔清〕郭慶藩注：《莊子集釋》（新北市：商周出版，2018年），頁112～113。

重要是把生命重點的東西回歸到「虛室生白」(〈人間世〉)〔註11〕的狀態，
才能知道身體所有的症狀反應，到底是身體出於疲憊，還是心裏出了問題。
（SR-2020-0607-3）

（2）參與者回饋

對研究者回饋：你建立溫暖親和感的環境，讓我覺得很放鬆，身體的訊息
就慢慢調度上來。過去我一直是理性思考為主的人，原來身體真的可以對話，
太神奇了。整個過程你讓我的感知與認知系統同步運作，我聽不到聲音，只有
看到影像，你就很柔軟地跟隨我，耐心地等待我說出看到的訊息。（LB-2019-
1202-1）

對自身回饋：紫色原來對我有平靜感受，我可以多找些紫色的信物，提醒
自己要常保平靜。謝謝你引導我與身體對話，並獲得持續平靜的方法，我每天
會開始練習睡前 15 分鐘靜心，很棒！此次環節 10 分。（LB-2019-1202-2）

3. 穿越時空擁抱你——與自己和好（C 案例詳見 264 頁）

（1）研究者反思

個案的議題為：「自己看書會有不耐煩的狀態」。庖丁解牛後發現其狀態背
後有個更深層的議題，也就是「自己與過往 22 歲的自己合一」。當中研究者選
擇運用「莊周夢蝶」(〈齊物論〉)〔註12〕式的夢境催眠技巧，跳脫時空侷限，
協助個案走時間線回到當時情境與 22 歲的自己相遇。過程整合個案成心編碼
中的感知與認知系統，幫助個案與過去的自己對話，將當時的焦躁情緒釋放，
同時將「我終於可以不用再碰教育科目了！」的成心編碼，重新下一個「我終
於可以讀自己想讀的書了！」的成心編碼，使個案回到生命的流暢。（LR-2020-
0112-1）

當中研究者進一步加碼，支持個案相信自己當時的決定。若沒有當時有勇

〔註11〕顏回曰：「回之未始得使，實自回也；得使之也，未始有回也。可謂虛乎？」
夫子曰：「盡矣。吾語若！若能入遊其樊而无感其名，入則鳴，不入則止。无
門无毒，一宅而寓於不得已，則幾矣。絕迹易，无行地難。為人使，易以偽；
為天使，難以偽。聞以有翼飛者矣，未聞以无翼飛者也；聞以有知知者矣，未
聞以无知知者也。瞻彼闋者，虛室生白，吉祥止止。夫且不止，是之謂坐馳。
夫徇耳目內通而外於心知，鬼神將來舍，而況人乎！是萬物之化也，禹、舜之
所紐也，伏戲、几蘧之所行終，而況散焉者乎！〔清〕郭慶藩注：《莊子集釋》
（新北市：商周出版，2018 年），頁 113～114。
〔註12〕〔清〕郭慶藩注：《莊子集釋》（新北市：商周出版，2018 年），頁 90。

氣的決定，也不會因為後來 X 展優異表現，讓學校開缺留他，現在也在教育界擔任要職，負責籌備 X 展事宜，從事他熱愛的工作。最後，研究者與個案共同擬定行動策略，運用手勢加話語（右手握拳敲打左胸說：你很棒！你做得很好！）每天照三餐服用支持自己，讓個案可以每天維持最佳狀態，成為自己生命的支持者。此次庖丁解牛環節成功來自於整個過程持續使用「道術合一」的步驟，涵養心齋「達人氣」（〈人間世〉）〔註13〕及運用提問和聆聽「達人心」（〈人間世〉）〔註14〕，兩者靈活切換方式，疏通個案卡住堵塞處，回到生命的流暢。（LR-2020-0112-1）

在操作手法上，人容易受時間及空間的限制，若帶個案進入一點催眠態，會比較能跳脫時空的概念與自己對話。〈齊物論〉裡面也有一段談夢，說：「百骸、九竅、六藏，賅而存焉，吾誰與為親？汝皆說之乎？其有私焉？如是皆有，為臣妾乎，其臣妾不足以相治乎。其遞相為君臣乎，其有真君存焉。」〔註15〕我不知道誰為君？誰為臣？到底是手還是腳？到底是我的身體主導我的心靈？還是我的心靈主導我的身體？還是根本不需要刻意，它就是連動的，重點在有沒有疏通，若有就是「道樞，樞始得其環中，以應無窮。」（〈齊物論〉）〔註16〕道樞讓整個心靈、手腳、背部身體的臟器都的堵塞通透為一，都能夠順利運行，獲得疏通，回到氣血通暢就是道。（SR-2020-0607-4）

〔註13〕〔清〕郭慶藩注：《莊子集釋》（新北市：商周出版，2018 年），頁 105。

〔註14〕〔清〕郭慶藩注：《莊子集釋》（新北市：商周出版，2018 年），頁 105。

〔註15〕非彼無我，非我無所取。是亦近矣，而不知其所為使。若有真宰，而特不得其眹。可行已信，而不見其形，有情而無形。百骸、九竅、六藏，賅而存焉，吾誰與為親？汝皆說之乎？其有私焉？如是皆有，為臣妾乎，其臣妾不足以相治乎。其遞相為君臣乎，其有真君存焉。如求得其情與不得，無益損乎其真。一受其成形，不亡以待盡。與物相刃相靡，其行盡如馳，而莫之能止，不亦悲乎！終身役役而不見其成功，苶然疲役而不知其所歸，可不哀邪！人謂之不死，奚益？其形化，其心與之然，可不謂大哀乎？人之生也，固若是芒乎！其我獨芒，而人亦有不芒者乎！〔清〕郭慶藩注：《莊子集釋》（新北市：商周出版，2018 年），頁 53。

〔註16〕物無非彼，物無非是。自彼則不見，自知則知之。故曰：彼出於是，是亦因彼。彼是，方生之說也。雖然，方生方死，方死方生；方可方不可，方不可方可；因是因非，因非因是。是以聖人不由，而照之于天，亦因是也。是亦彼也，彼亦是也。彼亦一是非，此亦一是非。果且有彼是乎哉？果且無彼是乎哉？彼是莫得其偶，謂之道樞。樞始得其環中，以應無窮。是亦一無窮，非亦一無窮也。故曰「莫若以明」。〔清〕郭慶藩注：《莊子集釋》（新北市：商周出版，2018 年），頁 59。

（2）參與者回饋

對研究者回饋：透過一個讀書煩躁的心情，竟可以將過往事件調度上來。讓我同時釐清以前讀書過程壓力大，都可以一路撐過來，現在也順利爬上來，怎麼還是內心很激動，還是很有情緒的困惑。原來是當時的能量沒有釋放，謝謝你讓我跑完過去這一段。你在會談過程耐心地等待與支持，讓我過往事件能夠湧上，有機會處理。此次環節給 10 分。（LC-2020-0112-1）

對自己回饋：太神奇了！會談完情緒很平靜，感覺回到剛出社會天不怕地不怕堅信自己選擇的狀態！也堅信自己想要就一定可以拿的到的狀態！現在感覺很有力量！（LC-2020-0112-1）

4. 自信來自於成為想成為的自己（D 案例詳見 269 頁）

（1）研究者反思

個案的議題為：「想要恢復自信」並表示現在的她很沒有自信，整個人看起來就是畏畏縮縮，不像以前那麼大方。經由討論看到成心感知系統留下迷戀某個男生的感受。而透過這個曖昧情愫的男性友人出現，要教會個案的生命禮物為：A、信念的重新設定：我能接受自己跟別人的不完美；我如實的做我自己；我的生命每天都充滿美好的事物，所以我很開心。B、喜歡什麼樣的自己：乾淨、俐落、穩重、客觀、有原則，個案統稱「自信」。個案表述自己喜歡追求新的東西，到手後看到沒那麼完美就又立馬轉移目標。透過討論因為有「喜歡看起來完美」的內在成心編碼，導致個案產生「喜新厭舊」的習慣。因此調整編碼從「喜歡看起來完美」位置到「乾淨的選擇」位置。並請個案訂出乾淨選擇的標準，也就是「確定就確定」的標準。然而，為何個案一直無法做出乾淨選擇？主要來自於個案無法達到自己訂出「確定就確定」的標準，故抓出個案多次無法選擇的事件後，對自己所下的成心編碼，為「與其無法選擇，不如全部都要」這句話，造成個案外在行為模式的影響，付出的代價小至影響購物消費習慣（全都買的額外消費）、影響財務狀況流失（呈現財務匱乏的現況）、大至選擇伴侶無法乾淨選擇（情不自禁都想要）。（LR-2019-1012-1）

研究者分析其內在編碼路徑，每當個案無法選擇時，沒想清楚，就衝動全要，後果代價，隨著年紀增長，承受的代價越大，例如：財務或感情狀況等。越無法面對，就越衝擊自身「完美」的價值觀。每次代價越大，個案開始對於自己的選擇越不確定，開始質疑自己、不敢選擇、不願承擔，開始產生想逃開、不願意動的行為表象模式，於是形成現在看到的「沒有自信」的自己。經調整

後建立新的思維路徑，也就是當無法做出選擇時，先把最好最壞都想到底，再做適合自己的最佳決策，若當下無法決定可以請求神隊友支援。因為是想到底，所以行動起來就會比較有力量，對於所做的事較篤定甘願並願意負責。如此不斷反覆，將建立正向迴路圈，就可成為個案想成為的自己，恢復以往的自信。那個想成為的自己，個案的標準為：乾淨、俐落、穩重、自信。（LR-2019-1012-2）

當研究者若對於個案表示有了曖昧情愫的男性友人，一開始就進行道德批判，那就是「德厚信矼，未達人氣」（〈人間世〉）〔註17〕德厚信矼是很固實的東西，說明德行為世人所重，但是無法感通對方的氣。對方第一步感受到不被接納後，之後講什麼道理都無法進入她的心，因為她已將其拒於門外。反之，面對認為自己作賊心虛，有道德疑慮的個案，研究者先做到「虛己應物」，莊子說：「虛己遊世」（〈山木〉）〔註18〕及「用心不勞，其應物無方。」（〈知北遊〉）〔註19〕先解消自己的偏執和我見，透過心齋工夫使其虛後，方能不以自己的觀感標準，而傷萬物，莊子也說：「至人用心若鏡，不將不迎，應而不藏，故能勝物而不傷。」（〈應帝王〉）〔註20〕回到輔導立場，〈齊物論〉說：「道通為一」〔註21〕，順著萬物的行為，而不是在上面先作價值上的評斷，任何人的人生都有其獨特性，尊重其發展並適時順勢而為，疏導萬物回到生命的通達。（SR-2020-0607-5）

（2）參與者回饋

對研究者的回饋：滿意度有 10 分，因為你可以從我無意間輕描淡寫的一句話，或漫無章法看似瑣事的訊息。不論是一句話或者一個事件，最後都能統整，抓出影響我外在一切的內在核心信念。過程活用工具，出神入化，信手拈來。此次會談完我有豁然開朗的感受，很強！我認為 CP 值有到 10 萬的功力，是可以模仿學習的對象。對自己的回饋：我更清楚事件來時，可以學習如何運用模組進行分析、釐清。透過此次會談，我真的非常相信所有的外在一切，都是內在影響出來的。（LD-2019-1012-1）

同時面對訪談後給予的兩樣家課也願意執行：其一，如實進行上述會談

〔註17〕〔清〕郭慶藩注：《莊子集釋》（新北市：商周出版，2018 年），頁 105。
〔註18〕〔清〕郭慶藩注：《莊子集釋》（新北市：商周出版，2018 年），頁 465。
〔註19〕〔清〕郭慶藩注：《莊子集釋》（新北市：商周出版，2018 年），頁 511。
〔註20〕〔清〕郭慶藩注：《莊子集釋》（新北市：商周出版，2018 年），頁 207。
〔註21〕〔清〕郭慶藩注：《莊子集釋》（新北市：商周出版，2018 年），頁 62。

的建立自信路徑，建立黃金迴圈，直到拿回自信為止。其二，整理過往自己將小從到大聽到的「語言設定」、「模仿誰」及「遇到的事件」進行莊子淑世精神實踐模組的架構演練，也就是從事件中先釐清議題，知道自己在哪裡？在設定目標，知道自己要去哪裡？過程如何做到？透過覺察抓出事件的成心編碼病毒，進一步理解及分析。再來劃清界線，選擇將編碼保留或放棄。最後重新設定編碼，設定完可以感覺一下新的設定路徑，長久下去會成為什麼樣的人，問自己這是自己要的嗎？若是，就可收納成為自己的成心編碼。（LD-2019-1012-1）

5. 在愛中保有相忘江湖的心靈與生活空間（E 案例詳見 307 頁）

（1）研究者反思

個案探討的是「工作」和「婆家」議題。在「工作議題」上，個案呈現一個「想去醫學中心又不想去」的猶疑狀態。原因來自於：擔心失去自由、陪伴孩子的時間減少。因此，體道者抓到個案成心編碼的關鍵字，「自由」和「陪伴孩子」。透過提問「現在看似的自由，能讓你維持多久？」鬆動對方思維侷限，讓個案朝著自己想要的目標前進，也就是去醫學中心工作，因為這樣才會站穩自己。去醫學中心工作，有穩定工作場域、有錢、有穩定工作，都能獲得個案想要的安全感。入醫學中心，正常班不用輪班的單位。（LR-2020-0428-1）

在「婆家議題」上，從「婆家大小心，不公平的事，層出不窮」這件事，透過提問，讓個案對於愛的議題，從「見山是山」（我以前都是傻傻的愛）到「見山不是山」的愛（我付出著麼多，他們怎麼可以這樣，媳婦不可能變成女兒，對待孩子永遠有分別、拜拜就醫什麼雜事都要我，我要懂得保護自己和小孩）；再到「見山又是山」（我一樣還是可以愛人，對我的夫家和先生展現愛，只是我要學會在物質上面保護我自己和小孩）的位置。最後疏通個案對於愛的課題，從成心編碼「不懂什麼是愛」的位置，走到「懂什麼是愛」的位置，下一步就是去體會經歷什麼是「愛」，「知道」又「做到」才是真的在愛的課題裡完整。結束後有分享實踐模組道的架構，個案立馬做筆記，表示以後遇到問題時也要這樣問自己，更提到原來古代的經典這麼有趣，古人的智慧博大精神，覺得很受用。（LR-2020-0428-2）

個案之所以提到原來古代經典這麼有趣博大精神，並覺得很受用的最主要原因，來自於研究者具體實踐把莊子的精神帶入個案訪談中，這比使用文

獻帶入更能說服別人。使用文獻還要解釋文獻講什麼,精神帶入就可以直接在方法策略上,依個案進行疏導調整。會談的目的就是要讓個案更通達的活下去,不是希望她變成什麼樣的人,研究者的任務就是疏通並協助個案成為快樂的人。在進行過程,沒有因為個案怎麼選擇,就做價值上的判斷,來自於研究者做到「吾喪我」(〈齊物論〉)〔註22〕,先解消自身的「成心」(〈齊物論〉)〔註23〕感通對方的成心,進而協助個案找到工作及婆家的平衡,做到「和之以是非,而休乎天鈞」(〈齊物論〉)〔註24〕。(SR-2020-0607-6)

(2)參與者回饋

對研究者回饋:你能以「嗯」(點頭)、「好」、「非常好」語句表達支持,從多面向整合探索我內在真正的需求,透過提問釐清支持我內在真實的想法。從眼神、口語、姿勢給予我支持,並會耐心等待我說出答案。謝謝你的傾聽,讓我可以好好說話,把壓抑在內心的情緒,獲得紓解,更明確知道自己該勇敢承擔,整理內在真實狀態,去自己想要去的地方,做真實的自己。妳很快就能察覺我困在埋頭苦思的苦境。透過妳的精準提問,讓我內思自我狀態,自己說出更精準的答案,忽然豁然開朗,覺得自己得到好棒、好棒的禮物,感謝你出現在我生命中。針對此次會談滿意度超過 10 分。(LE-2020-0428-1)

事後個案更用通訊軟體訊息回饋:「親愛的:因為有妳的提醒,這正是我對孩子正向輸入的時候,強而有力建立孩子的黃金迴圈,讓孩子以媽媽為榮,也知道媽媽對他們滿滿的愛,不再默默低調帶過,我們要歡樂開慶功宴。謝

〔註22〕〔清〕郭慶藩注:《莊子集釋》(新北市:商周出版,2018 年),頁 46。

〔註23〕夫隨其成心而師之,誰獨且無師乎?奚必知代而心自取者有之?愚者與有焉,未成乎心而有是非,是今是適越而昔至也。是以無有為有,無有為有,雖有神禹,且不能知,吾獨且奈何哉!」〔清〕郭慶藩注:《莊子集釋》(新北市:商周出版,2018 年),頁 53。

〔註24〕以指喻指之非指,不若以非指喻指之非指也;以馬喻馬之非馬,不若以非馬喻馬之非馬也。天地,一指也;萬物,一馬也。可乎可,不可乎不可。道行之而成,物謂之而然。惡乎然?然於然。惡乎不然?不然於不然。物固有所然,物固有所可。無物不然,無物不可。故為是舉莛與楹,厲與西施,恢恑憰怪,道通為一。其分也,成也;其成也,毀也。凡物無成與毀,復通為一。唯達者知通為一,為是不用而寓諸庸。庸也者,用也;用也者,通也;通也者,得也。適得而幾矣。因是已。已而不知其然,謂之道。勞神明為一,而不知其同也,謂之朝三。何謂朝三?曰狙公賦芧,曰:「朝三而莫四。」眾狙皆怒。曰:「然則朝四而莫三。」眾狙皆悅。名實未虧,而喜怒為用,亦因是也。是以聖人和之以是非,而休乎天鈞,是之謂兩行。〔清〕郭慶藩注:《莊子集釋》(新北市:商周出版,2018 年),頁 62。

謝你對我滿滿的愛與關心，我都深深放在心裡，只要心裡難過時，想起你，我就覺得好溫暖。」並再帶孩子慶功宴後，附上開心的合照並回饋：「親愛的：因為有妳在我身邊的每一天，讓我明白了陪伴孩子質與量的重要性，享受當下，全心全意投入，並且勇於分享自己的榮耀讓孩子知道，這感覺太棒了。」（LE-2020-0430-1）聚餐完，我的女兒還說下次要作畫送給你，謝謝你這麼支持她的媽媽。（LE-2020-0430-2）道家是萬物生命的支持者，成其所成，疏導萬物回到生命的流暢。

對自身的回饋：透過會談我明白自己要身心合一，如實接納每一刻自己最真實的感受。我要誠信的夫妻關係，我要任何狀態下都能安住自己，不被先生或其他人影響。同時我要在精神層面上可以繼續愛人，但在物質上保護自己。我去體會靈魂想要我提升的生命功課。同時，因為有你，讓我知道應徵上醫學中心正是我對孩子正向輸入的時候，強而有力建立孩子的黃金迴圈，讓孩子以媽媽為榮，也知道媽媽對他們滿滿的愛，不再默默低調帶過。同時也讓我明白陪伴孩子質與量的重要性，享受當下，勇於分享自己的榮耀讓孩子知道，這感覺太棒了，彷彿再次蓄電充滿能量找回笑容。（LE-2020-0428-2）

6. 我比鬼還恐怖（F 案例詳見 312 頁）

（1）研究者反思

個案探討的議題是「關係上過度依賴姐姐」。因為小四的個案是由媽媽帶來，非個案自願。所以，一開始花比較多時間和小朋友建立親和感，並確認個案探討此議題的意願。當「達人氣」（〈人間世〉）〔註25〕的親和感建立起來後，得知小孩會黏著姊姊的最大原因，並非媽媽說的單純依賴姊姊，而是覺得家裡有鬼，故不敢一個人單獨行動，因此研究者針對個案「鬼」的議題做處理。不管鬼是否為真實，研究者都請個案調度「鬼」與她接觸過的畫面。個案簡稱鬼為「小黑黑」，表示小黑黑有時會躲在樓梯轉角旁，有時候會在衣櫥的角落，所以她不敢一個人在樓上或洗澡。（LR-2020-0324-1）

老子說：「以道蒞天下，其鬼不神」（〈第六十章〉）〔註26〕透過心齋工夫持續形塑道的安全場域，同時研究者運用內感官調整個案內在對於鬼的成心編碼，和個案一起順利將「鬼」處理掉。最後協助個案擬定出鬼再出現時，自己

〔註25〕〔清〕郭慶藩注：《莊子集釋》（新北市：商周出版，2018 年），頁 105。
〔註26〕〔魏〕王弼注：《老子道德經注》，收入於樓宇烈校釋：《王弼集校釋》（臺北：華正書局，1992 年），頁 157。

可以處理的步驟，為：1. 魔法棒將小黑黑定格。2. 大槌子槌扁他。3. 用釣魚竿將他甩到外太空甩暈。4. 將他撕成碎片放進百寶箱。5. 丟到海底世界讓大魚吃掉。和個案擬定完抓鬼計畫後，個案從「害怕」的感知移動到「小黑黑若再來，要他好看的得意」感知狀態。（LR-2020-0324-2）

　　莊子喜歡透過形的轉化詮釋他想表達的東西，在「莊周夢蝶」（〈齊物論〉）〔註27〕一則寓言有提及。在莊周夢裡蝴蝶夢為莊周，莊周夢為蝴蝶，說明人可以在一個夢裡整全而無分，這就是夢的特色，在裡面很難區分現實和夢境，很多東西都可以藉此互相轉變。那個有分不只是說在事實上有所區分，而是讓他能夠重新在夢中調整後能夠回歸到事實，因為他終究要在現實的世界接受事實，才能活的真實。否則在現實世界不接受事實，就會活得很虛妄。用這個概念思考，不管鬼是不是真的，只要協助個案調整後，能夠接受並面對現實走下去那就好，很重要的是不要忽視一個人的感受。有時感受未必符合事實，同樣的天氣有人覺得冷，有人覺得熱，但感受對這個個體本身而言是絕對真實。因此在會談過程，不能否認他感覺到的是不是真實，唯一要前進的方向，就是使他的真實和事實沒有相互妨礙的情況下，互通為一。換言之，感受與真實間達成平衡，這叫「道通為一」（〈齊物論〉）〔註28〕。會談最後協助個案擬定抓鬼策略，讓個案找到自己活下去的方法，就回到道家最基本的精神「通達」。莊子最簡單的核心精神就是通達，萬變不離其中。因此，有沒有效，很簡單就是問通不通達，一大堆文獻但沒有通達，那是假的，或者更執著，那也是假的。有效的標準就是看結束後個案的生活有沒有過的正常，疏通就好。（SR-2020-0607-7、SR-2020-0607-8））

　　（2）參與者回饋

　　對研究者回饋：好好玩喔～我下次還要來找阿姨。（LF-2020-0324-1）

　　對自身回饋：我不怕鬼了，因為我可以撕他、揍他，甚至把他丟到海裡給

〔註27〕昔者莊周夢為胡蝶，栩栩然胡蝶也，自喻適志與！不知周也。俄然覺，則蘧蘧然周也。不知周之夢為胡蝶與，胡蝶之夢為周與？周與胡蝶，則必有分矣。此之謂物化。〔清〕郭慶藩注：《莊子集釋》（新北市：商周出版，2018年），頁90。

〔註28〕故為是舉莛與楹，厲與西施，恢恑憰怪，道通為一。其分也，成也；其成也，毀也。凡物無成與毀，復通為一。唯達者知通為一，為是不用而寓諸庸。庸也者，用也；用也者，通也；通也者，得也。〔清〕郭慶藩注：《莊子集釋》（新北市：商周出版，2018年），頁46。

大魚吃掉。我比鬼還恐怖～哈哈～（LF-2020-0324-2）

　　7. 看似無情其實是真正的有情（G 案例詳見 445 頁）

　　（1）研究者反思

　　個案議題為「金錢和原生家庭兄弟姊妹」，表示無法拒絕親姊妹要求成為借貸保證人。想拒絕，不能拒絕，開不了口，但心裡又覺得不平衡，故想來尋求如何讓心理平衡些。此次一共分成 5 個環節處理：A. 先協助個案止血，設出金錢借貸的底線。B. 釐清新生家庭優於原生家庭排序。C. 釐清無情和有情的思維侷限。D. 釐清什麼是真正的愛。E、幫助個案正視自己與原生家庭的議題，適時創造讓個案跳出加害者身分的契機。個案透過此次環節，已從「不願意離開加害者身分」的位置（個案表示我無法、不得不）移動到「有意願離開加害者身分，同時知道真正的有情該怎麼做，及擬定給予理財的策略」的位置。（LR-2019-1028-1）

　　整個過程個案與體道者互為責任者，感謝個案對體道者的全然信任，完全的自我揭露，很勇敢的面對自己內在深層的議題，個案是生命的勇者，研究者報以尊敬及讚賞。研究者對於支持個案面對生命議題展現 100% 決心，也排開重要行程，全力以赴對個案進行庖丁解牛。當中環環相扣，數度挑戰個案底線，全然相信會有一個契機點協助個案站起來再度拿回力量。過程協助、激勵並陪伴個案面對自己的生命議題。當個案正視自己內在逃避已久的議題，拿到自己要的金錢借貸底線及正視自己與原生家庭關係的失衡，情緒當下立即獲得紓解。之前是「知道自己失衡，然而不願意面對，故想繼續維持失衡間的假象平衡」位置，經解牛環節移動到「提升願意正視兄弟姊妹間的財務議題，並尋求突破的可能性，以獲得與原生家庭間更長期真實的平衡關係」位置。環節結束後，個案彷彿拿回屬於自己的力量，整個狀態改變（微笑多了，肢體動作柔軟了）。（LR-2019-1028-2）

　　上述就是道家淑世精神的世界，所有的運作層次都在內在成心編碼工作，會一次一次清理個案過往蓄積已久的生命議題，有時同一個議題處理的深淺度不同會多次清理。當個案因生命堵塞，有意願接受莊子淑世精神式訪談時，將開始啟動個案內在的英雄之路。縱然此次會談是線上視訊模式，整個 30 分鐘內的會談，一樣可以形塑信任感的場域，與個案進行對談，有效處理議題。過程透過道的四個架構及道術合一的運用，進行深度聆聽及有效提問，一併處理個案困擾十幾年的議題。而研究者在面對比自己金錢觀領域，更具專業性及

成就的金融理財專家，縱然研究者雖非理財專業，也無須懼怕。因為研究者專注的是個案內在的成心編碼，不是個案的金融專業，研究者相信在鬆動個案內在編碼給予疏通後，個案自然能回到自身專業，發揮應有水準，這就是〈應帝王〉成就解鎖回應所有迎面而來萬物的「無框」境界，成其所成，讓個案自主自長，萬物「皆有德而不知其主，出乎幽冥」（〈第十章〉）〔註29〕。（LR-2019-1028-3）

為何整個借貸過程個案覺得自己像加害者，因為她覺得自己已經承擔不了。人可以承擔時，就不是加害者而是施力者。關鍵是他覺得承擔不了，金額越來越大。撐不了就會看到自己的侷限，莊子也說要認清自己的現況，自己的能力範圍所在，進而去想想現在的付出，到底是對於現況的殘害？還是讓自己變得更好？「顏回去勸誡衛君」（〈人間世〉）〔註30〕這則寓言故事就在說這件事，莊子說：「端而虛，勉而一」（〈人間世〉）〔註31〕或者是「內直而外曲」（〈人間世〉）〔註32〕如果想要扭曲自己去善待他人，只能讓自己痛苦，是做不久的。因此，「先存諸己而後存諸人」（〈人間世〉）〔註33〕應先了解自己，了解自己能負擔多少，該提則提該放就放，硬要怎樣反而不能怎樣。所以莊子說：「緣督以為經」（〈養生主〉）〔註34〕，只有這樣才能從「可以全生，可以保身，可以養親，可以盡年」（〈養生主〉）〔註35〕。至於如何協助個案回到生命的通達，就是「吾喪我」（〈齊物論〉）〔註36〕的工夫。個案開始覺得自己是加害者受不了，是因為把原來對兄弟姊妹的幫助變成了她必須承擔的義務，那就是一種成心枷鎖，故應先從解消自身的「成心」（〈齊物論〉）〔註37〕著手，每個人都是獨立的，每個人都應該會自己的生活負責任。（SR-2020-0607-9、SR-2020-0607-10）

〔註29〕〔魏〕王弼注：《老子道德經注》，收入於樓宇烈校釋：《王弼集校釋》（臺北：華正書局，1992年），頁24。
〔註30〕〔清〕郭慶藩注：《莊子集釋》（新北市：商周出版，2018年），頁102。
〔註31〕〔清〕郭慶藩注：《莊子集釋》（新北市：商周出版，2018年），頁108。
〔註32〕〔清〕郭慶藩注：《莊子集釋》（新北市：商周出版，2018年），頁109。
〔註33〕夫道不欲雜，雜則多，多則擾，擾則憂，憂而不救。古之至人，先存諸己，而後存諸人。所存於己者未定，何暇至於暴人之所行！〔清〕郭慶藩注：《莊子集釋》（新北市：商周出版，2018年），頁104。
〔註34〕〔清〕郭慶藩注：《莊子集釋》（新北市：商周出版，2018年），頁91。
〔註35〕〔清〕郭慶藩注：《莊子集釋》（新北市：商周出版，2018年），頁91。
〔註36〕〔清〕郭慶藩注：《莊子集釋》（新北市：商周出版，2018年），頁46。
〔註37〕〔清〕郭慶藩注：《莊子集釋》（新北市：商周出版，2018年），頁53。

（2）參與者回饋

對研究者回饋：感謝你排開生日，特地與我進行會談，全力支持我面對生命議題。你很棒！很快就能抓到重點，能釐清事件細項及脈絡，全程掌握主題。過程很觀察我的細微表情，時而搭配詼諧言語及笑容，充分掌握節奏，整個過程令我感到放鬆。你要問出比較尖銳問題時，也會先徵求我的同意，讓我有所準備。今天一直觸碰我的底線，讓我正視過去我沒有面對或不曾思考的議題，也讓我不斷進行思維的移動，謝謝你不斷重整我的思緒。甚至在我不明白時，你會適度運用親身經驗分享的借鏡，讓我用不同的角度思考我的議題。那個「無情和無家可歸，哪個重要？」這句話有打到我，有帶出深層的問題。對於此次環節評分為 10 分，太棒了！（LG-2019-1028-1）

對自身回饋：出社會至今兄弟姊妹間我都會互相幫忙，但越玩越大後，我真的覺得幫不了了，過去我又難以找到讓自己平衡的方式。透過此次讓我本來只是想取得心理平衡，會談後我有了不同的想法。也就是在對於兄弟姊妹間的擔保及金錢借貸部分，我會設出底線。以及讓我真正思考什麼才是對原生家庭真正的有情？這點有打到我。我開始知道自己站在哪？知道自己可以守住什麼？以及給予他們的方式。（LR-2019-1028-2）

8. 我能有錢也能同時擁有快樂（H 案例詳見 449 頁）

（1）研究者反思

個案議題為：「有效溝通及金錢」的議題，個案發現自己不論過去與家人、合夥人、與朋友的關係，當溝通不良時，總是會習慣用錢作為處理的最終方式，故想來探討如何有效溝通。在研究者心齋形塑的安全場域下，協助個案成心調度小時候與母親無效溝通的兩個事件，第一個「玩具車」事件處理的方式轉化個案感官記憶的成心編碼，讓個案將自己落寞的在書桌前看著故事書的圖像拍照（媽媽將他的玩具車換成故事書），換成黑白，縮小到看不到，然後走開。當畫面感由彩色轉成黑白，並從一比一的等比例縮小到看不到的同時，感知的情緒也隨之下降。認知系統也從媽媽那句「我想什麼就給你什麼！」的無奈感變成「我已經長大」回到擁有主導權的位置。第二個「泰國旅遊事件」研究者運用聲音轉換，讓個案進行成心感知編碼的調整，從腦海盤旋不舒服的聲音，轉為唐老鴨的有趣聲音。感知紓解後，同時將媽媽當時深植腦海的那句話「一定要用錢才能買到你們的快樂嗎！？」的認知編碼，轉成「我想要快樂，我就能快樂」。讓個案感知系統卡住的情緒獲得疏通，加上認知系統位置移動，個

案回到原本的自在。（LR-2020-0508-1）

　　過程研究者針對金錢與關係的連結做處理，共有兩點。其一，當權威者暗示性的話語：「一定要用錢才能買到你們的快樂嗎！」在情緒高點時，編碼植入個案的內在，感受是難過，植入的編碼為：錢＝關係。其二，權威者同時也做出沒收所有錢的行為，讓個案覺得不快樂，認為這是一趟糟糕的行程，一切只能看不能買，很難過，植入的編碼為：錢＝逞罰的行為＝不快樂。其一和其二的話語加上母親的強勢行為導致信念編碼串為：關係不和諧時、用錢作為懲罰、導致不快樂。（也就是關係＝錢＝快樂，三個連結掛勾了）三者信念串掛勾導致行為模式：關係不好時→用錢處理→回到快樂。也就是對待關係時，幾乎都用錢在處理與維繫關係。當關係感受不快樂時，就想要趕快用錢解決一切關係的連結，回到平靜維持快樂。過程個案又調度過往與友人相處的事件，用錢處理當作情義結束的結尾，與合夥友人創業艱難時，媽媽那句「你要錢？還是快樂？」權威者下的暗示性編碼為：有錢沒快樂、有快樂沒錢。此編碼進入個案腦海，導致行為模式：二選一。研究者協助個案從「有錢沒快樂，兩個只選一個」轉換成「我兩個都要」（我能有錢也同時擁有快樂，也就是兩個都值得擁有）（LR-2020-0508-2）

　　最後面對個案金錢、關係、快樂掛勾的處理方式為，協助信念串脫勾：錢、關係、快樂，是三個各自獨立的個體，是三條各自獨立的平行線。不是一條線，只能選一個的想法是可以不存在的（例如：認為有錢就不快樂、我要回到快樂就要用錢處理關係、錢能讓我維持一份關係、我用錢處理一份關係等）。當信念串脫勾各自獨立，就成為三條獨立的生產線：A 線：我有錢。B 線：我有好的關係。C 線：擁有快樂。也就是回到字詞的純粹：我有錢就是有錢、我有好的關係就是有好的關係、我要快樂就擁有快樂。不需要交疊只能有 A 才有 B 的二選一侷限性選擇，結束後讓個案透過療癒過往，重返生命的通達。（LR-2020-0508-3）

　　這位個案面對的是「自己跟自己」和「自己跟母親」的議題，凡是遇到這種溝通問題時，《莊子》的篇章一定有兩個篇章談及到分別是〈齊物論〉和〈人間世〉。〈齊物論〉的精神傳遞的就是泯除是非，第一步不先入為主的覺得誰對誰錯；第二步讓他認清楚他自己在想什麼，就是「吾喪我」（〈齊物論〉）〔註38〕；第三步帶他回去自己走走看看原本的病根在哪裡，這三步是屬於自我認識的內心世界部分。另一個就是〈人間世〉篇章，談的是人和人之間的互動，一樣

〔註38〕〔清〕郭慶藩注：《莊子集釋》（新北市：商周出版，2018 年），頁 46。

陪著他回過頭反芻事件看看發生什麼事,詳細操作方法請參見第參章「莊子淑世精神的實踐模組」。基本上莊子就是一門溝通學,整個溝通疏導的過程,掌握無為自化,莊子說:「無為名尸,無為謀府,無為事任,無為知主。」(〈應帝王〉)〔註39〕和「汝徒處無為,而物自化。」(〈在宥〉)〔註40〕以不干不擾又不主宰個案的方式進行疏通,這就是莊子淑世精神的展現。(SR-2020-0607-11、SR-2020-0607-12)

（2）參與者回饋

對研究者回饋:謝謝你讓我依照我的步調走,讓我自己去移動發現,對於過往想選擇遺忘,後來願意再度面對。謝謝你全然跟隨,鼓勵我徵求我的同意,幫助我面對自己,許多事情已放在心理很多,不想再談,看來還是要清理。跟你的對談有如跟另一個自己談話,很自在放鬆,給你這個環節 10 分。(LH-2020-0508-1)

對自己的回饋:我也要給自己 10 分,因為在前幾天就開始準備,告訴自己要來你這邊,今天特地提早一個半小時到公司,感謝另一半的配合,才能順利參與這次會談,很值得。(LH-2020-0508-2)

（二）參與觀察法案例成果分析:以莫拉克災後婦幼生活重建為例（詳見 320 頁）

上述質性研究中深度訪談是研究者以個體生命的整全為主,對於個案提出的議題作探討。參與觀察則是進入一個場域,親臨實境觀察並記錄當中發生的人事物。而本文在莫拉克災後生活重建的參與觀察案例中,研究者透過莊子淑世精神實踐模組,以疏導者的角色,協助組織內部成員發掘問題、面對問題及解決問題,讓組織運作持續流暢(詳見「第陸章莊子淑世精神的具體實踐三:人我和諧之道」的案例分析)。以下為社會關懷的輔導成果,研究者分成「行銷策略評值」、「參與成員反饋」及「研究成果建議」三點呈現。

1. 行銷策略評值

本研究一共採用 6 種行銷策略進行實際評值。第一種對企業主管銷售部分:遇到一次就訂購 80 件小禮服,很滿意又再加購 60 件小禮服做為辦活動的小禮品,150 個造型磁鐵,200 個企業紀念品,收入 26500 元。第二種對顧客

〔註39〕〔清〕郭慶藩注:《莊子集釋》(新北市:商周出版,2018 年),頁 219。
〔註40〕〔清〕郭慶藩注:《莊子集釋》(新北市:商周出版,2018 年),頁 275。

客製化銷售部分，累計 24500 元。第三種帶去課程場外展示，讓人詢問下購買，累計 6500 元：第四種評估市場後擬定定價後上網、拍賣招標：1200 元結標。第五種季節性手工品行銷部分，累計 8950 元。第六種當地市集擺攤部分，一共 2 場：第一場獲利 2500 元，第二場獲利 13500 元，評值原因來自第一場沒有經驗，產品排列雜亂，沒有標定價錢，無法一目了然。第二場進行修正，銷售成效就立即提升。上述運用客觀數字呈現銷售成果，實證莊子淑世精神實踐模組帶來的效益。

2. 參與成員回饋

透過推廣手工藝品一案，3 位成人個案分別表示在現金流部分，能多一份收入補貼家用，有錢賺很開心外，又多了生活動力。在女性自我實現的部份，看到自己的創作手工品有人買，甚至擺攤遇到同好，又可互相交流，獲得肯定的成就，感無比言喻。在家庭關係上，出貨時間自己作主，可以顧及家庭外，在和孩子合力完成過程，又能提升家裡的凝聚力，與孩子創造共同的回憶及話題。最後家庭成員更決議運用這份研究扣掉成本後的所得，作為家庭組織成員開膝關節置換術及術後復健的補貼，孝敬母親的舉動，令研究者感動不已。因此，創意手做的這個方案，維持了這戶家庭成年女性的生命整體平衡。

此次的參與觀察中，有關災後個案的心路歷程，研究者得到三點結論：第一，不願離開或願意返鄉深根在地的林邊鄉民，通常對於家鄉人和物有很深的鄉土情。然而，偏鄉就業十分不易，想開源又同時想照顧孩子或孫子，可透過簡單兼職或時間彈性的微創業，補貼家裡收入。第二，陪伴孩子完成學校作業過程，在多元嘗試下也可發現自身天賦，將興趣與天賦結合做小型創業，兼職過程又能讓孩子參與其中，一同經歷成長，凝聚親子關係。第三，當交易金額確實入帳及獲得顧客肯定時，皆會讓個案增添信心並產生持續自我實現的動力。對於小型創業永續經營，市場營銷策略及獲得家人持續性支持（尤其先生）將是最大的關鍵。

3. 研究成果建議

研究者認為雖然此次研究讓個案樣本在經濟自主上已經有一個初步成果，然而在商業模式的永續經營上，仍有許多須留意。以訂單而言，能否持續接到大量訂單是穩定金流的關鍵，若要維持「兼顧家庭」與「自我實現」平衡的策略，出貨時間就須由個案自己決定，而不是訂貨方及銷售端。另外，在研發新產品前後，宜先確定研發端的時間成本、市場調查、競爭對手、推

廣人員及行銷策略的評估，擬訂多端利潤平衡的定價後再推出新款，如此可避免一改再改的調漲及開心研發後滯留轉為福袋促銷。行銷通路上，如何可接到更多訂單將是未來發展的思考重點。除了林邊當地推廣或市集外，透過銷售人員及網路平台將手工品帶出偏鄉與外界接觸。或者運用關係行銷，也可以與企業做文創贈品的搭配（企業本身公司的紀念品），都是拓展銷售量可思考的面向。

在市場利潤考量上，若要增加現金流，生產線系統化的佈局是關鍵。當遇到賣家主動下大量訂單時，不是一個人悶著頭趕工，造成家庭失衡。可以找相關合作工廠進行成本評估，確定後進行客製化大量訂單，個案只需做產品質量的監管。同時機械製作的訂單，可將人工成本降低，用更 CP 值高的價格讓客戶願意買單。如此方能同時掌握到大量訂單和手工客製化的客群。個案除了收入進帳外，也能獲得更多時間顧及家庭，又有更多的心力進行產品研發，體現自我價值。

知識本身不會有力量，知識要被實踐才能產生力量。人文學科中的道家思維透過研究者在地實踐，親身參與，從發現問題到解決問題。過程中運用「莊子淑世精神實踐模組」中「走在關鍵的決策」、「生命道路的通達」、「高瞻遠矚的智慧」、「內外辯證的實踐」四項目標導向的策略標準，實證疏導災後婦女重返生命的通達，獲得整全的平衡。在參與觀察中，研究者發現在小型企業轉型上，不論是市場定位、行銷通路及生產量化層面，皆是個案樣本呈現比較欠缺的面向。在商業經營層面，仍需要其他營銷專業共同協助，方能永續經營。因此，莊學確實可以提供心靈上的安頓與初步方向的穩定，而莊子淑世精神的實踐與細節落實仍是需要結合更多的專業配合方能達到完善。

二、研究者省察與反思

以下針對「莊子內七篇人生攻略融入人生五待」、「道的模組中四大架構」及「道術合一的操作步驟」三項進行研究者的省察與反思。

（一）莊子內七篇人生攻略圖融入人生五待的具體應用

透過莊學這套人生攻略篇，點出人生「成就解鎖」的關鍵五步驟：「未知」、「已知」、「做到」、「信手拈來（隨心所欲）」、「獨善其身（宋榮子：自己）或兼善天下（列子：帶團隊組織）或以遊無窮的逍遙無待（成為一種精神：至人無己，神人無功，聖人無名）」。運用這套人生攻略圖來面對人生的基本五待，

生理層面、心理層面、人際關係、社會環境（包括整體社會生態及居住環境）、經濟自主。只要是人就不可能無待，尤其身為一個身心發展獨立的人，不論男生或女生就一定會有基本需求，特別在過了青春期荷爾蒙開始影響吾人的身體後，也會間接影響吾人的思維及感受。然而每個人面對這五待，道家回應的方式並不是開立統一處方籤齊平式的解套，因為萬物是有差異性的。因此，道家追問的是每個人應先回頭看自己問問自己，本身對於需求有多強烈？以女性而言，在上世紀的女性沒有選擇機會，光是社會環境及經濟自主這兩待，就非得結婚不可，現在則是只要有能力把自己照顧好，就可多了這兩待選擇的自由。當去掉這兩樣後，在其他三待也就是生理需求、心理需求和關係情感上（例如：比較適合一個人獨處的寧靜生活？還是需要一個生活上的伴侶？甚至還需要組織一個家庭？對於情感依賴的程度有多少？）這三待的需求是屬於短暫的，還是需要長期的？以上這些答案，最終還是回歸到認識自己，也就是釐清自己在哪裡？才能知道自己下一步可以往哪裡去？做出適合自己的選擇。換言之，別人的答案不是答案，每個人在面對人生這五待時，都應該回過頭問自己：「我需要的程度究竟有多少？」

　　而道家的生命學問，提供吾人沉澱下來往內自我追問的生命路徑。透過莊學涵養的心齋、坐忘工夫，可以有助吾人從外在紛擾的聲音，回到自身，重新追問自己：「到底什麼是我想要的？」而不是因為社會的價值觀、父母或重要關係人的期待等。只有當100%是自己的選擇時，才會成為真實的自己。面對生命五待，道家的虛靜狀態提供吾人心靈的空間，在清晰的狀態下，才能做出「適合」自己的決定。當想清楚透徹後，就勇往直前，不要三心兩意，過去我在道場看過很多修行者，選擇婚姻後想清修（單身），選擇清修後又想結婚，就在這來回擺盪間，一生就過了，沒有活在當下，甚為可惜。當吾人能以「知天之所為，知人之所為者，至矣」（〈大宗師〉）〔註41〕為指引，時時「載營魄抱一」（〈第十章〉）〔註42〕的身心合一，所作所行都是出於自己 100%的意願時，那麼不論選擇什麼樣形式的人生，都是一件很美好的事。留意是美好，不是最好，當一有那個「最」出來，就又把世界一切納入和自身比較中了，全都回到素樸，將天下還諸天下。

〔註41〕〔清〕郭慶藩注：《莊子集釋》（新北市：商周出版，2018 年），頁 163。

〔註42〕〔魏〕王弼注：《老子道德經注》，收入於樓宇烈校釋：《王弼集校釋》（臺北：華正書局，1992 年），頁 22。

　　道家讓吾人敞開回到自身外，它更是一門提升自我管理的學問。身體不僅僅只是一塊肉而已，它和心智都是一部非常精密的高智能儀器，吾人每天對它的所作所行，思慮的每個念頭感受，它們都會全部記憶儲存下來。莊子說：「絕迹易，无行地難。」（〈人間世〉）〔註43〕人走在路上不著地實在太困難了，既然活著就不可能沒有念頭，而道家的工夫如同安裝一個防毒軟體在吾人身體般。透過定期進行掃毒（心齋）及防毒（觀╱防範病毒入侵）的工作，將有助於吾人覺察隱微心念，解消身體情緒堵塞處。若能時時掃毒並做硬碟重整，方能維持良好的機能狀態，四個字形容就叫「神清氣爽」，兩個字就叫「通達」，一個字就叫「道」。當能管理好自己的生理機能（身體）、心理機能（思想和情緒），讓自己時時與道同在。那麼走到哪裡，都能營造道的氛圍，讓所處的場域流暢運行。反之，自我管理能力欠佳，身心相互干擾，就會影響主體移動的意願，讓生活變得有所侷限。心態上也變得害怕所有的不確定性，不敢跳脫舒適圈，不敢對世界敞開，隨著時間推移逐漸被所有的待侷限住自己。當然這沒有對錯，每個人都有對其生命的選擇，只是侷限的選擇，會違反了自然的流暢運行。因為每個生命來到世上本就依著自己步調，找尋自己生命的通達之道，活出屬於自己生命的完整性，而這個想成為什麼的完整性，是需要不斷實踐力行，才能將其為我所得的。因此，道家提供了一本擁有良好自我管理並能讓主體實踐力更為流暢的說明書，當中莊學思維更有助於吾人從人的有限性，進一步探索人的可能性。

　　那麼要如何擁有良好自我管理？第一步就是了解生命的本質，知道才能有機會做到並管理好，再來第二步就是提升自我的覺度，也就是對於自身和這個世界本質的領悟力。老子說：「不出戶知天下；不闚牖見天道。其出彌遠，其知彌少。是以聖人不行而知，不見而名，不為而成。」（〈第四十七章〉）〔註44〕事物都有其流暢運行的原則或方法，藉由認識自己進而明白外在一切事物。王夫之說：「故無所有事，而觀天下為我所用，其道不用作而用觀。」〔註45〕不用特別想做什麼，我只是與天下共處而已，用「徐」、「游」的從容狀態，靜觀這世間萬物，就能觀見「夫物芸芸，各復歸其根。歸根曰靜，是

〔註43〕　〔清〕郭慶藩注：《莊子集釋》（新北市：商周出版，2018年），頁114。

〔註44〕　〔魏〕王弼注：《老子道德經注》，收入於樓宇烈校釋：《王弼集校釋》（臺北：華正書局，1992年），頁125。

〔註45〕　〔清〕王夫之：《老子衍》收入於熊鐵基、陳紅星主編《老子集成》第8卷（北京市：宗教文化，2011年），頁568。

謂復命。復命曰常，知常曰明。」(〈第十六章〉)〔註46〕當總能觀變而知常，自然「明」的覺度就跟著提升。生命是發現的過程不是發明了什麼，能夠發現就是擁有覺度的提升，而這個覺度不是外在的傲人成績展現，是一種對事物了然於心的洞見。然而一般人往往不認為這是一種生命的成就，但不可否認看見事物本質的能力是極其重要的，因為「不知常，妄作凶。」(〈第十六章〉)〔註47〕。一直追求外在事物，可能會有表象成就，但說到底不過是走過生命的一個循環，卻從未觸碰過生命本身。因此透過莊子內七篇人生攻略圖的指引，讓提升吾人覺度，在吾人開始在人生五待上做好自我管理，將能有助吾人趨吉避凶。

（二）道的模組中四大架構具體應用

〈徐無鬼〉說：「自遊於六合之內。」〔註48〕〈知北遊〉「東郭子問於莊子」〔註49〕寓言裡，莊子提到道無所不在。說明六合是我在天地間的時空性，而後者呈現的是我在時空性裡道無所不在，也因為道無所不在，所以我生命中所有問題都與道息息相關，這樣道就能夠無時不刻，解決我通達與否的問題。當將莊子人生攻略圖運用在人生基本五待，生理、心理、關係、環境、金錢上時，

〔註46〕〔魏〕王弼注：《老子道德經注》，收入於樓宇烈校釋：《王弼集校釋》(臺北：華正書局，1992年)，頁35。

〔註47〕〔魏〕王弼注：《老子道德經注》，收入於樓宇烈校釋：《王弼集校釋》(臺北：華正書局，1992年)，頁35。

〔註48〕黃帝將見大隗乎具茨之山，方明為御，昌宇驂乘，張若、諝朋前馬，昆閽、滑稽後車。至於襄城之野，七聖皆迷，無所問塗。適遇牧馬童子，問塗焉，曰：「若知具茨之山乎？」曰：「然。」「若知大隗之所存乎？」曰：「然。」黃帝曰：「異哉小童！非徒知具茨之山，又知大隗之所存。請問為天下。」小童曰：「夫為天下者，亦若此而已矣，又奚事焉？予少而自遊於六合之內，予適有瞀病，有長者教予曰：『若乘日之車，而遊於襄城之野。』今予病少痊，予又且復遊於六合之外。夫為天下，亦若此而已。予又奚事焉？」黃帝曰：「夫為天下者，則誠非吾子之事。雖然，請問為天下。」小童辭。黃帝又問。小童曰：「夫為天下者，亦奚以異乎牧馬者哉？亦去其害馬者而已矣。」黃帝再拜稽首，稱天師而退。〔清〕郭慶藩注：《莊子集釋》(新北市：商周出版，2018年)，頁572。

〔註49〕東郭子問於莊子曰：「所謂道，惡乎在？」莊子曰：「無所不在。」東郭子曰：「期而後可。」莊子曰：「在螻蟻。」曰：「何其下邪？」曰：「在稊稗。」曰：「何其愈下邪？」曰：「在瓦甓。」曰：「何其愈甚邪？」曰：「在屎溺。」東郭子不應。〔清〕郭慶藩注：《莊子集釋》(新北市：商周出版，2018年)，頁516。

練技過程就是每一次都可以運用道的四個架構，分別為：（一）「走在關鍵的決策」：我在哪裡？（二）「生命道路的通達」：我要去哪裡？（三）「高瞻遠矚的智慧」：我要如何做？（四）「內外辯證的實踐」：我要如何處世？用此架構層層釐清，直到破關。筆者發現不論是在談生意、輔導一對一個案、一對多個案或自我解牛議題皆可使用道的模組架構進行。於是從 2019 年 3 月 15 日開始，統計至 2020 年 5 月 26 日，共有 283 案例，筆者發現不分社經地位高低（上至高堂下至市井小卒），不分組群（家庭、學校、政府單位、職場、非營利組織等）、不分老幼（鰥寡孤獨）、不分人數多寡（一對一或一對多）、甚至不分場域（面對面或視訊也行），對自己或他人（個人或我以外）皆可運用「莊子淑世精神實踐模組」中道的四個架構，聚焦主題進行釐清，在彼此有意願下，皆能在有限的時間內移動個案。

　　而這五待的每一個關卡研究者自己要先走過，否則來訪的個案議題或者自己本身碰撞的人事物，就會逼自己面對，因為當心靈越透徹時，那個生命的覺度（無厚入有間的這把無形刀）會促使自己勇於面對尚未完整的生命議題。每個人面對關卡情境不同，每個人屬性也不同，適合自己過關方式也應有所不同，然而過關的內在狀態是一樣的。因此要搭配自身屬性，找到適合自己的寶藏練技，直到破關。過去筆者對於深根固著的「情義」個性，一直無法改善，難以找到當中的平衡。在五湖四海皆兄弟的海派個性下，朋友結交多助力貴人也多，容易一呼百諾，相對也常因為無法拿捏，造成生命中的困境，傷情又傷財，成也個性，敗也個性。我常因為情義擺第一，而將就委屈自己，那怕是自己不喜歡的事，過度社會化的結果，也逐漸失去原本的自己。當透過不斷運用道的四個架構整理自己後，我逐漸將注意力拉回自身，清理過去因情義導致對人性的恐懼，釋放過去心理負擔後，整個人就越來越豁達。內分泌系統回復正常，身體機能再度恢復生機活力，不論面容或體態皆回到適合自己的本來面目。透過 2013 年進入高師薰習老莊之學，涵養心齋工夫，無己解消的速度一次比一次快，一次比一次深層，主體養成過程相由心生，整個人面相開了，看起來也越來越清爽年輕。老莊之學真是絕佳的天然美容聖品，有圖有真相，我的面容未經修圖，素顏真實呈現，如下圖 9-1。

圖 9-1〔註50〕

面對生老病死議題，過往我的思維侷限於醫學所學對於死亡的定義，也就是心跳呼吸停止、外表生命消失，並以腦幹死亡作為死亡的判定。當學習老莊後，知道「死生，命也，其有夜旦之常，天也。人之有所不得與，皆物之情也。」（〈大宗師〉）〔註51〕生死是造化必然的自然運行，人無法干涉這樣的變化。莊子也說：「麗之姬，艾封人之子也。晉國之始得之也，涕泣沾襟；及其至於王所，與王同筐床，食芻豢，而後悔其泣也。予惡乎知夫死者不悔其始之蘄生乎！」（〈齊物論〉）〔註52〕又說「夢飲酒者，旦而哭泣；夢哭泣者，旦而田獵。方其夢也，不知其夢也。夢之中又占其夢焉，覺而後知其夢也。且有大覺而後知此其大夢也，而愚者自以為覺，竊竊然知之。」（〈齊物論〉）〔註53〕皆說明生死的取捨都如同做夢般，而死死生生如同天地一氣的轉化，莊子說：「彼方且與造物者為人，而遊乎天地之一氣。彼以生為附贅縣疣，以死為決疣潰癰。夫若然者，又惡知死生先後之所在！」（〈大宗師〉）〔註54〕死是另一種形式的生，道家不以身體形軀為侷限，死後不過是回歸到不生不死的造化中。其實死跟生、陰跟陽、白天黑夜，都是世界二元性的樣貌，若無法看懂，就會受限於二元世界一定要經歷的變化裡，也就是悲跟喜、生跟死之中。當能跳脫二元性，

〔註50〕 感謝口考委員汪治平先生特別指出以此圖為例，筆者從 2012 年到 2020 年運用照片連續動態性的呈現道家是絕佳的天然美容聖品，莊子淑世精神具體實踐的有效性從這裡切入很有說服力。未來個案研究可持續透過動態性追蹤來呈現實踐模組的效度。

〔註51〕 〔清〕郭慶藩注：《莊子集釋》（新北市：商周出版，2018 年），頁 173。

〔註52〕 〔清〕郭慶藩注：《莊子集釋》（新北市：商周出版，2018 年），頁 83～84。

〔註53〕 〔清〕郭慶藩注：《莊子集釋》（新北市：商周出版，2018 年），頁 84。

〔註54〕 〔清〕郭慶藩注：《莊子集釋》（新北市：商周出版，2018 年），頁 191。

回到道體自身，就能保持恆常的狀態，自在地看待二元性裡發生的一切。當藉由莊子拉拔生命格局後，我面對死生議題逐漸變得坦然，從「不面對」到「願意學習面對與重要關係人的離別」。從「害怕失去」轉而「珍惜」及「平常心」看待自己的生命支持系統，不論是一直支持我的家人、師長貴人、心靈伴侶、知心朋友等。相信一切形式都只是角色的代稱，只要珍惜彼此緣分，不論有無形軀，來日定會再相見，因為終會「兩忘化其道」（〈大宗師〉）〔註55〕，一同與造化同遊。

　　當面對死生議題能夠豁達，發現自己對於關係議題也逐漸能夠放手，讓每個人走自己的路。以前在乎情義，害怕失去情義，總覺得要不留遺憾，因此什麼事只要還能撐就往肩上扛。以原生家庭而言，從小我就很景仰我的父親，他是一個對手足極其有愛的人，不論兄弟晚年身體病痛、工程承包上，只要能出手他一定第一個跳出，義不容辭協助，父親也同樣期許我對自己手足要有愛。我看見父親那一輩對於家族的凝聚力很強大，讓大家都住在一起，長大後開枝散葉也住附近，一直互有往來。在這樣的成心形塑氛圍下，我自然就也對家族有份使命感，認為也要把大家圈在一起。然而想要讓家族的第三代根留屏東，也能有一份生存的空間，相對難度更高，因為我爸那一輩是工人勞力活，我的下一輩都是設計、攝影、美編類型，所以我能想到的就是接政府案子來做。當初我只是幫忙撰寫及申請案子，但就在審案子的人問我：「企劃承辦人是你嗎？」「你會一直承接嗎？」我實在無法欺騙自己，因為若承接後，我便不再自由，生活圈要以訪視人員抽查半小時立即出現的場域為主，當中還要持續與政府單位往來，當然就有免不了的交際應酬，那不是我想要的生活。當表明不會後，心裡是失落的，因為多年社會歷練下的我知道，表態出不是他們想聽的答案，同時我也失去了提供第三代在屏東就業的機會。面對從小一起長大的麻吉也是，他不喜言語，沒有在參與什麼社交性活動，朋友就我一個，這輩子這麼挺我，義氣使然，我也放不下他，也會擔心他未來怎麼辦？他的父親對他有著承接泥作家業的期待，雖然這並不是他想做的，但我認為至少是這輩子在金錢條件上無憂的，而且可以跟我哥的油漆業結合，這樣我也可以盡到手足提攜之情，對我的父親有所交代。於是我就自己跳入擔任承包商，重情義的整合我哥的油漆業、裝潢業，麻吉則當幕後監工，大家合夥經營工程行，為他和我哥未來有穩定的經濟著想。

〔註55〕　〔清〕郭慶藩注：《莊子集釋》（新北市：商周出版，2018年），頁174。

　　當然想提供安心住宅及探究環境健康是動機，然而理智背後更大的動機還是情感面的「情義」二字，總覺得不能自私，丟下身邊的人不管，但我的力量一直給出，忘了先站穩自己，莊子說：「古之至人，先存諸己，而後存諸人。所存於己者未定，何暇至於暴人之所行！」（〈人間世〉）〔註56〕。有40年的好口碑加持下，不用打廣告光是轉介紹就做不完，翻修生意雖辛苦，但比一般生意好做，每月不缺現金流。一次跟電台工作的高管友人聊到我在做承包商的消息，她立即鼓勵我好好做，並說依她對我的了解，以我的衝勁將來一定是個有名氣的女企業家。她認為一個文學博士生成為翻修南霸天的故事題材很有趣，之後還要採訪我。大家也都說翻修這行現在第二代很少人做，若我能接起來將來會很有前景，然而我的內心知道，這不是我此生最想做的事。研讀莊學後，我真的明白要讓生命回歸他自身，讓每個人走他應走路，包含我自己。所以，我不再當拯救者介入家族第三代的人生，我放掉了一直想照顧後輩的有為心態，我放下了父親對我照顧手足的期許，我回到了我自己這個存在本身，我真正這輩子想做什麼？生死議題成心編碼解鎖後，幾個月後我也提昇了，我不再當拯救者介入麻吉和我哥的人生（不誇張，過去情義力挺的思維，他們這兩家還有我家族的未來，都在我這輩子預設要照顧的範圍中。因為要照顧的層面太多，思慮就要不斷的謀略耗神，要找方法接案子，要一直追錢跑，弄得自己身心俱疲）。莊學的思維讓我明白人與人相處要回到關係的本質，於是我將他們的生命功課還給了他們，因為縱然再多麼心靈相犀的伴侶或家人，我也不能幫他走他的人生，我也有我的人生要走。王夫之說：「眾人納天下於身，至人外其身於天下。」〔註57〕當能開始不把天下的事攬在我身上，以為非自己不可，自然能做到「驚患去己，而消於天下，是以為百姓履藉而不傾。」〔註58〕能夠將自己的驚或患從生命中排除掉，那麼就能夠消於天下，也就是讓天下還乎天下。當我回到素樸、簡單、純粹的狀態，瞬間整個人都輕盈快意起來。而且就在我放手從「拯救者」轉為周遭人的「生命支持者」後，我的麻吉也找到了這輩子有興趣的事，目前也在提升第二專長中，我也看到我哥的女兒個個爭氣，想給自己的爸媽過好生活。因此生命真的會為自己找出口，有時候是時機未

〔註56〕〔清〕郭慶藩注：《莊子集釋》（新北市：商周出版，2018年），頁104。

〔註57〕〔清〕王夫之：《老子衍》收入於熊鐵基、陳紅星主編《老子集成》第8卷（北京：宗教文化，2011年），頁567。

〔註58〕〔清〕王夫之：《老子衍》收入於熊鐵基、陳紅星主編《老子集成》第8卷（北京：宗教文化，2011年），頁567。

到，急是沒有用的，先把自己安頓好，不要過度插手他人的人生，交託造化才是王道。

研讀莊學過程，讓我明白最後的〈應帝王〉，不是打造一個有形的道家式王國，而是能用道家精神回應所有迎面而來的萬物，靈活穿透在每一個系統組織中，它不屬於誰，又屬於誰。成立自己企業帶領組織，像儒家激進式帶著大家往藍圖前進的路不是我想做的，以道家生命調性成為萬物的疏通者，才是我此生最想要做的事。我不在乎有沒有名位，他人知不知曉無所謂，擁有清爽快意的道魂人生，才是我想要過的精品人生。於是我開始朝著自己想要的道家意義性治療及專案研究工作走，所有過往的一切生命經驗，也成了我這條路上支持他人的豐厚養分。當全然交託給造化後，發現自己在金錢上也不再以世俗認為的價值觀為優先考量（例如：房屋翻修比教育輔導好賺、養老財務計畫、能者多勞、有情有義等），而是回到我真正想做什麼。錢只是物質轉換的形式之一，它是我維持生命整全與社會打交道時需運用的工具，我應該用生命的整全來看待我自己，老子說：「聖人不積。」（〈八十一章〉）〔註59〕莊子也說：「藏天下於天下」（〈大宗師〉）〔註60〕，將一切不積藏己身，整個人就瀟灑快意起來。當我放下對金錢及情義的貪婪依戀，連那一個想「多」賺一點存一點的心都放掉，回到逐步踏實的維持資產負債比的平衡。於是我從一直追著錢跑的「金錢倍增」位置，回到與「金錢自在」位置，當與金錢關係轉為自在後，生命步調也變得從容活在當下。持續藉由「莊子淑世精神實踐模組」庖丁解牛自己後，一路走來我成了翻修達人。不只翻修了身心，呵護健康生活，也翻修了關係，平衡生命的支持系統，同時也翻修房屋，提供安心住宅。因改寫過往的成心編碼後，所接觸的人際網路、工作及生活層面，皆在我成立工作室後，從繁而雜的生命型態，一轉成了精而簡的清爽人生，現在我很享受這樣的自己。

當然所謂的放手是一種內在狀態，並不是就開始捨棄外在所有的關係不顧。不依賴不等於不愛，換言之依賴不等於愛。依賴通常伴隨著焦慮和恐懼，生命就無法在其中自在的綻放。愛則是發現我本如道體般完整，我的存在無須從任何人身上得到任何東西，我就是自己完整的存在本身。因此，在看見關係本質後仍是可以與之共存，還是持續擁有關係的連結，我依舊可以成為關係裡

〔註59〕〔魏〕王弼注：《老子道德經注》，收入於樓宇烈校釋：《王弼集校釋》（臺北：華正書局，1992 年），頁 191。

〔註60〕〔清〕郭慶藩注：《莊子集釋》（新北市：商周出版，2018 年），頁 175。

的生命支持者，但已不被情義的執念所綁，活得更簡單純粹。換言之，我從過去對於關係情義上的過度依賴，轉而找到與支持系統相處的平衡點，同時說明老莊也是有情有義，只是表現作法有其獨到之處。對我而言，具體做法就是在高雄工作室及屏東老家設點，讓需要我的人知道我一直在，從未離開。另一方面，可在特定時間或運用通訊軟體找得到我，必要時我也會出手相助，平時就相忘江湖，順物而成，只要心存愛和珍惜，就緣起不滅。因此，中國哲學就是一門「生命的學問」〔註61〕，強調以人為主體，探討生命安頓如何被實踐的可能性。上述本文則是運用質性研究法中自白故事的描述手法，陳述個人持續使用「莊子淑世精神實踐模組」後帶來的生命轉變，由此呈顯「莊子淑世精神實踐模組」，真的能為一個人的人生帶來全面轉化的可能性。

（三）道術合一的操作步驟具體應用

生命就是一連串「見山是山」、「見山不是山」、「見山又是山」的三個境界。以筆者生命經驗而言，剛開始接觸所謂的社會輔導時，是一個樸的狀態，從小到大每次自我介紹或填寫表格專長欄時，總會卡住。因為我實在沒有過人能力，論成績，之所以好是拼命死讀硬記的，並不是聰慧，本身也沒什麼特殊才藝、歌喉也普普。然而，在擔任民間社團慈善志工、宗教志工，護理工作，甚至在精神科照顧病人，再到業務工作，公務體系服務民眾，再到學校體系面對不同年齡層及類型的學生，一路人間世的種種轉場過程，我發現自己有一個很獨特的能力。這個特殊能力不是外顯，而是內顯的能力，以現代表述語詞就是「瞬間親和力」，也就是一種看不見的「軟實力」。我發現自己總能很快在面對客體或一個場合中，快速與人建立信賴的親和關係，或者與人溝通時，自然散發一種讓人感染快樂的渲染力，面對帶領組織時，因為相處愉快，多數人大多願意接受與我合作的關係，甚至接受我的帶領，無形中產生屬於我的領導魅力。然而這個優勢，原本自己不知道，是相處的人陸續跟我說，我才覺察好像

〔註61〕牟宗三先生表示：「中國哲學，從它那個通孔所發展出來的主要課題是生命，就是我們所說的生命的學問。它是以生命為它的對象，主要的用心在於如何來調節我們的生命，來運轉我們的生命、安頓我們的生命。」陳德和先生也認為：「西方哲學重客體對象的理解，是以『知識』為中心，以理智的好奇和滿足為主要訴求；中國哲學則重主體人格的建立，是以『生命』為中心，以當下自我超拔的實踐方式要求其真切於人生為圭臬。」牟宗三：《中國哲學十九講》（臺北：臺灣學生書局，2010 年），頁 15；陳德和：《生活世界的哲思》（臺北：樂學書局，2001 年），頁 175。

真的有這麼一回事。多數人說我外表雖一般，不是亮眼型，一開始相處也還好，但相處越久會像酒一樣，越覺投緣、耐看、感覺自在舒服。以前不明瞭對方在說什麼，在參悟莊學過程，我明白那就是未經歷練的「達人氣」，我的真性情使得我自然對萬物呈現完全敞開的狀態，讓與我相處的萬物皆能在我形塑出的通達場域下，找到一個被世界涵納的小天地，而這當中萬物和我皆感受到坦然舒暢。這時候我在輔導歷程的人際相處上，是第一步「見山是山」的境界，一切都是如此的自然流暢。

　　問題是當萬物來到我面前，進一步與我述說其生命困境時，我開始感到無能為力，因為聆聽後也不知如何協助疏導。幸好我有自知之明，也不會亂給意見，我知道一名未受過專業訓練的護理人員，打錯針給錯藥，這個忙幫下去反而比不幫還嚴重的。因此，過去的我在沒學過什麼心理輔導訓練下，就是純粹感通個案，但遇到的困境就是，往往跟病人及個案相處很愉快，卻無法解決他們的議題，只是讓個案覺得自在、信賴、安全，接下來因為自己沒有疏導的能力，就只能進一步轉介給心理師。那段時間我同時也在思考，孔子曰：「不患人之不己知，患不知人也。」（〈學而篇〉）〔註62〕不怕沒人瞭解自己，就怕自己不瞭解別人，如果我可以擁有識己及識人的能力，就能成為自己和萬物的支持者，又能讓我對萬物的陪伴更有力量。換言之，就是當個案來到我面前時，透過深度處理議題能力進行疏導，就能第一時間協助客體回到生命的流暢。否則能幫忙的地方有限，客體只是情感得以疏通，認知系統的知未經整合及提升，只要一離開與我相處的場域，又立即恢復一樣的生活，下次見面講的話還是一樣。因此，透過生命經驗讓我明白在「達人氣」（〈人間世〉）〔註63〕外，也要「達人心」（〈人間世〉）〔註64〕，要達人心就要提升自己觀人知人用人的識人能力。

　　於是我開始涉略一些心理學上的知識技能，坊間探索心理的工具很多，當時機緣下我選擇一個輔導工具深入，就是「神經語言程式學」，對我而言，博而雜不如一門深入。加上從事學校輔導工作期間，曾擔任輔導組長，感謝上級給予機會常被派去接受許多專業輔導的訓練，就這樣在種種機緣下，我

〔註62〕〔魏〕何晏集解、〔宋〕邢昺疏、〔清〕阮元校勘：《論語注疏》，收入於《十三經注疏》（臺北：藝文印書館，1965年），頁15。
〔註63〕〔清〕郭慶藩注：《莊子集釋》（新北市：商周出版，2018年），頁105。
〔註64〕〔清〕郭慶藩注：《莊子集釋》（新北市：商周出版，2018年），頁105。

逐漸成為一名專業的輔導人員。當成為專業的輔導人員後，我開始明白人不是單純只有感性或只有理性的動物，人的情感面和理性面都是一個人的生命整體。不重視感性層面，久了容易造成心理壓抑扭曲，不重視理性層面，久了容易造成思維的局限，因此感性和理性是要併行達到平衡的，也就是認知系統和感知系統的穩定，才能讓身為人這個有機體流暢運行。當學會心理分析工具，再加上接觸的個案夠多後，我發現自己只要個案在陳述生命議題時，就習慣性用心智去分析思考對方的問題在哪裡，套用在所學的技巧，立即選定輔導工具作為應用，解決個案的議題。然而，這時候的我又面臨一個卡關，也就是我發現自己可以立即解決個案的議題，但總是表淺的處理，無法深層的看到造成個案困境裡最核心的關鍵。長期下來，見樹不見林，治標不治本，相信這也是大部分的輔導工作者面臨的窘境。這時候的我，專注在如何達人心，早已遺忘自己原有的達人氣能力，於是我的生命歷程又讓我明白，如果沒有放掉心智的思維判斷，縱然只有一直達人心，無法達人氣，處理的議題都是很表面的，現代話講就是「不夠到位」。於是我的生命歷程走到了第二個階段「見山不是山」。

　　然而，在這同時我又有個疑惑，彷彿有時可以找到個案深層的核心議題，「謋然以解，如土委地。」（〈養生主〉）〔註65〕。有時候卻不行，都已經「怵然為戒，視為止，行為遲。動刀甚微」（〈養生主〉）〔註66〕還是無法找到那個關鍵點。這樣的不確定感，讓我形成一種患得患失的不安狀態。當會談過程，我能找到個案問題核心時，就能信心十足的流暢切入環節，反之當會談超過15分鐘以上，還沒有找到事件的關鍵時，我就會開始緊張焦慮，因為處理探討的議題都在表層，會談的時間又一直在流逝。然而，第一線的輔導工作者心理緊張焦慮或者急於要把個案帶到哪裡的狀態，是無法擁有「達人氣」的。這過程我也會自我追問為何有時候可以找到，有時候不行，那個為何「可以」的關鍵究竟是什麼？最後我找到了，就是自己的內在狀態。我發現當自身內在狀態是平靜、順暢時，我就是可以靈活自在的切換模式，應用自如「游刃有餘」（〈養生主〉）〔註67〕的感通個案，反之當天狀態不佳時，個案還沒來，我就已經開始焦慮不安，深怕無法應對。這時候我的生命歷程走到開始認為「穩定內在素

〔註65〕〔清〕郭慶藩注：《莊子集釋》（新北市：商周出版，2018年），頁94。
〔註66〕〔清〕郭慶藩注：《莊子集釋》（新北市：商周出版，2018年），頁94。
〔註67〕〔清〕郭慶藩注：《莊子集釋》（新北市：商周出版，2018年），頁94。

質」很重要的位置，如同再厲害的選手，內在心理素質倘若不夠強大，比賽當天也無法發揮應有水準，因此，我開始找尋如何能長時間涵養達人氣的內在狀態。

在進入高師進修，與指導教授學習莊學後，我發現這個「達人氣」的工夫境界是有步驟可依循的，那個循序漸進的步驟就是〈人間世〉的「心齋」和〈大宗師〉的「坐忘」工夫。〔註68〕我很欣喜地找回過去內在「達人氣」的狀態，且知道這個狀態不是如人的運氣般時有時無，甚至可以透過自身修持而持續涵養的。找到這個方法後，我開始進入莊子人生攻略篇從未知到已知，進而從已知到做到的階段，於是我每天下工夫涵養，除了〈養生主〉自身涵養還不夠，還要〈人間世〉設定幾個場域進入練就一番。在攻讀博士期間，我開始接專案，以我為核心的多元嘗試，只要我能做的都不設限，讓自己透過不同場域不同職位不同型態的轉場實戰，一來一回中練就「達人心」及「達人氣」的等級。此時的我已經從已知再到做到，不敢說成就已解鎖，至少也信手拈來了。也就是個案來到我面前時，我已不急於處理個案的議題，反而從容帶著徐的狀態聆聽。我全然地相信那個解決的資源就在個案自己身上，生命會自己找到出口。同時也全然相信自己的陪伴過程一定有一個契機點，能夠幫助個案站起來。

具體說就是我先用「心齋」工夫虛掉自己的成心，回到「唯道集虛」的場域，面對個案時，我不疾不徐「達人氣」的感通並承接個案內在狀態。個案在與我接觸的過程，也因為我呈現的是虛空中沒有違章建築，完全敞開涵納個案的「虛室生白」場域，個案接觸我形塑出道的場域氛圍時，就能同步回到與道合一的狀態，如同小雨滴回到大海般。個案在這時刻積累的情緒自然就會在共振中得到涵納、釋放。此時我都常也會接到某些訊息，例如：自己的身體共振對方的感受，頭部脹痛、胸口悶、背部緊、喉嚨卡住、胃翻騰、眼淚欲流出等。或者看到某個圖像，個案呈現一團黑色毛球交雜纏繞，而裡面的那條核心的線頭是自我認識；或者看到一個人外圈紅色發火的往前走，個案正經歷痛苦的蛻變，化身欲火鳳凰；或者看到個案被黏稠的強力膠包覆全身，正窒息的奮力掙脫，這裡面核心的關鍵是束縛的愛，當我洞察到就會從愛的議題切入。或者突

〔註68〕張默生先生指出《莊子》一書中，孔子所提出的「心齋」與〈大宗師〉中顏回所提出的「坐忘」，是同一境界的兩種稱謂。張默生：《莊子新譯》（臺北：天工書局，1993年），頁113。

然跳出一個影像,我就問個案你是不是想念你爸爸?個案眼淚馬上湧出。或者看到個案在一個黑暗漆黑的房間裡,躲在角落啜泣無助的影像,而個案並不是沒有能力,他只需要這時候有人給他力量,用堅定的眼神肯定並大聲給他信心告訴他能夠做到,他就可以再度站起來等。或者聽到某句話,就提問出那句話,個案就豁然開朗了,例如:你是要選一個你真正喜歡的伴侶?還是一個滿足所有人期待的伴侶?你是無能(是一種受限於自己或外在的無力感受)?還是無能力(只要提升那樣的能力,就能夠轉換無能的狀態,主動權拿回自己身上)?或者看到一個動作,例如:擁抱、拍打對方的背、請個案站起來跳一跳抖一抖等。

當我「達人氣」感通的狀態接收到個案訊息後,我的模式就會自然切換進行「達人心」的分析及提問,因為不可能學會跳芭蕾,就不會走路,當然還是會走,只是已經不會執著於怎麼走怎麼跳,因為已經舞的很自然了。這時候的提問通常話少,但句句很有力量,在分析或問完又立即回到心齋的工夫涵養,持續達人氣的內在狀態。如何留意自己有沒有持續維持?就是我能感受到自己呼吸的平緩,及持續感通對方的整個狀態,同時又能夠以一個超然的視角感受,不會被個案的困境拉著走。因此感通個案「達人氣」的狀態又有別一般心理諮商的「同理心」,同理心還是在心知的層次,達人氣是已經在工夫境界的層次上去說。這時候我的生命歷程,已從「有意識的無能力」到「有意識的有能力」(有了持續達人氣的工夫及達人心的工具)再走到「無意識的有能力」的位置。何謂「無意識的有能力」?就是我放掉過往所學,如同已過河就無需再背著船行走,因為一切心齋工夫及心理分析工具已然內化於身,達到人劍合一,出神入化,於是我的輔導功力走到了「見山又是山」的第三個生命層次。透過「見山是山」、「見山不是山」、「見山又是山」的三個生命境界,一來一回靈活切換「達人氣」及「達人心」的人間世歷練,我走出了屬於自己的生命調性,同時也走出了自己輔導個案的個人風格,這個風格就是一種莊子淑世精神的生命風采。

莊子說:「知天之所為,知人之所為者,至矣。」(〈大宗師〉)〔註69〕當中的「至」字指的是要成為達致的狀態,就是「天人合一」。也就是同時要做到「知天之所為」及「知人之所為」,將兩者的應用靈活切換的達到平衡

〔註69〕〔清〕郭慶藩注:《莊子集釋》(新北市:商周出版,2018年),頁163。

共處，才能發揮最極致的效用。如同《西遊記》中唐僧要去天竺取經，一路上妖魔鬼怪這麼多，光靠唐僧是行不通的，還要有孫悟空的法力幫忙。道體雖能承載萬物，然而也要有術才能落實，就是莊子說的「道術」的概念。筆者分析自己過往四個輔導歷程，一開始是第一階段「有道無術」，因為心很純很真，自然敞開迎接乘載萬物，但光有狀態還不夠，沒有能力協助疏導萬物，此時是一種未經歷練的達人氣。之後走到提升自己輔導的技能，開始專注心理分析後，逐漸強調心智的工具，處理議題就都只在表層，無法解決深層議題，這時候是第二個階段「有術無道」，此時呈現的狀態就是「有意識的達人心，但未能達人氣」。覺察後開始找尋能夠讓道的狀態持續涵養的工夫，逐漸做到「有意識的達人心及達人氣」於是到了第三階段「道術合一（有術又有道）」。最後，放掉達人心的分析工具及達人氣的步驟，將已有的技能內化於自身，同時涵養純然回到有道境界，達到人劍合一，信手拈來，出神入化。如同匠到師的過程，不再注重邊幅的對錯修正，而是每一個庖丁解牛的案例就變成一個藝術品的呈現。因此，莊子淑世精神式的會談是道術並行的會談，呈現的是「無意識的達人心及達人氣」，也就是第四個階段「道術達至」的狀態。上述藉由親身實踐道術合一的四個階段，實證莊子淑世精神實踐模組操作步驟的有效性。

第二節　研究結論

　　本文以為談具體實踐不能不談成果，因此在做最後結論前，必須先澄清一個概念，無為的道家若有心追求效益？那麼會不會老莊就不是老莊，所有的道心就變為成心呢？道家是否對於道心有了功效的乞求？針對此提問，本文答覆如下：

　　本研究談論的所有呈現效益，不在聖人「體段工夫」，而是在「聖人之跡」上。〈人間世〉說：「絕跡難，無行地難」〔註70〕，聖人作為一個仁者，在具體實踐過程必然留下痕跡，故本文在詮釋道家上，運用「工夫體段」和「效益追求」兩方面來談：第一，所謂的成果既不是聖人的工夫，也不是道的本體，所謂的成果就是聖人走過的痕跡。體用工夫指的是要不然把道心歸為本體，要不然把道心歸為工夫。倘若本體工夫都有心求道，那麼這樣的道就是假的；倘若

〔註70〕〔清〕郭慶藩注：《莊子集釋》（新北市：商周出版，2018年），頁114。

本體工夫都無心求道,無心已成化,那就是老子講的「無為而無不為」(〈第三十七章〉)〔註71〕,莊子說的「無為名尸,無為謀府,無為事任,無為知主。」(〈應帝王〉)〔註72〕這些想法在老莊文獻裡都有其根據可循。第二,在效益追求上,聖人留下的痕跡叫做具體實踐成果,從莊子留下的具體實踐效益得知,莊子所謂的聖人雖然工夫體段上都不是有心求道,正因為無心以求無心以對,反而敞開一個天清地寧的世界,讓天地萬物都能在裡面共生共榮,消解掉固有成心中的限定執著,讓人從名驕戾氣中超拔。因此,本文以為將道家的淑世精神應用於具體實踐,關鍵就在體用工夫面上,聖人都不是有心求道,所以這裡面向不具涵效益二字。可是聖人也是人,凡走過必留下痕跡,在「無心以成化」過程,留下的良善之跡,吾人稱作具體實踐成效。因此,本文以為聖人之跡不等於聖人本身,而是聖人行動後留下來的結果。換言之,聖人雖無心,但其存在一定對於世間有著一定的影響力,而且這樣的影響力肯定是良善的,這樣的良善在本文的立場就稱做「淑世」。接下來本文將運用第貳章莊子淑世精神理論基礎的「人生攻略圖」及第參章莊子淑世精神實踐模組中「道的架構」及「操作步驟」三點做研究結論的論述。

一、人生攻略確實能有效指引生活

本文透過莊學內七篇證「至人無己」的境界工夫,呼應開頭的人生攻略從第一篇的〈逍遙遊〉點出人生境界(目標)可以做到逍遙無待,典範是至人,如何做到逍遙就是無己。當中用化為工夫,帶出有限知(框架)的侷限,同時又拉拔生命的格局,讓吾人理解這個世界的原貌與可能性,帶給吾人一個生命可以開展又能乘物遊心的「遊框」境界。本文以為知的局限至少可以分成認知系統和感知系統,在第二篇〈齊物論〉藉由天地人三籟帶出,人因為有己造成知的種種侷限,其最大關鍵就是成心(認知框)。認知系統的拔升在第肆章到第捌章「莊子淑世精神的具體實踐」部分,會透過生理、心理、人際、環境及金錢五大領域,闡述老學及莊學提供吾人一條認知結構達到「遊框」的可能性。當中透過吾喪我、天府等工夫解消認知的侷限,說明境界如何透過不斷歷練的工夫而達致。同時藉由老莊慧眼擴大知的可能性,以達到認知系統的「喪框」。第三篇〈養生主〉說明感官知覺對人造成的局限,並運用庖丁解牛,帶出「以

〔註71〕〔魏〕王弼注:《老子道德經注》,收入於樓宇烈校釋:《王弼集校釋》(臺北:華正書局,1992 年),頁 91。

〔註72〕〔清〕郭慶藩注:《莊子集釋》(新北市:商周出版,2018 年),頁 219。

神遇而不以目視，官知止而神欲行」的境界，提供吾人感知系統的「脫框」指引。到第四篇〈人間世〉將理解參悟的道理運用於人間，在設定的場域及角色扮演中實戰一番，這環節本文稱為「設框」，當中莊子提供心齋的工夫指引，有助於在每段關係中達人氣、達人心。第五篇〈德充符〉透過許多其貌不揚的有德者，協助吾人面對世俗價值的枷鎖時，如何解放天刑回到身心符應，才全德不形的過程，本文稱為「破框」（突破框架）。藉由〈人間世〉與〈德充符〉不斷練就等級，不足再持續涵養，直到與道相容，讓道真的時時為我所得的符應自身。做至此就能走到第六篇〈大宗師〉成為某一方自己有所體悟的開宗立派大師，那就是做到「定框」。此時的自己已經很清楚自己的生命定位，讓內在素樸性能夠貫穿在他與他人的生命之中，就能做到第七篇的〈應帝王〉的「無框」。而這七篇皆由「無己」貫穿，無己不是什麼都不要，無是一個動態思維工夫，同喪、齋、忘般。以無己的內在狀態，應對萬事萬物，方能流暢無礙，乘物遊心，做至此就能達到〈逍遙遊〉「遊框」境界。

　　透過莊學這套人生攻略篇點出人生「成就解鎖」的關鍵五步驟：「未知」、「已知」、「做到」、「信手拈來（隨心所欲）」、「獨善其身（宋榮子：自己）或兼善天下（列子：帶團隊組織）或以遊無窮的逍遙無待（成為一種精神：至人無己，神人無功，聖人無名）」。下手處就是打開吾人「知」的框架侷限，從遊框（在有待的人生中如何乘物遊心的境界）、喪框（跳脫成心認知的侷限）、脫框（跳出感知的侷限）、設框（設定挑戰的場域及角色）、破框（突破世俗的枷鎖回到合一）、定框（找到自己生命定位）、無框（由內在無框，達外顯立框，隨順機緣立定格局：獨善其身、兼善天下或成為一種狀態），最後回到遊框（成就解鎖：逍遙）的過程。

　　人無法做到他「知」所不及之處，當知道生命的境界可以做到遊框時（目標），就能設定通達的遊框目標又能隨著自身的機緣，逐步修正往通達的目標前進，那麼整個人生的格局氣度就完全不一樣。在使用莊子淑世精神實踐模組的過程，研究者聆聽到個案設框的場域，找出設定挑戰角色裡的思維侷限，協助破框回到生命的流暢，過程則是運用喪框（跳脫成心認知的侷限）及脫框（跳出感知的侷限），整合內在的成心編碼，最後協助個案定框，找到自己生命定位，以無框應世，回到遊框的自在。因此，透過 8 個案例、1 個莫拉克風災社會關懷案例及研究者親身案例成果，實證「人生攻略圖」確實能為吾人帶來指引，也證實道家並非消極避世的深山隱士，而是大隱隱於市的真行者，反而有

淑世疏導萬物的面向在。

二、道的模組中四大架構確實能有效解決問題

　　本文以為淑世不只是一個行動或口號，而是可以從《莊》學的理論基礎中，找到一些具體化的原則，並透過這些原則構成有機的組件，讓不同的疏通者，依循操作工具，去完成疏通的工夫。換言之，實踐模組架構，不單只是一個實踐活動，更是一個可以實踐的操作工具，筆者將《莊》學設計成一套有效的工夫修正程序方法，這套方法不只可以應用在自身，更能影響有意願修正自身的人。當中本文先透過「庖丁解牛」勾勒實踐模組的綱領後，更用道字指引吾人的四個架構，分別為：（一）「走在關鍵的決策」：我在哪裡？（二）「生命道路的通達」：我要去哪裡？（三）「高瞻遠矚的智慧」：我要如何做？（四）「內外辯證的實踐」：我要如何處世？進行庖丁解牛環節。

　　而莊子淑世精神實踐模組，既然談論工夫裡面的有效組成，在道的架構中就有其重要的莊學元件在，由於《莊子》整個工夫裡面就在談論我的養成和鍛鍊，於是本文以「我」為主軸，分別拆出四個面向來看，第一個是我在哪裡？第二個我要去哪裡？第三我要如何做到？第四就是由於本文在於由我走出自己，幫助他人，所以就是我／他應當如何處世？也因這四個元件延伸探討，在莊子的工夫論引文中找到，第一步從「我在六合之內」、「道無所不在」、「獨與天地精神往來，而不敖倪於萬物，不譴是非，以與世俗處」及「乘天地之正，而御六氣之辯」的元件說明我在哪裡？第二步「吾喪我」、「天籟」及「事之變命之行」基礎元件，說明我要去哪裡？會談目標就是回到自然的日常狀態。第三步從「心齋」、「才全德不形」、「同於大通」及「無為名尸，無為謀府，無為事任，無為知主」的工夫元件，說明我如何做到？最後第四步會談結束，在「用心若鏡、不將不迎、應物無傷」、「善刀而藏之」、「相忘江湖」「知其不可奈何，而安之若命」基礎元件，找到引導者和個案回到各自的生活時，如何處世的方針。換言之，本文以道字為實踐模組四個架構，並將莊子的工夫論裡面找到基礎元件，組成一起變成普遍有效可以實踐的組件。透過上一節案例成果分析及研究者省察與反思，就可以知道「莊子淑世精神的實踐模組」不但可以讓引導者做為自身修持，也可疏通他人生命的困境。遇到有緣者，更可以窮指為薪傳遞他人，使其達到自身生命的修持。透過實踐模組的組成，藉此呈現工夫的有效性及可傳遞性。

三、道術合一的操作步驟確實能有效解決問題

　　莊子淑世精神實踐模組式的會談是道術並用的會談，當中「達人氣」(〈人間世〉)〔註73〕運用「心齋」(〈人間世〉)〔註74〕、「坐忘」(〈大宗師〉)〔註75〕、「神欲行」(〈養生主〉)〔註76〕的工夫涵養自身（三者類通，故以下以心齋代表其他二者工夫），只有自身的提升還不夠，莊子的淑世精神是要走出去在人間與萬物產生流暢的互動。因此，達人氣的步驟會從自身的心齋工夫涵養開始，體道者先不斷的捨離自己的成心，形塑一種讓萬物願意主動靠近的場域，這樣祥和的氛圍就是敞開一個道的場域，一個無邊無際的廣漠之野，讓任何想聽我說的人都願意來的場域。這時候體道者的不言及萬物的進入就已經展開了療癒。過程中體道者持續維持心齋的工夫境界，讓對方在我旁邊不會覺得突兀，我在對方旁邊，他也不會覺得不自在。因為，體道者一直涵養心齋的境界，所以等對方願意開口時，對方所說的話語，就不會用成心判斷這件事應不應該的先入為主的分析。這時候的心齋已不再是主體的修養，而是主體以自身為立基點，營造的氛圍，這個氛圍就是道的場域。

　　當以人間為道場，就是淑世精神的展現，當中有一個很大的意義就是把場域從空間的概念，轉化成為日常生活的概念後，再轉化成一個工夫領域的概念。這是三層轉化，第一個是物理空間的空間概念，第二個是社會學上人際關係的脈絡概念，第三個的境界的概念，由我主體的德性，創造出在場的氛圍或是類通一種正能量的磁場。讓願意進來的萬物都得以進來，同時不用招攬萬物，因為不將不迎，用敞開的狀態，隨時準備好迎接自願來的萬物。來了之後原來作為我主體心齋的工夫，由於另外一個主體的進入，我的身和調性也因為與另一個主體的互動跟著轉化。要兩個人一樣自在，作為主體就要隨時調整，所以我在自我修正的心齋部分，平常就須不斷涵養，當有另一個主體來時，我和這個主體互為調整。在我調整過程中，使得這個主體得以自在，當對方開始對話時，我也同步協助這個主體調整，調整拔升到一定程度，最後兩人皆能物我兩忘，結束對談，回到各自生命的通達。這當中會操作到所有的工夫方法，包括心齋、坐忘、神欲行等。過程依循道的通達架構，疏導個案知道自己在哪

〔註73〕〔清〕郭慶藩注：《莊子集釋》（新北市：商周出版，2018 年），頁 105。
〔註74〕〔清〕郭慶藩注：《莊子集釋》（新北市：商周出版，2018 年），頁 112。
〔註75〕〔清〕郭慶藩注：《莊子集釋》（新北市：商周出版，2018 年），頁 202。
〔註76〕〔清〕郭慶藩注：《莊子集釋》（新北市：商周出版，2018 年），頁 93。

裡？疏導個案找到目標，要去哪裡？疏導個案如何做到？最後，疏導個案和我回到物我兩忘。

換言之，場域有三層意思，第一層是物理的概念指的就是時空。第二個就是以事件和事情組成的概念，每天發生的社會事件，這當中沒有工夫境界，只是每天不同的事情組合在一起，就是「事之變，命之行」（〈德充符〉）〔註77〕，就是一連串跟我相關的事情組成的東西，簡稱社會現象。當場域轉為第二個社會現象時，就從物理固定的空間轉成為浮動的空間，因為社會現象會隨著人的走動場域而有不同的擴張。可是這個擴張並不涉及到因我主體的工夫修養，使得那個工夫環境的氛圍變好。因此，第三個場域就是我透過一個工夫，使得工夫達到一個境界，此時創造出的氛圍，會讓萬物往好的方向發展，就是第三個道的場域。讓每一個進來的人都能歡喜自在，無為自化，今天我做到這件事只能感染我周邊，那被我感染的人又將此擴充，每一個都擴充出去之後，這個世界就自然祥和，就是道家式的淑世精神。換言之，我不要求有多少人來，但至少要求我自己可以做到，對萬物是敞開的，來多少人就是看機緣。

因此，達人氣的心齋工夫，由主體本身展開，到延伸場域敞開迎接萬物，當萬物進來時，主和客互為主體，不斷調整到自在，萬物離開後再回到物我兩忘。安全信任的場域形塑出來後，在對方尚未能通透不言之教時，總不能一直相視而笑到結束。因此，達人氣後就可以透過術的達人心，也就是提問及聆聽的工具提升對方的知，使會談得以完整。而達人氣和達人心的交互運用過程，都在每個面向上做到「我」的拔升，同時促成「對方」的拔升。當對方「內在境界」及內在的「知」拔升到一定的境界時，就物我各自回到彼此的生活。所以道家可以看起來是一個很消極，可是其實是一個很正面型態的面對。可以看起來好像沒做什麼事，實際上他達成至少在他能力所及的事。怎麼知道這是能力所及，無為而無不為，看對方有沒有因為我而變得更美好。透過上一節8個案例成果分析回饋10分的滿意度及研究者省察與反思中的自白敘述，就可以知道「道術合一」的操作步驟，確實可呈現工夫的有效性。〔註78〕

〔註77〕〔清〕郭慶藩注：《莊子集釋》（新北市：商周出版，2018年），頁155。
〔註78〕感謝口試委員汪治平先生及姜龍翔先生分別點出在人文學科進行社會科學質性研究，其個案研究成果有效性部分，須特別說明。本文加註回應如下：除非吾人否認個案研究在學術研究上的檢證標準，否則基於質性研究中的個案研究在國際學術界皆被廣為接受，並視為一種可以做為社會科學量性研究的理論建構基礎。因此本文個案研究遵循社會科學的三角檢證中的資料對比呈現，

第三節　研究限制與未來展望

一、研究限制

個案與研究者是一種持續合作的夥伴關係，研究者的任務是透過形塑道的場域，過程觀察、傾聽、提問梳理個案議題，喚醒個案本就具備的技能、資源和創造力。個案的任務要對自己負責，有意願改變，有意願做出選擇，有意願按步驟採取行動。個案與研究者互為責任者，若當中其中一人無法履行責任，就會影響環節的成效，以下分成「個案本身」、「研究者」及「其他因素」，三部分說明。

（一）個案本身：意願度決定環節的成效

1. 沒有意願討論這個議題

個案困擾的議題通常要在個案有強大意願下才能解決，有些個案是被帶來不是自願的，這個就要花比較多時間建立親和感，並確認個案解決問題的意願，都確定後才會開始處理，如同醫生確診完病人有意願才會進行手術。例如：家長想要讓孩子人際關係變好，將小孩帶來，就要先確認小孩對這議題的探討意願。或者個案在探討議題過程會閃躲提問或刻意隱瞞，這樣體道者無法跟隨，成效就會受到限制，例如：已經嚴重到服用精神用藥，但個案刻意隱瞞。或者個案有某些個性導致他將自己陷入局中，而他自己沒看到，也可能看到了不願意改變。例如：個案認為證明自己很好，可以獲得成就感及認同，但他看不到這樣的認同是建立在外人身上，如何讓自己認同自己，成為自己生命中第一個支持者，才是關鍵，這時候就需等待時機。還有的個案對於自己生命議題的改變時機未到，外在準備好了，但在內在心態尚未，會害怕觸碰過去傷口，這個也是要等。

2. 沒有意願評估自己在哪裡？

個案必須願意對自己進行自我探索，例如：面對瘦身議題，個案想像某位女明星一樣，卻不願意面對自己的體態或飲食習慣，不願意放下世俗主流價值觀，選擇繼續困住批判自己。面對心理議題，個案不願意談內在對於事件的真實思維感受或想法，回答：「到底要接納什麼？」「我不知道要面對什麼？」「我

一共有會談紀錄、研究者反思者筆記、會談日誌三者做資料交叉驗證，已達到社會科學領域一定的研究信度及效度（詳見本文頁數 36 的深度訪談法中 6、研究嚴謹性）。

實在不知道要教會我什麼？」面對關係議題，個案不願意釐清與男友藕斷絲連的傷痛過往，面對這段窒息又相互情緒勒索的愛，回答：「我很好，都是他的問題。」「為什麼他要這樣對我？」面對金錢議題上，個案不願意面對自己的負債或者不願意審視自己的財務報表等。當個案不願意進行自我認識時，就無法進一步找到一條現實與理想中如何做到的路，應該是說路會不夠清晰。

3. 沒有意願思考自己要去哪裡？

當個案沒有意願或從未思考過他想去哪裡時，就會拉長環節的時間，變成一直在討論他真正想去哪裡？也就是聚焦前進的目標。或者個案對於兩個悖離的目標無法決定，例如：要讓孩子獨立自己打拼，又捨不得孩子受苦，於是又將其留在店裡幫忙。或者對於婚姻感情上，先生外遇有小三，個案想離婚，又不甘心？或者面對精神症狀越來越嚴重的家人想送醫，又覺得自己把家人丟在精神病院中是一件殘忍的事？另一方面，情緒若過於壓抑或激動，也會影響個案無法思考自己真正的目標。

4. 沒有意願思考自己如何做到？

不知道和沒有意願不同，不知道可以藉由模仿卓越，先複製自己可以接受的樣板並在進行中隨之調整，也就是只要給予他這個議題的概念即可，但個案沒有意願思考，就無法前進。因為他不願意檢視自己的資源，包含內在自己的條件及外在他力的資源。有時候個案要往前走是要捨棄一些信念，但個案知道卻不願意時，例如：父母反對交往對象僅因為希望將其留在身邊，面對孝順及自己的摯愛的議題。或者先生接二連三外遇，已確定不愛這個男人，卻因為害怕重新一個人生活不想放手。或者已明白現在工作不適合自己，失去熱忱外也影響身體健康，卻不願意改變等。上述這些個案若已釐清卻不願意做出選擇，這也是要等，等待時機的成熟。或者前面整理太多信念，個案呈現資訊超載，也會無法思考。通常有以上這些情形，個案無法做出選擇，只要無法進行就讓個案成為家課，下次見面再探討。

5. 沒有意願回去後持續執行？

個案來到體道者面前，探討的事就當時的人、事、時、地、物的事件，若是過去發生的進行編碼定位即可。然而，若是現在進行式，那就會隨著回去後的人、事、時、地、物的變動而產生相對應的變化。例如：個案在事業經營上，海運公司搞丟貨款幾百萬一事，因為一開始目的是降低停損，所以策略模式就會比較軟性訴求。隨著事情進展貨款追回五分之四，停損點一到，對方呈現不

願意負責並嗆聲不怕打官司一事，這時候目標「伸張正義」或「讓公司流暢運作」的方向，又會決定下一步的作法，若是「伸張正義」處理的態度就可能轉硬，若是讓「營運流暢運行」，評估停損點到，自然就可以放手，只要公司現金流順暢，錢很快就能賺回來，比一直處理官司勞民傷財好。

當然倘若透過環節，個案已知道自己問題在哪？也擬定目標和方法了，可是回去就一再沒有執行，那麼體道者也只要跟隨即可，因為每個生命有他的進程，這時候只要持續給予支持，個案總會有那麼一天自己站起來。有一個案前後進行 7 次環節後，才真的開始行動改變，從「知道」到「知道開始想做」到「知道開始真的做」到「知道並真的做到」最後的成就解鎖，都是要時間歷程的。不管個案有無意識其實內在都會有自己的時間在走，體道者只要做到陪伴，必要時給予疏通，生命自會自己找到出口。〔註 79〕

（二）研究者本身：對實踐模組的熟悉度決定環節成效

1. 對於生命議題的面向本身還沒過關

不知道肯定問不出。體道者本身對於生命整全的面向尚未通透，有自己的侷限，因此提問不出有深度或針對議題最關鍵的核心問句，也會影響整個解牛環節的品質。因此，體道者平時應以內在情緒為導航，外在事件為借鏡，時時進行自我提問，打開自我侷限。先讓自己成為議題的疏通者，而不是問題本身，假裝什麼都沒問題的未爆彈，潛藏的風險危機最大。因此，正視自己的生命議題，從了解生命的本質開始，面對那個最難搞的人（自己），那個不受控的身體機能、不受控的成心、依附甚至彼此控制的情感勒索關係，以及面對社會的生存能力等，讓自己的生命獲得整全的通達。

2. 對於道的四個架構運用上不夠熟練

當體道者對於架構不夠熟悉時，容易讓整個會談散焦，把個案帶離主題，

〔註 79〕感謝口試委員汪治平先生建議應加上當個案沒有意願，如何反誘發其意願的過程實踐總結，本文加註如下：確實有這樣的案例，以本文中案例 F 就是由媽媽帶來，並非自願。明知孩子的生命已產生堵塞，卻不理會，而放任的行為表現並不符合莊子的淑世精神。那麼如何讓莊子淑世精神實踐？就是「隨順而不放任」。具體而言，就是運用第參章「莊子淑世精神的實踐模組」進行，整個過程先透過達人氣的方式，建立親和感並同時營造一個信任的場域，讓個案願意敞開心胸與之對話。再來藉由達人心的操作步驟，經由道家隨順動態的方式引導個案解決問題，避開驚擾，回到生命的暢達。（詳見結論第 6 點案例 F「我比鬼還恐怖」的研究者反思）。

或沒有針對個案的目標進行環節處理，淪為純聊天，最後環節結束無法在有限時間獲得成效。在執行道的架構過程，也要靈活運用，有時候個案困擾的問題，就是他的目標。例如：困擾問題為長期酗酒，目標是戒酒。有些個案困擾的問題是 A，但目標是 B。例如：議題是看不慣媽媽幫姊姊買車，目標其實是自己想要換車；有的困擾的是孩子玩電玩，目標是培養孩子自律的能力。有時候個案對於議題只是卡住某些信念，疏通後便自己能夠擬訂計畫跑完架構流程，那麼疏通的當下就是止的契機。有時候個案具備自我解決問題的能力，這時候只需要當他的鏡子，讓他看到聽到自己的位置，甚至什麼都不用提問，只需要創造道的安全場域，個案就能進行自我療癒。因此，體道者必須要能夠對道的架構有充分的拿捏，才能洞察個案現在進行到哪個步驟，對整個環節才能有所掌握。

3. 對於道術合一的操作步驟不夠靈活

當體道者對於自我修煉不足或當天自身狀況不佳，無法形塑道的場域，在安全及信任的氛圍營造不足下，無法讓個案啟動自我調節，情緒無法自然釋放。同時因為自身道體涵養工夫不足，無法神欲行的感通個案整個狀態，自然呈現提問不夠到位，落於一般心理分析層次的處理。因此庖丁解牛的刀要夠鋒利，才能「以無厚入有間」（〈養生主〉）〔註80〕，切任何想切的東西。而這把無形刀就是道家「觀」〔註81〕的覺度，第伍章「虛心見真之道」有提到透過「靜時觀其感受」、「動時順物而成」、「調息工夫次第」涵養道體。以及「觀而不作順乎自然」和「觀其造化與道同游」練習觀的覺度。當自我覺度越提升，每一次的清理將越細微，有時候同樣的事件也會處理多次，一次比一次深層。

（三）其他因素

會談過程外在環境也會影響個案的自我揭露，例如：本文案例分析 D 個案「自信來自於成為想成為的自己」那場一開始是約在速食店，然而收集資料個案在陳述過程，就會東張西望，用餘光看隔壁桌的人是否有在聆聽她的陳述。研究者覺察後，當下在環節進行第一步驟釐清議題時，就立即更換地點。增加會談的隱密性後，個案立即表示安心多了。

〔註80〕〔清〕郭慶藩注：《莊子集釋》（新北市：商周出版，2018 年），頁 94。

〔註81〕老子說：「致虛極，守靜篤。萬物並作，吾以觀復。」（〈第十六章〉）〔魏〕王弼注：《老子道德經注》，收入於樓宇烈校釋：《王弼集校釋》（臺北：華正書局，1992 年），頁 35。

　　另外，個案探討議題牴觸體道者的價值觀，也會無法進行解牛環節，例如：如何逼走同事，讓自己職位升遷。或者個案是小三已介入他人婚姻，目標是讓拆散男方婚姻，讓男方只愛他一人。最後，體道者與個案的熟悉程度，個案的屬性、領悟力、主體行動力、生活背景、處世模式、彼此信任度、關係連結的強弱等，也都會影響整體環節成效。

二、未來展望

　　面對未來展望，以下分成可嘗試「縱貫面研究設計」、「薪火相傳於個案的研究設計」及「道家意義性團體治療的研究設計」三方面著手，以下闡述之。

（一）可嘗試縱貫面研究設計

　　本研究在研究設計上，採用橫斷面設計，由個案選定的議題進行庖丁解牛，著重的是個案「當下」面對事件的感覺和反應。透過當下的環節結束，個案的整體狀態與回饋進行評值，來確認「莊子淑世精神實踐模組」的有效性。這是社會科學初步建立理論架構，以非實驗研究設計探討理論有效性，較為常用的研究方法。然而，莊子說人生所有的困境就是「是事之變，命之行也；日夜相代乎前，而知不能規乎其始者也。」（〈德充符〉）〔註82〕個案的生活是不斷在流變，由事情和事情不斷組合而成的，對於當下的議題解決，回去能否應用或者遇到事情流變的後續因應，則須透過長期追蹤研究才能得知，如同目前本文已透過研究者本身長期實踐實證「莊子淑世精神實踐模組」的有效性。因此，透過本研究確定「莊子淑世精神實踐模組」的有效性後，未來可進一步進行繁瑣的縱貫面研究設計。了解同一組樣本或多組樣本在同一議題上的持續反應，將更能佐證「莊子淑世精神實踐模組」對於幫助個案獲得生命整全的有效性。

　　透過本研究顯示，實踐模組能有效解決個案不同年齡層與生命階段的問題。然而因每個人的生命經驗及領悟力有所差異，建議未來相關研究可透過長期 3～6 個月或簽訂 12 次會談每星期 1 次的追蹤研究。了解同一位個案在面對人生五待的生理、心理、人際、環境及金錢上，追蹤是否有找到生命整體平衡的通達之道。或者了解同一位個案在面對五待議題中其中一待議題的長期追蹤，例如：整頓公司營運回到正軌、健康瘦身、戒菸酒（成癮症狀）、有效

〔註82〕〔清〕郭慶藩注：《莊子集釋》（新北市：商周出版，2018 年），頁 155。

溝通、改善關係、目標設定等。不同時間加上人間世的各種機緣碰撞下，會讓個案對於人生五待產生不一樣的理解。因此隨著時間軸的拉長，更可評估「莊子淑世精神實踐模組」對於個案生命整全或聚焦某一議題的動態發展變化。

（二）可嘗試薪火相傳於個案的研究設計

道家是萬物的疏導者，不是救生圈，因此更重視的是物我兩忘的生命境界，莊子說：「相濡以沫，不如相忘於江湖。」（〈大宗師〉）〔註83〕。研究者在會談過程每個面向上都做到知的拔升，同時也促成對方的拔升，當對方拔升到一定的境界，就物我各自回到彼此的生活。當中研究者傳遞給個案的部分，是要能夠讓案主回到生命，面對問題時能與客體「勝物而不傷」（〈應帝王〉）〔註84〕。因此道家更關注的是個案回到生活上如何處世？給他魚吃不如教他釣魚的概念。換言之，在會談後，不只是回歸正常的生活，更重要的是，當回歸到正常生活時，引導者和個案兩者皆要相忘。

基於此思維，本文建議未來研究可找尋對探究莊學及解決生命議題有意願者，在解決議題後，每一次帶入莊學思維，拆解如何做到的過程。讓個案除了獲得生命通達外，也同步擁有「莊子淑世精神理論基礎」（人生攻略圖），以及「莊子淑世精神實踐模組」（道的四個架構及道術合一的操作步驟）的概念，並落於生命中。另一方面更能透過開始涵養莊學的心齋、坐忘工夫，與造化同遊，啟動自我療癒能力，具體實踐於生命主體養成（身和心）、關係、環境、金錢各領域，達到逍遙。

（三）可嘗試道家意義性團體治療的研究設計

團體治療的好處讓「互動」成為珍貴的資源，有助於成員間模仿學習。除了讓成員在團體中得到支持接納外，在認同的過程也能幫助他們學著瞭解自己。混搭年齡或同年齡層的意義性治療團體，各有好處。混搭年齡的團體治療可以讓現場成員經歷不同階段的生命議題，成年人對於年輕人的議題可以做為反思，有助於自己過往經驗的整理及面對現況的親子教育，年輕人對於成年及老年議題可以對未來有些準備及多份同理心。同年齡層的團體治療好處在聚焦同年齡層的生命階段議題，個案會深感貼切，例如：青少年族群就是情緒管理、人際關係、自我認識、兩性交往、生涯發展等。成年族群就是健康養生、

〔註83〕〔清〕郭慶藩注：《莊子集釋》（新北市：商周出版，2018年），頁174。
〔註84〕〔清〕郭慶藩注：《莊子集釋》（新北市：商周出版，2018年），頁219。

親子教育、職場工作、伴侶相處、財務規劃等。長青組群就是活出自己、生命
意義、健康養生、臨終關懷等。本文建議未來相關研究實行方向，可依道家為
主題性探討，在生命議題中帶入莊學的生命調性，提供團體中成員生命安頓之
道。時間上可透過團體歷程的催化進行，設定長期1～2年，每月1～2次的追
蹤研究。進行步驟可以先在團體中透過調息形塑道的氛圍場域，當中透過案例
分享或現場案例處理，示範「莊子淑世精神實踐模組」的具體應用，並從中加
入「莊子淑世精神理論基礎」（人生攻略圖），以及「莊子淑世精神實踐模組」
（道的四個架構及道術合一的操作步驟）的概念，讓道家生命調性的成長團
體，成為支持彼此往各自人生道路前進的力量。

　　人生就像一場收集七顆龍珠的過程，人生五待（生理、心理、關係、環境
及金錢）如同悟空腳底下踏的觔斗雲般，一開始悟空也是摔了好幾次，才找到
他能駕馭觔斗雲，以及觔斗雲願意承載他的默契。每個人也要找到自己與生命
五待相處的默契，親身經驗其中，咀嚼箇中滋味。那如何乘著五待而遊心？就
要找到這五待中屬於自己的金箍棒，開始依照本文莊子〈內七篇〉帶給吾人的
人生攻略秘笈練功。在這第貳章「莊子淑世精神的理論基礎」建構下，指引吾
人在生命的五待層面，皆可設定自己想要成就解鎖的目標，開始練就等級。關
鍵是自己想要，不是他人期待，走錯方向努力一輩子也不會快樂，更別說通達
了，那是別人期望的道，不是自己的道。那麼如何確定是自己？在第參章「莊
子淑世精神的實踐模組」第一節「實踐模組的綱領與架構」就有詳述如何釐清
議題、目標確認、如何做到，最後內外實踐。道家是一門目標的學問，在確定
目標後，一路從未知、已知、做到、再到信手拈來（技進於道）、再到個人發
揮極致或帶團隊兼善天下或者直接成為一種應萬物的狀態（此時已無待，可依
自己屬性選擇）。過程持續朝著想要的生活醞釀，終將有所成，當中老子提醒
吾人：「道生之、德蓄之，物形之，勢成之」（《五十三章》）〔註85〕關鍵在德蓄
之、物形之及勢成之的同時都要有道，道者才能通達。換言之，往目標前進到
達成的過程，時時要讓自己與道同在，方能讓開始到終成的環節一路流暢運
行。具體操作就是每一個生命議題都可用「莊子淑世精神的實踐模組」中的「走
在關鍵的決策」釐清議題；「生命道路的通達」進行目標確認；「高瞻遠矚的智
慧」進行有效提問；「內外辯證的實踐」達到成效評值，四個環節做為檢視，

〔註85〕〔魏〕王弼注：《老子道德經注》，收入於樓宇烈校釋：《王弼集校釋》（臺北：
　　　華正書局，1992年），頁137。

讓自身帶著覺知生活，時時與自己的道同在，過著清晰快樂的人生。

　　本文最後也透過「莊子淑世精神的具體實踐」章節，示範如何應用於自身、個案、社會關懷的議題上，藉以實證理論基礎及實踐模組的有效性。生命的目的就是全然的活著，將生命的各層面逐一探索過，當每個設定的生命關卡不斷運用心齋工夫使其虛，在「涵養道心，泯除成心」的練技過程，讓自身內在越來越強大及柔軟下，終會成為那關卡的超級賽亞人（金光閃閃的大宗師等級）。那時候就恭喜解除封印成就解鎖，可以把頭上的緊箍咒還給觀世音菩薩了。當中《莊子》內七篇的練技過程就像在找尋七顆龍珠般，既然是尋找就是要找，要走出去，待在家裡七顆龍珠是不會自己出現的，又不是 Uber Eats、Foodpanda 外送平台，打個電話就直接送來家裡，所以一定要去做去實踐，這個答案才會為我所得。最後將七顆龍珠集結後，就是招喚神龍許願之時，當然向神龍許願只是個寓意，重點是當已練就大宗師等級時，基本上在人生五待上就已乘物遊心了，在這人世間的五大基礎領域游刃有餘。換言之，在這場人生 ON-LINE 中已具備足夠生存技能，過著自己真正想過的生活，醫護界說那叫「全人健康」，莊子說那叫「逍遙」，老子說那就是「道」。本研究側重將莊子淑世精神應用在生活各種層面，透過理念與實務結合的具體進路，將多領域應用帶入本文文獻中，使莊子淑世精神能與具體實踐做相互關懷之應用。期待為臺灣人文學科的國文系思想類組，開拓一條在文獻分析研究之外的具體實踐走向。當中真實案例也實證莊學思想並非知言漫談，更道出莊學是個可以具體應用的務實學問，一矯過往不少學者以為老莊是一種消極避世的思想。本文有別於過往傳統國文系思想類資料彙整的文獻分析陳述，側重在實踐應用層面。其研究結果將做為臺灣人文學科國文系對於現今西方文化當道，崇洋理論大顯其道的中西交流，提供正面回應之參考。

參考文獻

一、古籍文獻（依年代排列）

1. 〔漢〕許慎撰、〔清〕丁福保編纂：《說文解字詁林》（臺北：商務印書館，1928 年）。

2. 〔漢〕王符撰、〔清〕汪繼培箋：《潛夫論》（北京：中華書局，1985 年）。

3. 〔漢〕河上公注，王卡點校：《老子道德經河上公章句》（北京：中華書局，1993 年）。

4. 〔漢〕趙岐注、〔宋〕孫奭疏、〔清〕阮元校刊：《孟子注疏》，《十三經注疏附校勘記》卷 17（臺北：藝文印書館，1973 年）。

5. 〔魏〕王弼注：《老子道德經注》，收入於樓宇烈校釋《王弼集校釋》（臺北：華正書局，1992 年）。

6. 〔魏〕王弼、〔晉〕韓康伯注、〔唐〕孔穎達疏、〔清〕阮元校勘：《周易注》，收入於《十三經注疏》（臺北：藝文印書館，1965 年）。

7. 〔魏〕何晏集解、〔宋〕邢昺疏、〔清〕阮元校勘：《論語注疏》，收入於《十三經注疏》（臺北：藝文印書館，1965 年）。

8. 〔梁〕劉勰著、〔清〕黃叔琳注、李詳補注、楊明照校注拾遺：《增訂文心雕龍校注》卷 1（北京：中華書局，2000 年）。

9. 〔晉〕郭璞注、〔宋〕邢昺疏、國立編譯館主編：《爾雅注疏》，《十三經注疏分段標點》卷 19（臺北：新文豐出版股份有限公司，2001 年）。

10. 〔晉〕郭象：《莊子注》（上海：中華書局，1926 年）。

11. 〔唐〕成玄英：《南華真經注疏》（新北市：藝文印書館，1962 年）。

12. 〔唐〕陸德明:《莊子音義》(北京:人民出版社,2008 年)。

13. 〔宋〕張載:《張載集》(臺北:漢京文化出版公司,1983 年)。

14. 〔宋〕朱熹:《四書章句集注》,收入朱傑人、顏佑之、劉永翔編,《朱子全書》第 6 冊 (上海:上海古籍出版社;合肥:安徽教育出版社,2002 年)。

15. 〔宋〕朱熹:《周易本義》,收入朱傑人、顏佑之、劉永翔編:《朱子全書》第 1 冊 (上海:上海古籍出版社;合肥:安徽教育出版社,2002 年)。

16. 〔元〕吳澄:《道德真經註》收入於熊鐵基、陳紅星主編《老子集成》第 5 卷 (北京:宗教文化,2011 年)。

17. 〔宋〕林希逸撰、周啟成校注:《莊子虞齋口義校注》(北京:中華書局,2009 年)。

18. 〔明〕憨山大師:《莊子內篇憨山註》(臺北:新文豐出版股份有限公司,1973 年)。

19. 〔明〕吳承恩原著、徐少知等校注:《西遊記校注》(臺北:里仁書局,1996 年)。

20. 〔清〕郭慶藩注:《莊子集釋》(新北市:商周出版,2018 年)。

21. 〔清〕方以智著、張永義、邢益海校點:《藥地炮莊》(北京:華夏出版社,2011 年)。

22. 〔清〕王夫之:《老子衍》收入於熊鐵基、陳紅星主編《老子集成》第 8 卷 (北京:宗教文化出版社,2011 年)。

23. 〔清〕王夫之:《莊子解》收入《船山全書13》(成都:巴蜀書社出版,1992 年)。

24. 〔清〕王先謙:《莊子集解》(臺北:臺灣商務印書館,1969 年)。

25. 〔清〕林雲銘:《莊子因》(臺北:廣文書局,1968 年)。

26. 〔清〕林仲懿:《南華本義》(臺南:莊嚴文化事業有限公司,1995 年)。

27. 〔清〕段玉裁注、〔清〕徐灝箋:《說文解字注箋(三)》(臺北:廣文書局,1972 年)。

28. 〔清〕宣穎:《南華經解》,收入於嚴靈峯編輯《無求備齋莊子集成續編》第 32 冊 (臺北:藝文印書館,1974 年)。

29. 〔清〕劉鳳苞撰 / 方勇點校:《南華雪心編》(北京:中華書局,2013 年)。

二、莊子專書（依姓氏筆畫排列）

1. 王邦雄、陳德和合著：《老莊與人生》（新北市：國立空中大學，2013 年）。

2. 王邦雄：《走在莊子逍遙的路上》（臺北：臺灣商務印書館，2004 年）。

3. 王邦雄：《莊子內七篇・外秋水・雜天下的現代解讀》（臺北：遠流出版社，2013 年）。

4. 王叔岷：《莊學管窺》（臺北：臺灣商務印書館，1978 年）。

5. 王叔岷：《莊子校詮》（臺北：中央研究院歷史語言研究所，1984 年）。

6. 王志楣：《莊子生命情調的哲學詮釋》（臺北：里仁書局，2008 年）。

7. 方勇：《莊子學史》（北京：人民出版社，2008 年）。

8. 吳怡：《新譯莊子內篇解義》（臺北：三民書局，2017 年）。

9. 吳光明：《莊子》（臺北：三民書局，1988 年）。

10. 吳肇嘉：《莊子應世思想研究》（臺北：臺灣學生書局，2011 年）。

11. 李泰棻：《老庄研究》收入於胡道靜主編《十家論老》（北京：人民出版社，2006 年）。

12. 李勉：《莊子總論及分篇評註》（臺北：臺灣商務印書館，1973 年）。

13. 胡楚生：《老莊研究》（臺北：臺灣學生書局，1992 年）。

14. 南懷瑾：《莊子諵譁》（臺北：老古文化事業股份有限公司，2007 年）。

15. 孫中峰：《莊子之美學義蘊新詮》（臺北：文津出版社，2005 年）。

16. 袁宙宗：《莊子學說體系闡微》（臺北：黎明文化事業公司，1974 年）。

17. 高柏園：《莊子內七篇思想研究》（臺北：文津出版社，1992 年）。

18. 徐克謙：《莊子哲學新探》（北京：中華書局，2005 年）。

19. 張默生：《莊子新譯》（臺北：天工書局，1993 年）。

20. 張遠山：《莊子傳（上、下）》（南京：江蘇文藝出版社，2012 年）。

21. 崔大華：《莊學研究》（臺北：文史哲出版社，1999 年）。

22. 黃錦鋐：《新譯莊子讀本》（臺北：三民書局，2007 年）。

23. 黃錦鋐：《莊子及其文學》（臺北：東大圖書公司，1984 年）。

24. 黃漢青：《莊子思想的現代詮釋》（臺北：五南圖書，2006 年）。

25. 郎擎霄：《莊子學案》（上海：商務印書館，1934 年）。

26. 楊儒賓：《儒門內莊子》（臺北：聯經出版公司，2016 年）。

27. 趙衛民：《莊子的道：逍遙散人》（臺北：里仁書局，2011 年）。

28. 熊鐵基主編：《中國莊學史》（福州：福建人民出版社，2009 年）。

29. 歐陽超、歐陽景賢：《莊子釋譯》（臺北：里仁書局，1992 年）。

30. 傅佩榮：《傅佩榮解讀莊子》（臺北：立緒文化事業有限公司，2005 年）。

31. 傅佩榮：《逍遙之樂：傅佩榮談《莊子》》（臺北：天下遠見，2012 年）。

32. 劉榮賢：《莊子外雜篇研究》（臺北：聯經出版事業公司，2004 年）。

33. 葉海煙：《莊子的生命哲學》（臺北：東大圖書公司，1990 年）。

34. 葉海煙：《老莊哲學新論》（臺北：文津出版社，1999 年）。

35. 葉圖慶：《莊子研究》（臺北：木鐸出版社，1982 年）。

36. 葉程義：《莊子寓言研究》（臺北：文史哲出版社，2004 年）。

37. 陳鼓應：《老莊新論》（臺北：五南圖書出版社，2007 年）。

38. 陳鼓應：《莊子哲學》（臺北：臺灣商務印書館，1992 年）。

39. 陳鼓應註譯、王雲五主編：《莊子今註今譯》（臺北：臺灣商務印書館，1989 年）。

40. 陳德和：《從老莊思想詮詁莊書外雜篇的生命哲學》（臺北：文史哲出版社，1993 年）。

41. 陳品卿：《莊學新探》（臺北：文史哲出版社，1984 年）。

42. 蔡明田：《莊子的政治思想》（臺北：牧童出版社，1974 年）。

43. 顏崑陽：《莊子的寓言世界》（臺北：漢藝色研文化事業有限公司，2005 年）。

44. 錢穆：《莊老通論》（香港：三聯出版社，2005 年）。

45. 錢穆：《莊子纂箋》（臺北：東大圖書公司，1985 年）。

46. 顏崑陽：《莊子藝術精神析論》（臺北：華正書局，1985 年）。

47. 顏世安：《莊子評傳》（南京：南京大學出版社，1999 年）。

48. 關鋒：《莊子內篇譯解和批判》（北京：中華書局，1961 年）。

49. 鄭峰明：《莊子思想及其藝術精神之研究》（臺北：文史哲出版社，1984 年）。

50. 嚴靈峰：《老莊研究》（臺北：中華書局，1966 年）。

三、現代學者專書（依姓氏筆畫排列）

1. 丁原植：《郭店竹簡老子釋析與研究》（臺北：萬卷樓圖書股份有限公司，1998 年）。

2. 于民：《春秋前審美觀念的發展》（北京：中華書局，1984 年）。

3. 王邦雄:《中國哲學論集》(臺北:臺灣學生書局,1990 年)。

4. 王邦雄:《老子十二講》(臺北:遠流出版社,2011 年)。

5. 王邦雄:《老子道德經的現代解讀》(臺北:遠流出版社,2017 年)。

6. 王邦雄:《21 世紀的儒道:生命的實理與心靈的虛用》(臺北:立緒文化事業公司,1999 年)。

7. 王邦雄、岑溢成、楊祖漢、高柏園合著:《中國哲學史上》(臺北:里仁書局,2007 年)。

8. 《太上老君說常清靜妙經》,收入於《正統道藏・洞神部・文本類・傷字號》第十九冊(臺北:新文豐出版股份有限公司,1993 年)。

9. 牟宗三:《中國哲學十九講》(臺北:臺灣學生書局,1984 年)。

10. 牟宗三:《才性與玄理》(臺北:臺灣學生書局,1983 年)。

11. 任繼愈:《老子新譯》(上海:上海古籍出版社,1982 年)。

12. 吳定:《政策管理》(臺北:聯經出版社,2003 年)。

13. 吳怡:《新譯老子解義》(臺北:三民書局,2013 年)。

14. 李選、徐麗華、李絳桃、邱怡玟、李德芬、雷若莉、盧成皆、史麗珠:《護理研究與應用》(臺北:華杏出版股份有限公司,2005 年)。

15. 李玉潔著:《常用漢字形音義》(吉林:吉林教育出版社,1990 年)。

16. 李宏昌、楊俊仁、張智仁、黃國晉、林文元、楊宜青、孫子傑、吳妮民、鍾秋慧:《肥胖 100 問＋》(臺北:衛生福利部國民健康署,2019 年)。

17. 李建群、肖英:《當代中國審美觀念變遷的表徵及批判》(南京:南京社會科學,2018 年)。

18. 呂振羽:《中國政治思想史》收入於胡道靜主編《十家論老》(北京:人民出版社,2006 年)。

19. 林柏每、楊育英、王榕芝、林珍玫、張芬蘭、楊秀梅、蔡宜家、賴孟娟、蘇敏慧:《健康與護理》(臺北:幼獅文化事業公司,2008 年)。

20. 沈清松,《簡樸思想與環保哲學》(臺北:立緒文化公司,1997 年)。

21. 南弦子:《中國歷代美女傳奇》(香港:和平圖書,2012 年)。

22. 昭明、馬利清:《中國古代貨幣》(天津:百花文藝出版社,2007 年)。

23. 胡偉希:《中國哲學概論》(北京:北京大學出版社,2005 年)。

24. 胡適:《中國哲學史大綱》卷上(北京:東方出版社,2004 年)。

25. 高柏園:《中庸形上思想》(臺北:東大圖書公司,1991 年)。

26. 高亨：《重訂老子正詁》（北京：古籍出版社，1957 年）。

27. 高樹藩：《形音義綜合大字典》（新北市：正中書局，1984 年）。

28. 徐復觀：《中國人性論史‧先秦篇》（臺北：臺灣商務印書館，1984 年）。

29. 孫熙國：《先秦哲學的意蘊──中國哲學早期重要概念研究》（北京：華夏出版社，2006 年）。

30. 邢賁思主編：《哲學小百科》（北京：中國青年出版社，1986 年）。

31. 崔宜明：《生存與智慧》（上海：上海人民出版社，1996 年）。

32. 唐君毅：《中國哲學原論：原道篇》（臺北：臺灣學生書局，1973 年）。

33. 唐君毅：《哲學概論》（臺北：臺灣學生書局，1974 年）

34. 勞思光：《新編中國哲學史》第 2 冊（臺北：三民書局，2010 年）。

35. 許抗生：《老子研究》（臺北：水牛出版社，1993 年）。

36. 范文瀾：《中國通史》（北京：人民出版社，1978 年）。

37. 梁啟超：《飲冰室文集》第 3 冊（北京：中華書局，2019 年）。

38. 梁啟超：《飲冰室文集》第 2 冊（北京：中華書局，2019 年）。

39. 袁保新：《老子哲學之詮釋與重建》（臺北：文津出版社，1991 年）。

40. 邱艷芬：《身體評估──護理上之應用》（臺北：華杏出版股份有限公司，2002 年）。

41. 黃忠天：《中庸釋疑》（臺北：萬卷樓圖書股份有限公司，2015 年）。

42. 黃松元、陳正友：《健康與護理》（臺北：幼獅文化事業公司，2006 年）。

43. 黃青真、周怡姿、潘文涵、許文音、彭巧珍、陳巧明、呂紹俊、翁瑤棽、鄭裕耀、王果行：《每日飲食指南手冊》（臺北：衛生福利部國民健康署，2018 年）。

44. 葛瀚聰：《中國古代審美觀之演變》（香港：科藝文化中心，2000 年）。

45. 楊儒賓、祝平次編輯：《儒學的氣論與工夫論》（上海：華東師範大學出版社，2008 年）。

46. 楊儒賓：《道家與古之道術》（北京：清華大學，2019 年）。

47. 傅偉勳：《從創造的詮釋學到大乘佛學》（臺北：東大圖書公司，1999 年）。

48. 傅偉勳：《學問的生命與生命的學問》（新北市：正中書局，1993 年）。

49. 漢語大字典編輯委員會編：《漢語大字典》（臺北：建宏出版社，1998 年）。

50. 郭沫若：《十家論老》收入於胡道靜主編（北京：人民出版社，2006 年）。

51. 董蓮池：《新金文編》卷二（北京：作家出版社，2011 年）。

52. 劉青雯、萬彝芬、呂蘭花：《健康與護理》（臺中：育達文化公司，2011年）。

53. 潘欣平、曾美智：《飲食與精神健康》（臺北：衛生福利部國民健康署，2014年）。

54. 陳鼓應：《老子今註今譯及評介》（臺北：臺灣商務印書館，1997年）。

55. 陳德和：《道家思想的哲學詮釋》（臺北：里仁書局，2005年）。

56. 陳長安、周勵志：《精神疾病治療與用藥手冊》（臺北：全國藥品年鑑雜誌社，2010年）。

57. 盧桂珍：《境界‧思維‧語言：魏晉玄理研究》（臺北：臺大出版中心，2010年）。

58. 魏元珪：《老子思想體系探索》（臺北：新文豐出版股份有限公司，1997年）。

59. 蕭淑貞：《精神科護理概論‧基本概念及臨床應用》（臺北：華杏出版社，2009年）。

60. 羅振玉：《殷墟書契考釋》（臺北：藝文印書館，1967年）。

61. おおまえ‧けんいち著、呂美女譯：《即戰力：如何成為世界通用的人才》（臺北：天下雜誌，2007年）。

62. Catherine Marshall、Gretchen B. Rossman 著、李政賢譯：《質性研究——設計與計畫撰寫》（臺中：五南圖書出版股份有限公司，2014年）。

63. Daniel J. Siegel 著、李淑珺翻譯：《第七感‧自我蛻變的新科學》（臺北：時報文化出版企業股份有限公司，2010年）。

64. David R. Hawkins, M. D., Ph. D.著、蔡孟璇譯：《心靈能量：藏在身體裡的大智慧》（臺北：方智出版社，2012年）。

65. Diane Mulcahy 著、羅耀宗譯：《零工經濟來了：搶破頭的 MBA 創新課，教你勇敢挑戰多重所得、多職身分的多角化人生》（臺北：天下雜誌，2018年）。

66. Hemant Taneja、Kevin Maney 著、李芳齡譯：《小規模是趨勢：掌握 AI 和新一代新創公司如何改寫未來經濟模式》（新北市：南十字星文化工作室有限公司，2019年）。

67. Joseph O Connor、Ian McDermott 著、陳威伸譯：《永續成長的寶藏圖：NLP 入門》（臺北：世茂出版有限公司，1996年）。

68. Ken Robinson 著、廖建容譯：《發現天賦之旅》（臺北：天下遠見，2013年）。

69. Kitty Ferguson 著、蔡承志譯：《時空旅行的夢想家：史蒂芬‧霍金》（臺北：時報文化出版企業股份有限公司，2017年）。

70. Michael Brooks 著、郭寶蓮譯：《瞬間親和力 Instant rapport》（臺北：世茂出版有限公司，1996年）。

71. Neale Donald Walsch 著、劉美欽譯：《小靈魂與太陽》（臺北：方智出版社，2001年）。

72. Ottman 著、石文新譯：《綠色行銷──企業創新的契機》（臺北：商業周刊出版股份有限公司，1999年）。

73. Petruska Clarkson、張嘉莉譯：《波爾斯──完形治療之父》（臺北：生命潛能出版社，2000年）。

74. Peter A. Levine 著、周和君譯：《解鎖》（臺北：商周出版社，1999年），頁 155～168。

75. Robert T. Kiyosaki 著、MTS 翻譯團隊譯：《富爸爸窮爸爸》（臺北：高寶書版集團，2016年）。

76. Robert T. Kiyosaki 著、龍秀及 MTS 翻譯團隊譯：《富爸爸，有錢有理：掌握現金流象限，才能通往財富自由》（臺北：高寶書版集團，2016年）。

77. Robert K. Yin 著、李政賢譯：《質性研究──從開始到完成》（臺中：五南圖書出版股份有限公司，2014年）。

78. Richard Bandler 著、吳孟儒譯：《自我轉變的驚人秘密》（臺北：方智出版社，2015年）。

79. Sarah Kessler 著、林錦慧譯：《終結失業，還是窮忙一場？：擺脫了打卡人生，我們為何仍感焦慮，還得承擔更多風險》（臺北：寶鼎出版社，2019年）。

80. T. Harv Eker 著、陳佳伶譯：《有錢人想的和你不一樣》（臺北：大塊文化出版股份有限公司，2005年）。

81. Thomas Friedman 著、楊振富、潘勛譯：《世界是平的》（臺北：雅言文化出版股份有限公司，2007年）。

82. Tien Tzuo、Gabe Weisert 著、吳凱琳譯：《訂閱經濟：如何用最強商業模式，開啟全新服務商機》（臺北：天下雜誌，2019年）。

83. Uwe Flick 著、張皓維譯、陳俊明審閱:《研究方法——專案實作入門手冊》(臺北:雙葉書廊有限公司,2015 年)。

四、單篇論文 (依姓氏筆畫排列)

1. 王邦雄:〈道家思想的倫理空間——論莊子「命」「義」的觀念〉,《哲學與文化》第 23 卷 9 期 (1996 年 09 月),頁 1962～1971。

2. 王邦雄:〈道家哲學與水墨藝術〉,《戲劇藝術》第 1 期 (2007 年 03 月),頁 89～94。

3. 石蘭梅:〈價值觀到底能不能教——以「審美觀」跨文化課程為例的觀察〉,收入在《華裔學生與華語教學:從理論、應用到文化實踐》(臺北:書林書店,2016 年)。

4. 牟宗三:〈老子《道德經》演講錄(四)〉,《鵝湖月刊》第 337 期,(2003 年 7 月),頁 3～7。

5. 吳鎬:〈B2C 模式與 C2C 模式趨向融合的實證分析〉,《南京工業大學學報(社會科學版)》第 8 卷第 3 期 (2009 年 9 月),頁 84～87。

6. 吳立響:〈試論古龍武俠小說中的道家思想〉,《世界華文文學論壇》第 4 期 (2008 年 07 月),頁 64～66。

7. 吳明錡:〈大學社會責任之實踐〉,《國土及公共治理季刊》第 6 卷 1 期 (2018 年 03 月),頁 62～67。

8. 吳肇嘉:〈《莊子·應帝王》中「即內聖即外王」的應世思想〉,《清華中文學報》第 5 期 (2011 年 6 月),頁 205～230。

9. 吳麗珍:〈方便取樣和立意取樣之比較〉,《護理雜誌》第 61 卷第 3 期(2014 年 6 月),頁 105～111。

10. 何俊青:〈偏鄉教育問題的迷思〉,《臺灣教育評論月刊》第 6 卷第 9 期 2017 年 9 月),頁 15～19。

11. 李哲:〈老學與孔學比較研究〉,《哲學與文化》第 25 卷第 2 期 (1998 年 02 月),頁 140～146。

12. 李文臣:〈企業社會責任的制度經濟學分析〉,《企業社會責任與社會企業家學術期刊》第 1 期 (2016 年 05 月),頁 7～24。

13. 李以文:〈生酮飲食:以醫療團隊介入癲癇治療〉,《長庚護理》第 12 卷第 1 期 (2001 年 3 月),頁 52～58。

14. 汪治平：〈《大學》「格致」解〉，《海軍官校第一屆「迎向海洋」暨通識教育學術研討會》（高雄：海軍軍官學校通識教育中心編，2016 年），頁 3～24。

15. 周芳怡：〈通識課程落實大學社會責任之行動研究〉，《通識學刊：理念與實務》第 7 卷第 1 期（2019 年 3 月），頁 1～33。

16. 林翔宇、林炫沛：〈基因銘記異常疾病：以普瑞德——威利氏症候群（小胖威利）為例〉，《臺北市醫師公會會刊》第 57 卷第 9 期（2013 年 9 月），頁 22～27。

17. 林安梧：〈「新道家」與「治療學」：論「根源的回歸」與「存有的照亮」〉，《宗教哲學》第 44 期（2008 年 06 月），頁 129～146。

18. 林安梧：〈「新道家」、「意義治療學」及其對現代性的反思〉，《宗教哲學》第 42 期（2007 年 12 月），頁 49～58。

19. 林安梧：〈牟宗三的康德學及中國哲學之前瞻——格義、融通、轉化與創造〉，《鵝湖月刊》362 期（2005 年 8 月），頁 12～24。

20. 林秋芬、余珮蓉：〈大學社會責任的實踐與推廣〉，《新臺北護理期刊》第 20 卷第 2 期（2018 年 09 月），頁 1～7。

21. 林淑瓊、張銀益、張宏裕：〈以消費價值觀點探討線下到線上商務服務模式之使用意願〉，《商略學報》第 8 卷第 3 期（2016 年 9 月），頁 177～194。

22. 林錦成：〈有關營衛生理現代觀之探討〉，《中醫藥研究論叢》第 12 卷 2 期（2009 年 9 月），頁 43～57。

23. 沈清松：〈復全之道——意義、溝通與生命實踐〉，《哲學與文化》第 24 卷第 8 期（1997 年 08 月），頁 725～737。

24. 徐明：〈看動漫學日語——七龍珠 GT（ドラゴンボル GT）〉，《東北亞外語研究》第 11 期（2008 年 07 月），頁 20～21。

25. 施盈佑：〈重讀《水滸傳》的好漢出走——以《莊子》之「遊」作為閱讀視角〉，《鵝湖學誌》第 45 期第 4 卷（2019 年 10 月），頁 14～26。

26. 姜龍翔：〈郭象〈莊子序〉真偽問題續探〉，《國文學報》第 48 期（2010 年 12 月），頁 35～63。

27. 胡凱揚、莊睿宸：〈運動與憂鬱症〉，《大專體育》第 112 期（2011 年 02 月），頁 40～46。

28. 高柏園：〈莊子思想中的心靈治療體系〉，《鵝湖月刊》第 304 期（2000 年 10 月），頁 10～25。

29. 袁保新：〈秩序與創新——從文化治療學的角度省思道家哲學的現代義涵〉，《鵝湖月刊》第 314 期（2001 年 08 月），頁 11～23。

30. 袁謹：〈大境界：鋼琴演奏藝術的完美自呈——從「道家」審美境界談鋼琴演奏藝術〉，《贛南師範學院學報》第 29 卷第 5 期（2008 年 10 月），頁 122～124。

31. 洪菁惠：〈從《老子》人性論初探道家的諮商理念〉，《本土心理學研究》第 33 期（2010 年 06 月），頁 181～227。

32. 章啟群：〈《老子》的「自然」與「無為」義考辨〉，《雲南大學學報》第 5 期（2009 年 09 月），頁 30～40。

33. 徐山：〈釋「面」〉，《平頂山師專學報》第 6 期（2003 年 1 月），頁 5～12。

34. 曹華韋：〈訂閱經濟：如何用最強商業模式，開啟全新服務商機〉，《證券服務》第 675 期（2020 年 02 月），頁 116～117。

35. 常麗美：〈「大音希聲」音樂美學的繼承與創新〉，《洛陽師範學院學報（哲社版）》第 25 卷第 4 期（2006 年 08 月），頁 125～126。

36. 張耐：〈老少配祖孫情——祖父母家庭親職教育方案〉，《師友月刊》第 422 期（2002 年 8 月），頁 41～44。

37. 張培華、鄭夙芬、曾清標：〈這是個「問題」嗎？問題導向學習之行動研究〉，《大學教學實務與研究學刊》第 2 卷第 2 期（2018 年 12 月），頁 91～125。

38. 張麗霞、吳水盛：〈道家哲學與中醫養生的和諧統一〉，《中華中醫藥學刊》第 26 卷第 12 期（2008 年 12 月），頁 2697～2699。

39. 張亞林、楊德森：〈中國道家認知療法 ABCDE 技術簡介〉，《中國心理衛生雜誌》第 3 期（1998 年 02 月），頁 180～190。

40. 曾雅梅、陳雪芬：〈運用社會生態學模式分析社區志工對服務獨居老人之意願〉，《福祉科技與服務管理學刊》第 5 期第 3 卷（2017 年 11 月），頁 207～218。

41. 程雅君：〈先秦兩漢道家哲學對中醫學生命觀的影響〉，《宗教學研究》第 4 期（2008 年 12 月），頁 31～36。

42. 黃淑珍：〈EMDR：眼動身心重建法〉，《諮商與輔導》第 219 期（2004 年

03 月），頁 39～45。

43. 黃玉珠、王育慧：〈伴我路遙遠——家屬及公衛護理師照護社區精神病患之現況與困擾〉，《護理雜誌》第 62 卷第 4 期（2015 年 8 月），頁 26～33。

44. 黃蕙如、陳政揚：〈《老子》道論的當代詮釋與反思〉，《人文社會科學研究》第 10 卷第 2 期（2016 年 6 月），頁 41～62。

45. 黃蕙如：〈生命壓力的對治之道：以《莊子》「心齋」與「坐忘」為中心〉，《臺北城市科技大學通識學報》第 5 期（2016 年 4 月），頁 171～191。

46. 黃蕙如：〈親和力來自柔軟心：以《老子》「柔弱」觀為中心〉，《仁德學報》（2016 年 6 月），頁 107～120。

47. 黃蕙如：〈老子自然觀對形軀生命之啟示〉，《育達科大學報》第 42 期（2016 年 4 月），頁 213～233。

48. 黃蕙如：〈《孝經》管理思維融入學校組織——以「中山工商高級職業學校」為例〉，《正修通識教育學報》第 13 期（2016 年 6 月），頁 99～118。

49. 黃蕙如：〈許我一個美麗的地球：以《道德經》「儉」德為中心〉，《輔英通識教育學刊》（2016 年 3 月），頁 5～23。

50. 黃蕙如：〈論《清靜經》要旨以濟公活佛降筆乩詩為例〉，《揭諦（南華大學哲學學報)》第 38 期（2020 年 5 月），頁 93～133。

51. 黃蕙如：〈老子自然思想融入高中「健康與護理」課程——以「健康生活型態」為例〉，收錄於《TASE 第 22 屆教育社會學論壇：教育卓越之後論文集》（嘉義：臺灣教育社會學學會，2016 年 5 月），頁 223～243。

52. 黃琪榛：〈奇幻文學中的老子思想——以《地海巫師》為例〉，《中國語文》第 124 期第 3 卷（2019 年 03 月），頁 98～108。

53. 楊儒賓、賴錫三、何乏筆、劉思好整理：〈「何謂遊之主體？」對話紀錄〉，《中國文哲研究通訊》第 27 卷第 1 期（2017 年 3 月），頁 91～107。

54. 趙善如：〈家庭資源對單親家庭生活品質影響之探究：以高雄市為例〉，《臺大社會工作學刊》第 13 期（2006 年 6 月），頁 109～172。

55. 廖培珊、伊慶春、章英華：〈調查資料之三角交叉分析：以大學社區生活品質之評估為例〉，《調查研究》第 11 卷（2002 年 4 月），頁 105～131。

56. 葉海煙：〈道家的環境素養論與休閒美學觀——以莊子的觀點為例〉，《哲學與文化》第 33 卷第 7 期（2006 年 07 月），頁 81～94。

57. 葉海煙：〈生態保育與環境倫理的道家觀點〉，《哲學與文化》第 25 卷第 9 期（1998 年 09 月），頁 814～823。

58. 劉俠：〈基於利益相關者的互聯網企業社會責任履行機制和治理體系構建——以阿里巴巴集團為例〉，《兩岸企業社會責任與社會企業家學術期刊》第 1 期（2016 年 1 月），頁 34～46。

59. 劉喜梅、崔紅娟、朱衛紅：〈《功夫熊貓》：天真爛漫的中國式武俠〉，《電影文學》第 12 期（2010 年 7 月），頁 21～22。

60. 黎少芬：〈TaskRabbit 跑酷〉，《新經濟》第 30 期（2013 年 01 月），頁 62～63。

61. 劉幼嫻：〈談李漁〈妻妾抱琵琶梅香守節〉的主題、情節與人物——兼與〈莊子休鼓盆成大道〉比較〉，《樹德通識教育專刊》第 14 期（2020 年 06 月），頁 159～179。

62. 賴錫三：〈牟宗三對道家形上學詮釋的反省與轉向——通向「存有論」與「美學」的整合道路〉，《臺大中文學報》第 25 期（2006 年 12 月），頁 283～332。

63. 賴錫三：《儒門內的莊子》與「跨文化臺灣《莊子》學」，《中國文哲研究通訊》第 27 卷 1 期，（2017 年 03 月），頁 3～30。

64. 賴錫三：〈《桃花源記並詩》的神話、心理學詮釋——陶淵明的道家式「樂園」新探〉，《中國文哲研究集刊》第 32 期（2008 年 03 月），頁 1～40。

65. 賴錫三：〈《老子》的渾沌思維與倫理關懷〉，《臺大中文學報》第 49 期（2015 年 06 月），頁 1～42。

66. 陳德和：〈人文的創構與護持——儒道淑世主義的對比〉，《揭諦（南華大學哲學學報）》第 6 期（2004 年 04 月），頁 141～161。

67. 陳德和：〈人間道家的生命倫理學向度——以生命複製和基因工程的反省為例〉，《鵝湖月刊》第 285 期（1999 年 3 月），頁 9～19。

68. 陳德和：〈論老子《道德經》超越生死的實踐智慧〉，《鵝湖學誌》第 61 期（2018 年 12 月），頁 1～44。

69. 陳德和，〈論老子《道德經》的淑世思想〉，《宗教哲學》第 70 期（2014 年 12 月），頁 27～44。

70. 陳德和：〈論莊子哲學的道心理境〉，《鵝湖學誌》第 20 期（2000 年 6 月），頁 41～72。

71. 陳德和:〈當弗朗克遇上老子——意義的治療與作用的保存〉,《鵝湖月刊》第 384 期（2007 年 06 月），頁 33～44。

72. 陳德和:〈從《莊子·養生主》論心靈的突破與生命的安頓〉,《鵝湖學誌》第 44 期（2010 年 06 月），頁 136～145。

73. 陳德和:〈論莊子哲學的道心理境〉,《鵝湖學誌》第 20 期（2000 年 6 月），頁 41～72。

74. 陳德和:〈論老子《道德經》超越生死的實踐智慧〉,《鵝湖學誌》第 61 期（2018 年 12 月），頁 1～44。

75. 陳德和:〈論老子《道德經》的生命教育思想〉,《揭諦（南華大學哲學學報）》第 34 期（2018 年 1 月），頁 1～29。

76. 陳德和:〈論老子《道德經》的典範人生〉,《鵝湖月刊》第 42 期第 8 卷（2017 年 02 月），頁 45～54。

77. 陳德和、高婷婷:〈論莊子療癒思想中的行為治療法——以〈養生主〉的解讀為例〉,《經學研究集刊》第 28 期（2020 年 05 月），頁 91～108。

78. 陳德和:〈老莊思想與實踐哲學〉,《鵝湖月刊》第 34 期第 10 卷（2009 年 04 月），頁 29～38。

79. 陳德和:〈老莊思想的環境倫理學論述〉,《鵝湖月刊》第 33 期第 5 卷（2007 年 11 月），頁 20～31。

80. 陳德和:〈儒道互補論的環境思維〉,《鵝湖月刊》第 30 期第 1 卷（2004 年 07 月），頁 11～21。

81. 陳德和:〈老莊的教育思想及其實踐〉,《鵝湖月刊》第 27 期第 2 卷（2001 年 08 月），頁 24～29。

82. 陳德和:〈從道家思想談動物權的觀念〉,《鵝湖月刊》第 25 期第 11 卷（2000 年 05 月），頁 32～35。

83. 陳政揚:〈「人籟、地籟、天籟」與「吾喪我」之內在相似性的另類詮釋〉,《鵝湖月刊》第 25 卷第 2 期（1999 年 8 月），頁 28～37。

84. 陳政揚:〈從戴君仁先生〈魚樂解〉試探莊子的淑世精神〉,《臺大文史哲學報》第 88 期（2017 年 11 月），頁 1～31。

85. 陳政揚:〈以「知」與「真知」的分析為核心：論莊子由「忘」達「道」的境界工夫〉,《人文與社會研究學報》第 47 卷第 1 期（2013 年 04 月），頁 33～51。

86. 陳政揚：〈論生命的有待與超拔——以莊子的「形」概念為中心〉，《揭諦（南華大學哲學學報）》第 12 期（2009 年 02 月），頁 101～144。

87. 陳政揚：〈莊子的治道觀〉，《高雄師大學報（人文與藝術類）》第 16 期（2004 年 06 月），頁 255～272。

88. 陳政揚：〈孟子與莊子「命」論研究〉，《揭諦（南華大學哲學學報）》第 8 期（2005 年 04 月），頁 135～158。

89. 陳怡方：〈高等教育轉型的人類學反思：以社會實踐課程的經驗為例〉，《臺灣人類學刊》第 15 卷第 2 期（2017 年 12 月），頁 147～184。

90. 陳敏華：〈莊子的自我歸因與情意教學〉，《亞洲輔導學報》第 15 卷第 1 期（2008 年 10 月），頁 83～97。

91. 蔡俊傑、張瀚元：〈研究新趨勢——三角檢證法與混合研究法〉，《體育學系系刊》第 17 期（2018 年 12 月），頁 25～39。

92. 蔡璧名：〈大鵬誰屬——解碼〈逍遙遊〉中大鵬隱喻的境界位階〉，《中國文哲研究集刊》第 48 期（2016 年 3 月），頁 1～58。

93. 謝君直：〈生命教育之儒學闡釋——孔孟仁義思想的現代意義〉，《國立嘉義大學通識學報》第 9 期（2012 年 1 月），頁 45～71。

94. 謝君直：〈老莊哲學的自然觀對生命教育研究的意義〉，《人文研究學報》第 44 卷第 2 期（2010 年 10 月），頁 25～46。

95. 謝君直：〈老子思想的道論及其生命治療之義涵〉，《興大人文學報》第 60 期（2018 年 03 月），頁 35～64。

96. 謝蔡豪、李俊秀、陳明正、何清幼、余文瑞：〈身體質量指數與老年人死亡率之相關性——以實證醫學方法探討肥胖矛盾現象〉，《臺灣老年醫學暨老年學雜誌》第 13 卷第 2 期（2018 年 05 月），頁 69～86。

97. 簡光明：〈醫護學院國文課程融入通識精神之探討——以高雄醫學大學與輔英科技大學「國文」課程為例〉，《通識教育季刊》第 11 卷第 4 期（2004 年 12 月），頁 45～66。

98. 簡光明：〈莊子「庖丁解牛」寓言析論——兼談其在大學國文教學中的運用〉，《屏東教育大學學報》第 33 期（2009 年 9 月），頁 173～169。

99. 戴勁：〈有・無・共同體——《老子》第八十章的現代解讀〉，《宗教哲學》第 83 期（2018 年 03 月），頁 1～13。

100. 鄭幸雅：〈析《般若・心經》之空觀〉，《問學集》第 3 卷，（1993 年 05 月），

頁 187～196。

101. 鄭和燦、蔡立武、張淑貞、葛煥元、王麗琇：〈OTT 影視服務系統簡介〉，《電工通訊季刊》第 4 季（2015 年 12 月），頁 29～34。

102. 蕭有涵：〈什麼都可訂閱——使用權時代來臨——訂閱經濟：未來 10 年最強商業模式〉，《禪天下》第 184 期（2020 年 07 月），頁 4～12。

103. 蕭振聲：〈《莊子·齊物論》的指、馬之喻：批評與新詮〉，《長庚人文社會學報》第 10 卷第 1 期（2017 年 4 月），頁 127～161。

五、學位論文（依姓氏筆畫排列）

1. 田靖：《女影再現：八八風災後原住民婦女形象研究》（新竹：國立清華大學臺灣文學研究所碩士論文，2017 年）。

2. 古正賢：《論老子療癒思想的基調及延展》（嘉義：私立南華大學生死學系哲學與生命教育碩士論文，2017 年）。

3. 朱貞歷：《中年女性參與讀書會經驗與全人健康之發展》（嘉義：國立嘉義大學輔導與諮商學系研究所碩士論文，2015 年）。

4. 李欣霖：《道家療癒詩學——道家、當代新道家與李白詩歌之視域融合》，（彰化：國立彰化師範大學國文學系博士論文，2016 年）。

5. 吳筠卿：《道家哲學與江南私家園林理水之關係》（臺中：私立朝陽科技大學建築及都市設計研究所碩士論文，2005 年）。

6. 吳盈盈：《以道家哲學論哲學諮商中的超越方法》（臺北：私立輔仁大學哲學系碩士論文，2014 年）。

7. 呂紹誠：《道家諮商哲學及其應用初探——以老子為例》（屏東：國立屏東大學教育心理與輔導學系碩士論文，2019 年）。

8. 林鈺清：《莊子淑世思想之研究》（嘉義：私立南華大學哲學研究所碩士論文，2003 年）。

9. 林孟秀：《論莊子生命哲學對輔導工作的啟發——以專任輔導教師為例》（嘉義：私立南華大學生死學系哲學與生命教育碩士論文，2017 年）。

10. 林書禾：《道家思想與個人中心學派的交會：試解成為一位心理師的存在之道》（花蓮：國立東華大學諮商與臨床心理學系碩士論文，2013 年）。

11. 柯瓔娥：《試論老子療癒思想及現代意義》（嘉義：私立南華大學哲學研究所碩士論文，2008 年）。

12. 高嘉足：《臺灣全人照護需求分析之研究》（高雄：國立高雄大學高階法律暨管理碩士論文，2017 年）。

13. 張瑋儀：《莊子「治療學」義蘊之分析與展開》，（臺北：私立淡江大學中國文學系碩士論文，2002 年）。

14. 黃慧娟：《《莊子》寓言對高中生品德教育實踐之研究》（高雄：國立高雄師範大學國文學系碩士論文，2016 年）。

15. 黃信雄：《老子「柔弱」哲學與軍隊心輔工作之運用》（新北市：私立華梵大學哲學系碩士論文，2009 年）。

16. 黃蕙如：《老子思想與當代公衛護理研究──以「健康促進」為中心》（高雄：國立高雄師範大學經學研究所碩士論文，2016 年）。

17. 黃源典：《先秦道家之意義治療意蘊研究》（新北市：私立淡江大學中國文學系博士論文，2012 年）。

18. 楊淑域：《論老子哲學對教師專業倫理的啟示》（嘉義：私立南華大學哲學與生命教育學系碩士論文，2012 年）。

19. 楊茂長：《論莊子〈應帝王〉的經營思想及其實踐》（嘉義：私立南華大學生死學系哲學與生命教育碩士論文，2016 年）。

20. 楊麗瑜：《論莊子哲學對學校教育的啟示》（嘉義：私立南華大學生死學系哲學與生命教育碩士論文，2017 年）。

21. 楊小燕：《從儒道經典中的人格典範論個人形象管理之應用》（高雄：國立高雄師範大學經學研究所碩士論文，2019 年）。

22. 廖於萱：《《莊子》的感通倫理》（臺北：國立臺灣師範大學國文學系碩士論文，2019 年）。

23. 葉建君：《資深諮商心理師自我照顧經驗之探討──從全人健康觀點》（南投：國立暨南國際大學輔導與諮商研究所碩士論文，2009 年）。

24. 劉磊：《建構以身體活動為核心之大學生全人健康生活型態模型》（臺北：私立中國文化大學運動教練研究所博士論文，2018 年）。

25. 劉依貞：《高中國文老莊思想教學》（臺北：國立臺灣師範大學國文學系碩士論文，2016 年）。

26. 郭翰錡：《朵貝・楊笙「姆米系列全集」中的道家思想》，（嘉義：國立臺東大學進修部兒童文學研究所碩士論文，2018 年）。

27. 陳人孝：《老子淑世主義之研究》（嘉義：私立南華大學哲學研究所碩士

論文，2003 年）。

28. 陳貴美：《老子無為思想之研究》，（臺北：國立臺灣大學哲學研究所碩士論文，1980 年）。

29. 陳奕臣：《老子自然與無為思想之生命哲學》（嘉義：私立南華大學哲學系碩士論文，2012 年）。

30. 鍾明易：《老子哲學之生命治療研究》（嘉義：私立南華大學哲學系碩士論文，2016 年）。

31. 蕭德昌：《老子自然無為思想之理論與實際——以國小教學班級經營為例》（嘉義：私立南華大學生死學系哲學與生命教育學系碩士論文，2015 年）。

32. 鄭雪花：《非常的行旅——〈逍遙遊〉在變世情境中的詮釋景觀》（臺南：國立成功大學中國文學系博士論文，2005 年）。

33. 羅友富：《數位字造：老子哲學的當代設計方法》（臺中：私立東海大學數位創新碩士學位碩士論文，2017 年）。

34. 蘇金谷：《試論老子哲學對意義治療的啟示》（嘉義：私立南華大學哲學系碩士論文，2009 年）。

35. 蘇郁庭：《設計發包接案平台的使用者介面與服務流程優化》（嘉義：國立政治大學數位內容碩士學位學程碩士論文，2019 年）。

六、官方研究計畫

1. 劉珠利：〈臺灣天然災害受災女性經驗之探討〉，《行政院國家科學委員會專題研究計畫成果報告》，（臺中：東海大學社會工作學系，2006 年），國科會編號：NSC94-2412-H-029-013。

七、外文資料（依字母順序排列）

1. Beeltran, A. Grandparent's children & youth nonfiction families. *Family Life*, 2001, pp.559~563.

2. Cohen, O., Slonim, I. & Leichtentritt, R. D., Family Resilience: Israeli Mothers' Perspectives. *American Journal of Family Therapy*, 30(2) (2002), pp.173~187.

3. Davidji. Secrets of Meditation: A Practical Guide to Inner Peace and Personal

Transformation. *Hay House*, Inc. , 2012 , pp.87.

4. Gomez, L. The importance of university social responsibility in Hispanic . America: A responsible trend in developing countries In Gabriel Eweje (ed.). Corporate Social Responsibility and Sustainability: Emerging Trends in Developing Economies. *Emerald Group Publishing*. 2014, pp.241~268.

5. Goddard, J., Hazelkorn, E., Kempton, L., & Vallance, P,. (eds.). *The Civic University: The Policy and Leadership Challenges Cheltenham* (UK: Edward Elgar Publishing). 2016, pp. 3~15.

6. Myers, J.E., &Sweeney, T. J.. The indivisible self: An evidence based model of wellness [J]. *Journal of Individual Psychology*, 60, 2004, pp.234~244.

7. Kirk G ,Singh K ,Getz H. : Risk of eating disorders among female college athletes and non-athletes : *Journal of College Counseling* , 4, 2013, pp.122.

8. Roscoe, L. J. : Wellness: A review of theory and measurement for counselors. *Journal of Counseling & Development,* 87, 2009, pp.216~226.

9. Shoemaker, C. A. : Using a social-ecological model in development of treatment programs that target behavior change. *Acta Horticulturae* , 954, 2012, pp.77~82.

10. Stokols, D. : Environmental quality, human development, and health: An ecological view. *Journal of applied developmental psychology*, 13(2), 1992, pp.121~124.

11. Stokols D.: Translation social ecological theory into guidelines for community health promotion. *Am J Health Promot* ; 10 , 1996, pp.282.

12. Schmid, T. L., Pratt, & Howze , E.: Policy as intervention: Environmental and policy approaches to the prevention of cardiovascular disease. *American Journal of Public Health*, 85(9), 1995, pp.1207.

13. Young, J. D.-E and E. Taylor : Meditation as a voluntary hypometabolic state of biological estivation. *News in Physiological Sciences* 13(3) , 1998, pp.149.

八、網路資源

1. 〈BMI 測試〉:《衛生福利部國民健康署健康久久網站》網站,2023 年 7 月 14 日,網址:https://health99.hpa.gov.tw/OnlinkHealth/Onlink_BMI.aspx

（2023 年 7 月 14 日檢索）。

2. 〈4 萬舊台幣換 1 元新台幣　紙鈔見證動盪年代〉:《中國時報》網站，2016 年 8 月 23 日，網址：https://www.chinatimes.com/newspapers/20160823000456-260107?chdtv（2023 年 7 月 14 日檢索）。

3. 〈內政部：111 年國人平均壽命 79.84 歲〉:《中華民國內政部》網站，2023 年 8 月 11 日，網址：https://www.moi.gov.tw/News_Content.aspx?n=4&s=282793（2023 年 8 月 14 日檢索）。

4. 〈地方政府重建資訊〉:《行政院莫拉克颱風災後重建推動委員會》網站，2013 年 8 月 9 日，網址：http://morakotdatabase.nstm.gov.tw/88flood.www.gov.tw/index.html（2020 年 2 月 2 日檢索）。

5. 〈武漢肺炎疫情蔓延，波及全球觀光產業〉:《經濟日報》網站，2020 年 2 月 4 日，網址：https://money.udn.com/money/story/5599/4319887（2023 年 7 月 14 日檢索）。

6. 〈指考分發臺大錄取生　6 都包辦 84%〉:《聯合新聞網・聯合報》網站，2019 年 08 月 08 日，網址：https://udn.com/news/story/6925/3976480（2023 年 7 月 14 日檢索）。

7. 〈首頁：Covid-19（武漢肺炎）〉:《衛生福利部疾病管制局》網站，2020 年 8 月 17 日，網址：https://www.cdc.gov.tw/（2020 年 8 月 17 日檢索）。

8. 〈為除弊而除「幣」──從印度廢鈔談起〉:《工商時報》網站，2018 年 2 月 2 日，網址：https://view.ctee.com.tw/economic/7306.html（2023 年 7 月 14 日檢索）。

9. 〈疾病簡介〉:《社團法人中華民國小胖威利病友關懷協會》網站，2023 年 7 月 14 日，網址：https://pwsa.eoffering.org.tw/contents/text?id=16（2023 年 7 月 14 日檢索）

10. 〈深陷負利率的世界將走向何方？〉:《天下雜誌》網站，2019 年 03 月 26 日，網址 https://www.cw.com.tw/article/article.action?id=5096991（2023 年 7 月 14 日檢索）。

11. 〈雄獅王文傑：全部旅行社關到只剩最後 1 間那間就是雄獅〉:《自由時報》網站，2020 年 4 月 15 日，網址：https://ec.ltn.com.tw/article/breakingnews/3134403（2023 年 7 月 14 日檢索）。

12. 〈當前教育重大政策──高等教育深耕計畫〉:《教育部全球資訊網》網

站，2019 年 9 月 15 日，網址：https://www.edu.tw/News_Plan_Content.aspx?
n=D33B55D537402BAA&sms=954974C68391B710&s=333F49BA4480CC
5B（2023 年 7 月 14 日檢索）。

13. 〈著作權基本概念篇 11~20〉：《經濟部智慧財產局》網站，更新 2023 年
7 月 14 日，網址：https://www1.tipo.gov.tw/ct.asp?xItem=219595&ctNode
=7561&mp=1（2023 年 7 月 14 日檢索）。

14. 《華藝線上圖書館》網站，2023 年 7 月 14 日，網址：https://www.airitilibrary.
com/（2023 年 7 月 14 日檢索）。

15. 〈國民健康署公務法定預算（109 年）〉：《衛生福利部國民健康署》網站，
2023 年 7 月 14 日，網址：https://www.hpa.gov.tw/Pages/Detail.aspx?nodeid
=4158&pid=12082（2023 年 7 月 14 日檢索）。

16. 《臺灣博碩士論文知識加值系統》網站，2023 年 7 月 14 日，網址：
https://ndltd.ncl.edu.tw/cgi-bin/gs32/gsweb.cgi?o=d（2023 年 7 月 14 日檢
索）。

17. 〈學校查詢〉：《教育部 108 學年度大專校院一覽表》網站，2023 年 7 月
14 日，網址：https://ulist.moe.gov.tw/Query/AjaxQuery/Discipline/1012
（2023 年 7 月 14 日檢索）。

18. 〈健康與護理學科中心課程綱要文件〉：《普通高級中學課程健康與護理
學科中心》網站，2023 年 7 月 14 日，網址：http://health-
nursing.lygsh.ilc.edu.tw（2023 年 7 月 14 日檢索）。

19. 〈健保特約醫事機構資料查詢〉：《衛生福利部中央健康保險署》網站，
2023 年 7 月 14 日，網址：https://www.nhi.gov.tw/QueryN/Query3.aspx（2023
年 7 月 14 日檢索）。

20. 〈歷年基本工資調整〉：《勞動部全球資訊網》網站，2023 年 8 月 14 日，
網址：https://www.mol.gov.tw/1607/28162/28166/28180/28182/（2023 年 8
月 14 日上網）

21. 〈關於計畫──透過人文關懷協助城鄉永續發展〉：《教育部大學社會責
任推動中心》網站，2018 年 3 月 22 日，網址：http://usr.moe.gov.tw/about-
2.php（2023 年 8 月 14 日檢索）。

22. 〈驚濤駭浪 60 天告白雄獅旅行社董事長王文傑：台灣需要「經濟的陳時
中」〉：《天下雜誌》網站，2020 年 3 月 27 日，網址：https://ec.ltn.com.tw/

article/breakingnews/3134403（2023 年 7 月 14 日檢索）。

23. 〈《觀光股》雄獅攜手農委會 搶攻求生 4 支箭〉：《中時電子報》網站，2020 年 4 月 27 日，網址：https://www.chinatimes.com/realtimenews/2020 0427003093-260410?chdtv（2023 年 7 月 14 日檢索）。

九、圖表資料

1. 〈國健署大力推廣「我的餐盤」營養概念〉：《臺灣時報》網站，2019 年 6 月 25 日，網址：https://www.taiwantimes.com.tw/ncon.php?num=42610 page=ncon.php（2023 年 7 月 14 日檢索）。

2. 陳燕華：〈健康飲食我最行〉，《衛生福利部國民健康署健康久久網站》網站，2012 年 6 月 19 日，網址：https://health99.hpa.gov.tw/article/ArticleDetail. aspx?TopIcNo=90&DS=1-Article（2023 年 7 月 14 日檢索）。

附錄一　研究邀請函

您好：

　　我是國立高雄師大學國文系博士班學生黃薏如，目前正在進行個人論文研究，主題為：「莊子淑世精神的現代實踐」。本研究旨在探討道家淑世精神與具體實踐做相互關懷應用之可能，期待為臺灣人文學科的國文系開拓一條在文獻分析研究之外的具體實踐走向。

　　莊子淑世精神式訪談異於諮詢或心理治療，在整個環節中，我不會給你任何建議。我假設你就是你人生的專家，答案就在你手中。我會就你現有的生活情況對你進行提問，當你選定某個目標後，我會邀請你採取行動，並支持你對所承諾的行為負責。過程我們會像隊友般的互動，我會幫助你聚焦，持續朝著你的目標前進。

　　道家體道者關注是你整全的生命，透過你對自己誠實表述，我們一起探索你的思想和行為是如何促進或限制你的發展，經由重新定位讓你可以創造更多通達人生的選擇。倘若對探索、反思自己過去或現在面臨的生命議題有意願解決者，都歡迎您參與本研究。您的寶貴經驗將對莊子淑世精神的學術研究帶來珍貴的貢獻。

　　誠摯邀請您接受我的訪談，研究過程中訪談時間每次約 40～60 分鐘，均會事先電話確認聯繫。訪談過程中如果有任何不適，我們會立刻停止訪談，等待您覺得可以再繼續，進行步調會依您的情況做最合宜的調整。因為事後需進行詮釋，所以訪談過程會錄音，其內容會全部保密，僅供研究之用。而之後訪談內容將在論文中呈現，為求保護您的隱私，務必將足以辨識您個人身份資料

予以隱匿或變造，您完全可以放心參與本研究。

　　竭誠邀請您的響應，您的參與將使本研究更具意義與價值。如您願意協助本研究，請與我聯絡，我將親自與您說明研究細節，感謝您的協助！！

　　敬祝

　　　健康順心

國立高雄師範大學國文系博士候選人　黃薏如敬邀

指導教授　陳政揚教授

2019.10.1

　　我的聯絡方式：email

　　手機：

附錄二　參與訪談同意書

　　您好！十分感謝您參與本研究，研究者黃薏如為國立高雄師範大學國文系博士班學生。本研究題目「莊子淑世精神的現代實踐」，本研究旨在探討道家淑世精神與具體實踐做相互關懷應用之可能，期待為臺灣人文學科的國文系開拓一條在文獻分析研究之外的具體實踐走向。

　　研究過程需要您協助的部分為：

1. 可以接受 1～2 次的訪談，每次約 1 小時，如有需要，經研究參與者本人同意後，可再追訪 2～3 次。
2. 願意回溯過往經驗，並反思其對個人生命意義。
3. 願意接受於訪談過程中全程錄音，並且同意錄音資料轉譯成文本。
4. 願意閱讀錄音資料轉譯的文本後，給予研究者回饋。

　　研究階段我將遵守以下事項：

1. 在研究過程中，將以您的意願與權利為最優先考量，對研究疑問時，可隨時提出或終止參與研究。
2. 訪談過程中如果您有任何不想觸及的環節，我完全會尊重您的決定，不再繼續探索，進行步調依您當時狀況而調整。
3. 研究撰寫中，對話將被引用，會將辨認出您的個人資料以匿名呈現或刪除，所有錄音帶在研究結束後，將由研究者親自銷毀。

　　願經由以上說明，讓您能理解這項研究之事項和權利，同時誠摯邀請您的參與。您有完全的自由決定是否參加，即使同意參加，您也有權利隨時退出，不用擔心對您我造成任何不良影響。

　　若您了解以上事項，並能依據同意書上約定，無償參與此研究，請於下方簽名表示同意。再次感謝您對本研究的參與，您的寶貴經驗將對莊子淑世精神的學術研究帶來珍貴的貢獻。

研究參與者：　　　　　　　　（簽名）　　　　　日期：　年　月　日

研究者：　　　　　　　　　　（簽名）　　　　　日期：　年　月　日

附錄三　會談流程

一、進入會談前

　　會談開始先建立關係，感謝參與者願意撥冗參與這個研究，並說明本研究的方向，確認彼此目標、意願、狀態以作為探索的開始，再進入本研究探索的主題。

二、訪談流程如下：

（一）「走在關鍵的決策」──釐清議題

1. 有什麼想跟我說的嗎？
2. 現在有什麼正困擾著你呢？
3. 有什麼我可以協助你的呢？
4. 現在感覺如何？

（二）「生命道路的通達」──目標導向

1. 真正困擾你的是什麼？
2. 什麼是你要的？
3. 你的目標是 A？還是 B？
4. 你的目標是 A，對嗎？

（三）「高瞻遠矚的智慧」──聆聽提問

工夫：達人氣、達人心
狀態：隱喻、開放、好奇、柔軟、跟隨

（四）「內外辯證的實踐」──成效評值

1. 你願意進行家課嗎？

2. 你回去打算如何進行呢？

3. 你打算何時開始行動呢？

附錄四　個案會談日誌（範例）

研究參與者：			
日期：	時間：		地點：
一、議題：			
二、內容：			
三、家課：			
四、參與者回饋（自己和研究者）：			
五、研究者回饋：			
六、修正：覺察與省思			

附錄五　研究反思筆記（範例）

日期／時間： 地點：	對象：
一、思考議題：	
二、體道者發現或反思：	
三、莊子如何看待此議題：	
四、備註：	

附錄六　質性研究人數客觀檢證基準之參考

序號	姓名・研究題目・地區・學校・科系・年度	研究人數
1	蘇秀美：《愛・獨立飛翔：一位國中女校長的自我敘說與實踐》（高雄：國立高雄師範大學，教育心理與輔導學系博士論文，2014 年）。	1 位
2	葛子祥：《博物館導覽解說志工對節能科技之詮釋研究》（高雄：國立高雄師範大學，工業科技教育學系博士論文，2018 年）。	4 位
3	黃文娟：《幼兒多元文化教育課程設計與實踐之個案研究》（高雄：國立高雄師範大學，教育學系博士論文，2018 年）。	1 位
4	王東進：《中小學教師專業發展評鑑輔導夥伴學習歷程之研究》（高雄：國立高雄師範大學，成人教育研究所博士論文，2018 年）。	3 位
5	吳鳳菁：《中小型照明企業事務人員專業職能個案分析》（高雄：國立高雄師範大學，工業科技教育學系博士論文，2013 年）。	4 位
6	曾琪淑：《印刷科技物件蒐藏與展示之多元詮釋》（高雄：國立高雄師範大學，工業科技教育學系博士論文，2013 年）。	5 位
7	李淑如：《育孫祖母之育嬰健康識能探析》（高雄：國立高雄師範大學，成人教育研究所博士論文，2016 年）。	5 位
8	鄭如雯：《Maxine Greene 課程美學及其對幼教課程實踐的啟示》（高雄：國立高雄師範大學，教育學系博士論文，2012 年）。	1 個團體參與觀察
9	鄭立婷：《跨領域思維下運用科學史於大學通識課程之取徑》（高雄：國立高雄師範大學，科學教育暨環境教育研究所博士論文，2016 年）。	2 位
10	釋見輝（廖茹儀）：《美國華人企業家信仰轉化習佛歷程研究》（高雄：國立高雄師範大學，成人教育研究所博士論文，2016 年）。	6 位

11	王寶珍：《學校作為教養機構的微型社會：中道學系學生慣習的研究》（高雄：國立高雄師範大學，教育學系博士論文，2011 年）。	1 位
12	陳凱婷：《離婚母親在未成年子女探視權司法歷程之詮釋現象研究》（臺北：國立臺灣師範大學，教育心理與輔導學系博士論文，2018 年）。	4 位
13	王順合：《通識教育改革下科技大學通識教師之增權益能》（高雄：國立高雄師範大學，教育學系博士論文，2011 年）。	4 位
14	劉家瑜：《探討科學領域教學團隊的創意互動及其脈絡因素》（臺北：國立臺灣師範大學，教育心理與輔導學系博士論文，2017 年）。	1 個團隊
15	徐巧玲：《靈性經驗對生涯決定影響之敘說研究》（臺北：國立臺灣師範大學，教育心理與輔導學系博士論文，2015 年）。	6 位
16	張貴傑：《變，生命歷程的實踐與建構：一個生命體自我成長經驗的探究與反思》（彰化：國立彰化師範大學，輔導與諮商系博士論文，2001 年）。	1 位
17	劉安真：《「女同志」性認同形成歷程與污名處理之分析研究》（彰化：國立彰化師範大學，輔導與諮商系博士論文，2000 年）。	5 位
18	王金國：《國小六年級教師實施國語科合作學習之研究》（高雄：國立高雄師範大學，教育學系博士論文，2002 年）。	1 位
19	蔡麗芳：《喪親兒童諮商中悲傷經驗改變歷程之研究》（彰化：國立彰化師範大學，輔導與諮商系博士論文，2000 年）。	3 位
20	楊明磊：《資深諮商工作者的專業發展——詮釋學觀點》（彰化：國立彰化師範大學，輔導與諮商系博士論文，2000 年）。	4 位
21	許瑛珆：《身心障礙兒童母親憤怒情緒諮商之治療因素、諮商技術與改變歷程之研究》（彰化：國立彰化師範大學，教育心理與輔導學系博士論文，2000 年）。	6 位
22	林子雯：《幼兒教師教育信念之詮釋性研究》（高雄：國立高雄師範大學，教育學系博士論文，2006 年）。	2 位
23	曾榮華：《一位國民小學校長課程領導實踐智慧之研究：課程美學探究取向》（臺中：國立臺中教育大學，國民教育研究所博士論文，2005 年）。	1 位
24	方雅慧：《「我」與「我們」——女性社區工作者社群意識的修鍊軌跡》（高雄：國立高雄師範大學，成人教育研究所博士論文，2008 年）。	4 位
25	薛宗煌：《中小學教師職涯挫折之個案研究》（高雄：國立高雄師範大學，工業科技教育學系博士論文，2008 年）。	5 位